国家社会科学基金一般项目
"城乡互动的国际经验与中国城乡一体化道路研究"
(14BJL060)阶段性研究成果

资源型经济转型研究文库
RESEARCH LIBRARY FOR TRANSITION
OF RESOURCE-BASED ECONOMICS

城乡产业一体化发展：基于企业区位选址视角

张子珍 ◎ 著

中国社会科学出版社

图书在版编目（CIP）数据

城乡产业一体化发展：基于企业区位选址视角/张子珍著.—北京：中国社会科学出版社，2017.5

（资源型经济转型研究文库）

ISBN 978-7-5203-0258-6

Ⅰ.①城… Ⅱ.①张… Ⅲ.①城乡一体化—产业一体化—研究—中国 Ⅳ.①F299.2 ②F269.24

中国版本图书馆 CIP 数据核字（2017）第 089804 号

出 版 人	赵剑英
责任编辑	卢小生
责任校对	周晓东
责任印制	王 超

出　　版	中国社会科学出版社
社　　址	北京鼓楼西大街甲 158 号
邮　　编	100720
网　　址	http://www.csspw.cn
发 行 部	010-84083685
门 市 部	010-84029450
经　　销	新华书店及其他书店
印　　刷	北京明恒达印务有限公司
装　　订	廊坊市广阳区广增装订厂
版　　次	2017 年 5 月第 1 版
印　　次	2017 年 5 月第 1 次印刷
开　　本	710×1000　1/16
印　　张	16.5
插　　页	2
字　　数	235 千字
定　　价	70.00 元

凡购买中国社会科学出版社图书，如有质量问题请与本社营销中心联系调换
电话：010-84083683
版权所有　侵权必究

前　言

城乡产业一体化发展是统筹城乡发展和推进城乡一体化的关键环节，是适应产业融合趋势的需要，是改变城乡二元经济结构的重要突破口。从中国城乡关系演变历程来看，新中国成立之初实行的"城市偏向"政策到2003年统筹城乡发展战略目标提出，各级政府对城乡统筹发展给予了足够的重视，在市场经济体制的引导下，释放了农村潜在的生产力，提高了城乡要素配置效率，城乡产业关系进入了由城乡产业分割向城乡产业协调发展的关键阶段。但目前城乡产业还面临着市场联系不顺畅、产业关联度不高和产业一体化发育程度较低的现状。党的十七届三中全会、十八大报告、十八届五中全会多次强调，要把城乡产业一体化发展作为城乡一体化发展的基础动力来着力推进，要建立以城带乡、以工促农的有效发展机制，增强农村发展活力，逐步缩小城乡区域差距，促进城乡共同繁荣。党中央的工作报告对城乡一体化发展提出的要求，为中国城乡产业一体化发展研究指明了方向。

城乡产业一体化推进的过程中，企业作为产业的微观载体，它为了获取最大利润就会在城乡寻找最佳区位，城乡产业一体化的推进过程就是企业进行区位选址的过程。传统企业区位理论认为企业区位选址侧重于对运输成本、规模经济和市场潜力等方面考虑，在对成本权衡的基础上，企业区位选址一般倾向于市场发育程度高、技术人才集中的大中城市。而随着工业化和城镇化推进，一方面，大城市集聚不经济现象凸显。产业和人口向城市的集聚使城市空间扩展规模空前强大，城市产业结构调整由于缺乏扩散空间而进展缓慢，许多工业仍占据着城市的黄金地段，城市出现了集聚不经济现象，表现为人口密集、地价昂贵、交通拥堵、环境污染等问题，城市集聚不经济制约着城市的有序发展。另一方面，以互联网为主的信息网路发展对传统企业区位选址理论提出新的挑战。众所周知，城乡在土地、劳动力、资本等方面均存在差异，这种差距又难以改变，而信息网络要素的注入降低了城乡区位差异，使得在改变企业"实体"约束的同时，也影响着城乡产业的空间布局。

在大城市集聚不经济凸显和信息网络化发展的新形势下，现代企业区位选址行为将会呈现什么新特点？其微观机理如何实现？企业区位选址行为如何影响不同类型产业和企业的分工与空间布局？不同类型产业和企业分工与空间布局又如何推进城乡产业一体化发展，其空间分工布局模式又是什么？这些问题都需要寻求一条破冰之路加以解决。笔者希望通过本书的研究对城乡产业一体化的微观机理和城乡产业空间布局模式产生新的认识，进一步丰富企业区位理论、新经济地理学理论和产业转移与扩散理论。

首先，对相关概念进行了界定，提出了城乡产业一体化概念，并对城乡产业关系演变历程中企业区位选址问题进行了分析，还以传统企业区位理论为基础，进一步探讨了新形势下企业区位选址的影响因素，构成了本书研究的逻辑起点。企业区位选址是城乡产业一体化发展的微观基础，以互联网为主的信息网络化成为新形势下企业区位选址的重要影响因素。本书以企业区位选址行为作为切入点，研究了城乡产业一体化发展其实是企业在多种因素影响下进行城乡区位选址的决策。本书在传统企业区位理论基础上，分析了不同时期企业区位选址的影响因素，构建了包括"传统时期影响因素—新形势下影响因素—政府制度影响因素"的企业区位影响因素框架，指出信息网络化成为现阶段企业区位选址的重要影响因素，在弱化传统区位影响因素的同时又催生了一些新的因素，信息网络化使企业区位选址具备了较大的多样性和区位自由度。

其次，将大中城市集聚不经济和信息网络化作为影响因素，运用新经济地理学方法尝试从企业区位选址视角来探讨城乡产业一体化的微观机理。在城乡产业一体化推进过程中，城市集聚不经济凸显和信息网络化发展使企业区位选址行为及结果趋于分散化。本书运用新经济地理学分析方法，构建了包括城市集聚不经济和信息网络化变量的CICP新经济地理模型，通过数值模拟，得出企业在城乡的区位选址活动呈现出"分散—集聚—再分散"发展趋势，再分散不是分散的简单重复与回归，而是初始分散的优化与升级。城市集聚不经济与信息网络化成为企业区位选址和空间布局的分散力量，具体表现为：第一，城市拥挤成本作为城市集聚不经济的量化指标，当城市拥挤成本越大时，企业区位选址的扩散效应越明显，两者呈正向关系。第二，信息网络凸显了"以时间换空间"和"虚拟空间和地理空间"的融合，造就了城乡"时空压缩"，降低了城乡贸易成本。从时间维度上看，当城乡贸易成本非常高或非常低时，企业区位选址趋于分散化布局。当城乡贸易成本处于中等发展水平时，进一步降低贸易成本将促使企业区位选址活动由集中转向分散。企业在乡村的分散化布局有利于避免城市集聚不经济的出现。从空间维度上看，距离仍然是影响城乡贸易成本的重要因素，信息网络化减少产品在流通过程中所耗费的时间成本和经济成本，企业集聚与扩散在城乡空间上出现并存局面。城乡产业一体化发展过程中，城乡区域差距拉大是城乡产业一体化发展过程的"分娩期"，企业在城乡空间选址的公平最优和效率最优将趋于分散化布局。信息网络化影响下的城乡贸易成本成为影响企业区位空间分布的重要因素，随着城乡产业一体化的推进，城乡区域发展差距呈现出先扩大后缩小的发展态势。随着城乡贸易成本的下降，城乡区域差距扩大是城乡产业一体化发展的必经阶段，是一体化发展的"分娩期"。就城乡产业一体化效率与公平而言，当城乡贸易成本较高时，政府在效率和区域差距扩大间要做出权衡；当城乡贸易成本较低时，政府在效率优先和兼顾公平两方面均可以实现。

再次，分别探讨了不同类型的产业和企业与城乡产业一体化横向、纵向实现联动的问题。城乡产业合理分工与空间布局是对产业集聚力和分散力作用权衡的结果，不同类型的产业和企业区位选址决定了分工与空间布局模式在城乡间的差异。就不同类型的产业而言，城乡产业通过要素市场、产品市场和空间市场的联动发展推动了城乡产业横向一体化发展；就不同类型的企业而言，通过产业链的构建实现不同企业在城乡空间上的分离推动了城乡产业纵向一体化发展。

最后，通过实证，一方面分析了中国企业在城乡区位选址中的影响因素，目的是验证与本书提出的企业区位选址因素分析框架是否吻合；另一方面分析了中国各地区城乡产业一体化发展水平程度和空间分布态势。依据理论分析和实证检验的结果，对如何推动城乡产业一体化提出相应的对策建议。通过实证检验，可知中国城乡产业一体化发展水平的区域分布态势与区域市场化程度具有一致性，东部居高，中部紧随其后，西部相对较低。从空间维度上看，东中西部地区出现了集聚与扩散并存的局面，东部区域以扩散为主导，中西部区域以集聚为主导。同时，本书指出，地区经济发展水平和城镇化发展水平与城乡产业一体化发展水平具有相关性。

综上所述，本书以城乡产业一体化发展为研究对象，以企业区位选址行为为切入点，探讨了城乡产业一体化发展的微观机理和空间分工布局模式。城乡产业一体化问题是一个探索性很强的课题，其内涵涉及较广泛，属于经济学、地理学、管理学和生态学诸学科交叉的领域，目前仍处于探索研究阶段。囿于篇幅、笔者水平和认识能力的限制，加之参考借鉴的文献较少，在分析和论证的过程中尚存一些需要完善、拓展和深化之处。本书的研究仅仅是一个开始，还将经历一个漫长的理论探索过程。

Preface

The integration development of urban and rural industry is a key link in the process of balance urban and rural development and promotion the integration of urban and rural, is an adaption to the needs of the trend of industrial convergence, is an important breakthrough to change a dual economic structure of urban and rural. From the process of China's urban and rural relationship evolution, the governments at all levels thought highly of urban and rural development because of the transformation from the "urban bias" policy at the beginning of the founding of new China to put forword strategic objectives of balance urban and rural development put forward in 2003. Under the guidance of market economy system, our country has released the rural potential productivity, improved the efficiency of the factors allocation between urban and rural areas. Besides, urban and rural industrial relations entered a key stage from the industrial division between urban and rural areas to industrial coordinated development between urban and rural areas. But now, urban and rural industry also faces the tough market connection, low industry correlation degree and the deficiency of the industry integration development. The third plenary session of the 17th, in the report to 18, the fifth plenary session of the 18th stressed that it is essential to promote the integration development of urban and rural industrial as elemental incentive of urban and rural integration development, to establish a developmental mechanism of city leading rural and industry promoting agriculture, to enhance the vitality of rural development, to narrow the gap between urban and rural areas gradually, to promote common prosperity between urban and rural areas. Requirement of integration development of urban and rural from the central party committee work report have pointed out the direction of the integration of urban and rural industry development in China.

In the process of the integration of urban and rural industry, the enterprise as the industry's microscopic carrier in order to get maximum profit will be looking for the best location in urban and rural. The process of the integration of urban and rural industries is the process of enterprises to carry out best geographical location. Traditional enterprise location theory is that enterprise location selection focuses on the transportation cost, scale economy and the market potential. On the basis of the cost balance enterprise location selection tend to select large and medium – sized cities that has high degree of development market and the tremendous technical personnel. With the trend of Industrialization and urbanization, on the one hand, big city agglomeration produced diseconomy phenomena. The agglomeration of industries and population into the city makes urban space extend an unprecedented scale. Urban industrial structure adjustment paced slowly due to a lack of diffusion space. many industries are still dominating the cities' prime locations. Urban agglomeration produced diseconomy phenomenon with the densely population, expensive land price, the traffic congestion, environmental pollution problem. And it restricts the orderly development of the city. On the other hand, the Internet information network development put forward new challenges to traditional geographical location theory. As is known to all, the urban and rural areas treating land, labor and capital differently make the difference be difficult to change. And the injection of information network elements decreased regional differences between urban and rural areas, making it change enterprises the "real" constraints, also affecting the spatial layout of urban and rural industry.

There is a new situation in which urban agglomeration producing diseconomy and information internet development. What are new characteristics of modern enterprises location selection? How do they achieve microscopic mechanism? How do enterprises location selection affect division of labor and space layout of industries and enterprises in different types? How do division of labor and space layout of industries and enterprises in different types push the integration of development of rural and urban industry? These questions need a solution in a elegant way. The author hope that through this book we can have a new understanding of the microcosmic mechanism of the integration of urban and rural industries and urban and rural industrial spatial layout pattern. So we can enrich the enterprise location theory, new economic geography theory and industry transfer and diffusion theory further.

First of all, we defined the concept of this book, putted forward the concept of integration of urban and rural industry, analyzed enterprise location selection problem in the evolution of relationship between urban and rural industry. Basing on the traditional enterprises location theory, the book discussed the affecting elements of enterprise location selection under new situation, which is the logical starting point of the book. Enterprise location selection is the microcosmic basis of the integration development of urban and rural industrial, information network whose prime is the internet has become important influence factors of enterprise location selection under the new situation. Based on enterprise location selection behavior, this book found the integration development of urban and rural industry was actually the decisions of enterprise selecting location under a variety of factors influence. On the basis of traditional enterprise location theory, the book analyzed the influencing factors on site selection in different periods, constructed affecting framework of enterprise location including "traditional factors – influencing factors – under the new situation – government institutional factors affecting", pointed out that the information network became the important influence factors of enterprise location selection at the present stage, weakened traditional location elements, created some new influencing factors and made the enterprise location selection of information network have a larger diversity and geographical degrees of freedom.

Second, the book tried to explore the microscopic mechanism of integration of urban and rural industry from the perspective of enterprise location selection making the large and medium – sized cities agglomeration diseconomy and information network as the influencing factors and using the methods of new economic geography. In the process of the integration of urban and rural industry, urban agglomeration diseconomy and information network development make the enterprise location selection behavior and the results tend to be diversification. Using new economic geography analyzed ways, this book constructed the CICP designation of a new economic geography model including urban agglomeration diseconomy and information network variable. Through the numerical simulation, it is concluded that enterprise location selection activities in urban and rural areas show "scattered – agglomeration – then dispersed" development trend with the fact that it is not a simple repetition and return dispersion, but scattered optimization and upgrade. Urban agglomeration diseconomy and information network become of scattered power of enterprise geographical location and spatial distribution. Embodied in: First, urban congestion cost is urban agglomeration diseconomy quantitative indicators. When urban congestion cost is larger, the diffusion effect of enterprise location selection is more obvious. Second, information networks highlighted the fusion of the "time for space" and "virtual space and geographical space", made the "time – space compression" urban and rural areas, reduced the trade costs between urban and rural areas. From the time dimension, when the urban and rural trade costs are very high or very low, enterprise location selection tends to be diversify layout. When trade costs between urban and rural areas is in the medium level of development, it will reduce trade costs leading to further business site selection activities from centralized to decentralized location. Companies' country diversification of the layout is helpful to avoid the emergence of urban agglomeration diseconomy. From the spatial dimension, distance is still the important factors that affect urban and rural trade costs. Information network reduced time cost and economic cost of product in the process of circulation. Enterprise agglomeration and diffusion in urban and rural space appears at the same time. In the process of the integration development of urban and rural industry, the widening gap between urban and rural areas is the "during delivery" of integration development of urban and rural industry. The optimum of fairness and efficiency in enterprise location selection will tend to decentralized optimal layout. Under the influence of the information network, urban and rural trade costs become the important factors that affect enterprise location space distribution. Along with the integration advancement of the urban and rural industry, regional development gap between urban and rural areas showed development momentum that first enlarged then narrow. As the cost of trade between urban and rural declines, the widening gap between urban and rural area is the inevitable stage of integration development of urban and rural industrial being the "during delivery" of the integration of development. In terms of the integration efficiency and fairness of urban and rural industry, when the urban and rural trade cost is high, the government have to make trade - offs between efficiency and regional gap. When trade costs between urban and rural areas is low, two aspects of priority to efficiency and due consideration to fairness can be realized by the government.

Third, the book discussed vertical and horizontal linkage between the industries and enterprises of different types and the integration of urban and rural industry respectively. Urban and rural industrial reasonable division of labor and the spatial layout is the balance effect on industrial agglomeration and dispersion forces. The different types of industries and enterprises resulted in different types of division of labor and the spatial layout model in rural and urban. In terms of different types of industry, urban and rural industry promoted the cross development of the integration of urban and rural industry by factor market, product market and space market linkage development. In terms of different types of enterprises, achieving different enterprises diversion at urban and rural space by the construction of industry chain promote the development of urban and rural industrial vertical integration of separation.

Last, on the one hand, the book analyzed affecting factors of the China enterprises location selection. The purpose is to verity the Consistent with the analytical framework of the enterprise vocational selection that is proposed the book. On the other hand, the book analyzed China's regional integration development of urban and rural industrial level and space distribution situation by the empirical analysis. Based on theoretical analysis and empirical test results, it put forward carresponding countermeasures and suggestions that are about to how to promote urban and rural integration Through empirical test, the of regional distribution situation of integration development level of urban and rural industry is in accordance with the regional market degree. The east is highest, the middle follows the east and the west is the lowest. From space dimension, the whole areas appear the situation of the agglomeration and diffusion with the eastern region dominated by diffusion and the mid – west region dominated by agglomeration. At the same time, this book pointed out that the regional economic development level and the urbanization development level associated with the integration development level of urban and rural industry.

This book discussed the micro mechanism and spatial pattern of division of labor of the integration development of urban and rural industrial basing on the integration development of urban and rural industrial and making enterprise location selection behavior as the breakthrough point. The integration of urban and rural economy is a strong exploratory subject, which belongs to the cross field of economics, geography, management science and ecology, Its connotation involves so widely that it is still in the research stage. Because of the limited space, the restrictions of level and cognitive ability of the author, and insufficient reference to the reference literature, there are something to improve, expand and deepening in the process of analysis and argumentation. This is the future direction of the author.

目 录

第一章 导论 ·· 1

 第一节 选题背景和意义 ·· 1
 第二节 国内外研究现状述评 ·· 6
 第三节 研究内容、方法与主要观点 ·· 17

第二章 企业区位选址与城乡产业一体化发展的逻辑框架 ········· 24

 第一节 城市、乡村与城乡产业一体化 ·· 24
 第二节 城乡产业一体化演变路径与企业区位选址 ························ 33
 第三节 企业区位选址影响因素及理论局限 ·································· 46
 第四节 企业选址影响因素对城乡产业空间
     布局的影响：集聚与扩散 ··· 63

第三章 城乡产业一体化发展的微观机理 ································· 65

 第一节 理论基础 ··· 65
 第二节 CICP 模型构建：企业区位选址 ······································ 72
 第三节 企业区位选址与城乡产业一体化 ····································· 86
 第四节 城乡产业一体化的效率与公平问题 ·································· 92

第四章 城乡间产业分工与产业横向一体化 ··························· 96

 第一节 不同类型的分工与城乡产业一体化 ·································· 96
 第二节 城乡产业联动的基础：企业区位选址

与产业分工布局 ································· 99

第三节 城乡产业联动与城乡产业横向一体化 ············· 128

第五章 城乡间企业分工与产业纵向一体化 ················ 141

第一节 研究的基本命题 ···························· 141

第二节 基于企业区位选址的城乡双向

迁移总部经济模式 ························· 150

第三节 基于企业区位选址的城乡农工贸产业链模式 ······· 162

第六章 实证分析：中国城乡产业一体化发展水平综合评价 ··· 174

第一节 中国企业在城乡区位选址中的影响因素 ·········· 174

第二节 城乡产业一体化发展综合评价指标体系的构建 ····· 183

第三节 中国区域城乡产业一体化发展水平测度 ·········· 188

第七章 推动城乡产业一体化发展的对策建议 ············· 207

第一节 政府与市场耦合，实现城乡产业联动发展 ········ 207

第二节 集聚与分散并举，推动城乡产业一体化发展 ····· 213

第三节 引导与支撑并用，加快城乡通道建设 ············ 214

第四节 创新驱动，推进信息网络化覆盖乡村 ············ 218

第八章 结语 ······································ 225

第一节 主要研究结论和创新点 ······················ 225

第二节 研究不足和展望 ···························· 228

参考文献 ·· 230

后记 ·· 246

第一章 导论

第一节 选题背景和意义

一 选题背景

随着工业化和城市化的推进,城乡产业一体化发展既是城乡统筹发展的重要组成部分,也是适应城乡产业融合发展的内在要求。城乡产业之间的分工是工业革命的产物,工业革命前的农业社会,由于从事非农生产的人口较少,城乡区域差异并不是很明显。18世纪中叶工业革命之后,在集聚经济的影响下,工业经济活动在城市得以集聚,城乡产业分工发展格局逐步形成。而中国城乡产业发展的历程与现代化先行国家显著不同,现代化先行国家的现代化属于内生现代化类型,其实现主要是由原乡村地区的传统工业作坊蜕变而来;而中国属于外诱现代化类型,在西方工业化浪潮的冲击下,近代工业首先在中国沿海、沿江得以兴办,而农村处于衰落和停滞发展状态。中国由此形成现代工业和传统农业并存、城市和乡村彼此分割的城乡二元经济结构。

新中国成立后,政府通过追赶战略寻求民族自强,采取了"重视工业、城市偏向"的产业政策,利用价格"剪刀差"等手段将农业剩余转移到城市工业部门,城市工业获得发展的同时,农民被排斥在工业化和城市化的收益分享之外,城乡二元经济结构得以强化;改革开放以后,农村率先改革,农业产业化、乡镇企业成为改变城乡产业关系的新生力量，形成了农村工业"三分天下有其一"①的格局，创造了"中国奇迹"，但是，城乡间要素流动的障碍仍没有消除，城乡分割的体系依然存在。自2003年统筹城乡发展战略目标提出后，党的十七届三中全会、十八大报告、十八届五中全会多次强调，要把城乡产业一体化发展作为城乡一体化发展的基础动力来着力推进，要建立以城带乡、以工促农的有效发展机制，增强农村发展活力，逐步缩小城乡区域差距，促进城乡共同繁荣。党中央对城乡一体化发展提出的要求，为中国城乡产业一体化发展研究指明了方向。自统筹城乡发展战略提出以来，各级政府对城乡统筹发展给予了高度的重视，在市场经济体制的引导下，释放了农村潜在的生产力，提高了城乡要素配置效率，城乡产业关系进入了由城乡产业分割向城乡产业协调发展的关键阶段。但是，目前城乡产业还面临着市场联系不顺畅、产业关联度不高和产业一体化发育程度较低的现状。

随着工业化和城镇化的推进，突出的问题表现为：一是农村消费的有限性制约着城市产业的发展。一般而言，城市产业的发展依赖于出口，而国际市场具有不稳定因素，农民的高群体与低收入，严重束缚了农民的实际购买力，农村消费的有限性，降低了对城市工业品的需求，降低了城市工业的投资需求，引起整个社会的需求不足。也就是说，农村消费的有限性反过来又制约了城市产业的发展，城乡产业不协调局面的出现，不利于城乡共生共荣一体化产业体系的形成。二是掌握改革开放先机的先导城市，城市空间扩展规模空间强大，在城乡分割体制下的城市产业结构调整由于缺乏扩散空间而进展缓慢，许多工业仍占据着城市的黄金地段，城市由于人口和工业的过度集聚，出现了集聚不经济现象，城市正面临着城市地价昂贵、人口密集、交通拥堵、环境污染和产业空心化等问题，

---

① "三分天下有其一"是指农业、工业和农村工业化，当时农村工业化形成了"离土不离乡，进厂不进城"的农村工业化模式，实质上是由"二元"结构向"三元"结构的转变。

城市集聚不经济制约着城市的有序发展。

信息化的概念是20世纪60年代最初由日本学者提出来的，中国经过多年的努力，以互联网为主的信息网络建设积累了丰富的经验并取得了巨大的成绩，特别是农村信息网络化也获得了长足的发展。据统计，农村互联网的拥有量呈逐年递增的趋势，2013年，农村网民规模达到1.77亿，增长率为13.5%。农村互联网普及率为27.5%，较上年提升了4个百分点[①]，农村互联网普及取得一定成效，城乡间互联网普及差距继续缩小，这意味着乡村居民可以更大范围地获取信息服务。众所周知，城乡在土地、劳动力、资本等方面均存在差异，而且这种差距难以改变，信息要素的注入可以降低区位差异，使产业布局摆脱传统产业区位理论的束缚，不仅消除了远离城市的闭塞感，消除了信息孤岛，也缩短了城乡的空间距离感，使企业的经济活动范围摆脱了空间和时间的限制，农村可凭借"信息高速公路"，将市场扩展到更广阔的范围，信息化弱化了人们面对面交流交易的重要性，实现了人们不必出行，在家也可以进行工作的可能性，信息网络的发展使农村可以与城市直接进行对接，促进了城乡产业关联性发展。可见，以互联网为主的信息网络化的发展，使城乡产业的空间结构形态发生了显著的变化，产业地理空间具备了较大的多样性和区位自由度。

在大城市集聚不经济凸显和信息网络化发展的新形势下，现代企业区位选址行为将会呈现什么新特点？其微观机理如何实现？借助信息网络化浪潮的推力，企业区位选址行为如何影响不同类型产业和企业的分工与空间布局？不同类型产业和企业分工与空间布局又如何推进城乡产业一体化发展，其空间分工布局模式又是什么？为解决这些问题中国正在寻求一条破冰之路。城乡产业一体化作为缩小城乡差距的战略目标之一，是城乡发展中亟须研究的重要课题之一。

---

① 根据《中国互联网发展报告（2013）》数据计算而得。

二 选题目的及意义

从中国城乡关系演变历程来看，新中国成立之初实行的"城市偏向"政策到统筹城乡发展战略目标的提出这个时期，释放了潜在的生产力，提高了要素配置效率，但是，城乡产业的不协调发展依然存在，城乡区域发展差距仍然很大。企业作为产业的微观基础，大城市集聚不经济和以互联网为主的信息网络化发展是如何影响企业在城乡的区位选址的，企业在城乡的区位选址又是如何影响城乡产业一体化实现的，其一体化实现的路径和空间布局模式又是什么？这些都是关系到我国城乡一体化和城镇化进程的关键问题。本书的研究目的就是将大城市集聚不经济和信息网络化发展纳入新经济地理模型的分析框架中，以企业区位选址角度作为切入点，探讨城乡产业一体化发展中企业区位选址行为与不同类型产业和企业的分工与空间布局，并希望通过该研究对城乡产业一体化微观机理和城乡产业空间布局模式产生新的认识。

本书研究的理论意义在于，我国目前已进入"以工促农，以城带乡"的发展阶段，同时也是我国城乡二元结构问题和各种社会矛盾较为突出的关键时期，因此，积极探索破解城乡二元结构，实现城乡一体化发展策略势在必行。目前，城乡产业一体化已不是过去在计划条件下单纯依靠行政命令实现的，而是在市场经济引导下要素进行资源优化配置实现的。本书希望通过城乡产业一体化的研究推动区域一体化研究视域的进一步深入。具体表现为：

第一，将大城市集聚不经济与信息网络化作为经济分散的重要因素引入新经济地理模型中，运用新经济地理学方法对企业区位选址行为及城乡产业一体化发展趋势做出判断，此研究可丰富新经济地理学的研究成果。

第二，以传统企业区位理论为基础，分析了不同时期企业区位选址的影响因素，重点探讨了新形势下信息网络对企业区位选址的重要影响；以企业区位选址为切入点，对城乡产业一体化的微观机理和城乡产业空间布局模式进行了探讨，其研究既可丰富企业区位、产业扩散和产业转移的相关理论,也可为笔者之后进行相关研究提供理论借鉴与参考。

本书研究的现实意义在于,对我国城乡产业发展中存在的现实问题进行了分析。城乡产业一体化发展作为目前突破城乡二元体制障碍的有效途径和重要突破口,其目标是实现资源在城乡空间的最优化配置,最终实现城乡产业共生共荣。城乡产业发展中,目前还面临着市场联系不顺畅、产业关联度不高和产业一体化发育程度较低的现状。可见,在大城市面临集聚不经济和信息网络化的发展的背景下,城乡产业如何通过联动发展实现城乡产业一体化的研究具有重要的现实意义。

第一,本书运用新经济地理学分析方法,构建了包括城市集聚不经济和信息网络化变量的 CICP 新经济地理模型,分析了城乡产业一体化过程中企业区位选址行为和城乡区域差距演变机理。经分析,企业区位选址行为及结果趋于分散化,此结论与中国现在提出的"以工促农,以城带乡"长效发展机制是相吻合的。

第二,区域一体化发展究竟是扩大还是缩小区域发展差距,一直是理论界争论的焦点。城乡产业一体化发展中城乡区域差距呈先扩大后缩小的发展趋势,此结论一定程度上调和了城乡产业一体化发展是扩大还是缩小城乡发展差距的争论。

第三,实证部分从中国现实出发,对中国各区域城乡产业一体化发展水平进行了综合评价,并对东部地区、中部地区和西部地区在空间上是否存在集聚与扩散并存局面进行了分析,分析结论有助于理解中国各区域城乡经济发展的现实差异。

第四,是工业反哺农业的实践趋向。城乡产业互动发展是充分发挥"以工促农,以城带乡"的实践趋向,是促进城乡产业结构有序转移与优化升级的战略性实践突破,也是由主要依靠第二产业带动向依靠第一、第二、第三产业协同带动转变的核心纽带,对城乡产业发展模式的探讨有助于建立中国特色的城乡现代产业模式,从而提升国际产业竞争力。

第二节 国内外研究现状述评

一 城乡产业一体化相关研究述评

在产业革命爆发之前，城市和乡村经济属性本质上并未有很大的区别，工业革命发生后，城市和乡村不同的生产方式致使人口和产业在城市集聚，城乡劳动生产率和人们的生活方式也发生了相应的变化，城乡区域差距逐渐凸显出来。国内外学者们从不同视角对城乡产业一体化发展理论内容、实现路径和模式等方面进行了积极的探索。

(一) 国外研究现状

1. 城乡产业发展关系的研究

这方面的研究包括关于城市产业主导论的研究、关于农村产业主导论的研究和关于加强城乡产业联系的研究三个方面。

(1) 关于城市产业主导论的研究。刘易斯（Lewis，1954）等基于发达国家经验，揭示了发展中国家劳动力乡—城和农（业）—非（农产业）同步转移规律，指出传统部门劳动力无线供给构成了城乡二元经济结构的内在特征，应积极发挥城市工业的积极作用，诱发产业结构的演变，最终实现二元结构向城乡一元经济结构转化。佩鲁（Perroux，1955）认为，城乡之间的交往是社会经济活动主体间的连续或反复的联系，城市可以作为增长极来发展，通过资源要素流动实现由城市向农村的扩散，该理论强调城市产业发展的重要作用。20 世纪 50 年代末 60 年代初，弗里德曼（Friedman）在核心边缘理论中提出，城乡产业关系可以是带动互补关系，也可以是控制与被控制的关系，随着工业化进程的加快，生产要素逐渐向城市集中，发展到一定阶段后，扩散作用又会使资源向边缘区流动。赫希曼（Hirschman，1959）论述了扩散和回流效应，用空间集聚经济和不经济，揭示了要素在城市的集中要优先发展城市产业，通过城市产业的扩散实现产业一体化发展。发展中国家多采取城市—工业导向的城乡经济发展思路，以利普顿（Lipton，1977）的"城市偏向"理论为其典型代表。利普顿指出，城市偏向政策会把社会资源聚集在自己的利益区域内，这将不利于农村经济的发展。Poelhekke（2011）论述了城市偏向的政策，将会引起城乡经济收入差距的扩大，并引起城市贫困和乡村的撂荒。

（2）关于农村产业主导论的研究。有些学者在研究中强调乡村产业的重要作用。乔根森（Jogenson，1967）在"刘—费—拉尼斯模型"基础上，建立新的二元结构模型，探讨了工业部门的增长是如何依赖农业部门得以发展的，把农业剩余看作是工业部门积累的先决条件，农业劳动生产的提高对推进工业化、城乡一体化进程有重要作用。托达罗（Todaro，1969）指出，仅靠工业扩张无法解决发展中国家城市失业问题，必须要大力发展农村经济，重视农业的发展，工业化的进程需要农业发展的推动，要制定综合性的农村发展规划，发展农村经济有利于缩小城乡经济发展的不平衡和城乡区域发展差距。舒尔茨（Schults，1979）强调城乡产业发展中农业和农村发展的重要性，研究时从农业外部转向农业内部，并指出实现农业现代转型的途径。

（3）关于加强城乡产业联系的研究。霍华德（E. Howard，1965）指出了城乡一体化思想对于城市和乡村经济发展的重要作用。20世纪60年代，芒特福特（Mountfort）认为，城市和乡村同等重要，要把城市与乡村建设成一个相互依存、相互促进的统一体。拉尼斯·费（Ranis - Fei）对刘易斯模型做了补充，指出工业化过程中必须保持农业生产率的同步提高，认为工农业平衡发展是二元结构转换的关键，劳动力由农村向城市转移中完全实现了商品化。麦吉（T. G. McGee，1989）提出了亚洲城乡一体化发展的Desakota模式，发展学者们普遍认为，应加强城乡产业联系、推动城乡产业互动（Potter，1989），而不是盲目的乡—城转移（Epstein et al.，2001）。里格（Rigg，1998）认为，城乡的互动促进了城乡产业一体化发展，城乡产业关联性的加强，其产业间交易增加，都会使链条逐渐拉长、变粗，价值链将被重新分解，在交互活动中，城乡产业的关系将随着链条关系的复杂化而日益紧密。Veneri（2013）等认为，城乡联系有助于城市溢出惠及周边乡村，从而推动城乡产业一体化发展。

2. 城乡产业一体化的实践模式

为了实现城乡产业一体化发展，许多国家都采取了成功的做法。日本通过"工业园区"设立区域性都市的发展模式。20世纪50年代以来，日本城乡收入差距呈扩大趋势，为实现城乡产业协调发展，其具体做法是：（1）依托农协实践反哺农业。农协把大部分农户组织起来，以此提高农业生产力，提高农业生产的规模效益，最终促进国民经济的发展。（2）通过工业园区促进城乡产业发展。自20世纪60年代开始，日本提出以工业园区为基础来构筑富有活力的区域性城市，以区域性城市作为连接城乡的纽带，由政府有关部门成立产业集聚室来实现城乡产业共同发展，以工业园区为基础设立区域性城市，解决了城市交通堵塞和污染的问题，也使农村企业的发展富有活力，增强了城市与工业园区的活力和竞争力，缩小了城乡发展差距，实现了城乡共同繁荣。

韩国"城乡产业准一体化"的新型农村发展模式。韩国实际上是农业资源缺乏的国家，1962—1971年推行了优先发展工业的发展政策，结果造成城乡发展比例失衡，城乡差距扩大化。为扭转这种不协调的局面，韩国实行了工业与农业均衡发展战略，在城乡产业发展方面比较成功的做法："新村运动""一社一村"和"农村工业园区"计划。1970年发起的"新村运动"是在政府引导下，积极建立完善的农业服务体系，在改善了农村生产生活条件的基础上，也实现了农民增收的目的，"新村运动"缩小了城乡经济差距，增加了农民收入。"一社一村"是企业与村庄建立对接合作的一种模式，企业通过对农村的支援和农民的帮助，实现农村经济快速发展，最终实现城乡共同发展。1983年韩国又推行了"农村工业园区"计划，指出 20 万人以下的郡、市可以建立农村工业园区，农产品加工企业及劳动密集型企业可以优先进入园区，工业园区计划带动了农村工业化的发展，实现了城乡产业的合作与互动。

亚洲大城市的城乡融合发展模式。麦吉（1989）提出了亚洲城乡一体化发展的 Desakota 模式，他通过对东南亚国家和地区的实证研究，发现城乡之间的关系日益密切，城乡之间的地域界线逐渐模糊，指出在城乡之间会出现一种以农业和非农业活动并存的城乡融合的地域组织结构，该模式以劳动密集型工业和非农产业的增长为其特征，使在亚洲大城市交通走廊地带成为城乡边缘区，这种模式不是以城带乡，也不是以乡促城，而是以城乡交融系统的形成为其互动的基础，其实质是认为城乡之间会实现一体化发展。

20 世纪 50 年代，美国为了促进农村经济繁荣，实行了农村工业化发展，使城市工业逐渐向郊区、城镇迁移，缩小了城乡区域差距，改善了农村基础设施和促进了城乡融合发展。德国把提升城乡交通层次作为推进城乡产业一体化的重要途径，非常重视大中城市间的铁路、高速公路的相通，也十分重视城市与乡村之间公路的连接。英国为加快农村工业发展，在远离城市的地区建立"农村发展区"，专门设立由政府管理的乡村发展委员会和乡村地区小工业委员会，以此促进城乡的共同发展。英国为加快农村工业发展建立了由政府统一管理的"农村发展区"。19 世纪 60 年代后期，有许多发展中国家也认识到"城市偏向"战略的弊端，开始重视城市和农村产业的协调发展，重视农业变革和乡村的综合开发，对城乡经济一体化实现进行了积极的探索。

综上所述，即使各国在实现城乡产业一体化过程中做法不一，但是，在推进农村工业化、加快农村非农产业发展方面具有相通性，政府推动也是实现城乡产业一体化发展的一个重要促进因素，而且重视城乡基础设施和信息网络建设，加强城乡联系也显得尤为重要。

（二）国内研究现状

新中国成立以来，我国基本实行"工业优先发展"战略，构筑了"重城轻乡"的二元结构，城乡区域差距日益增大，城乡关系日益成为一个研究热点。我国虽然总体实现小康目标，但这是基于不全面和不平衡发展实现的小康水平，如何实现城乡统筹发展仍然是现阶段迫切需要解决的问题。产业化的支撑成为统筹城乡经济发展的"发动机"，国内理论界掀起了更深层次的关于城乡产业一体化发展的研究。

1. 城乡产业一体化发展理论研究

我国对此研究起步较晚，1983年苏南地区最先使用城乡产业一体化概念，1990年之后研究内容为逐渐完善时期。徐宏（2004）从三次产业的视角探讨城乡产业一体化的实现路径，具体有：统筹工农业发展，加强农业的基础地位；统筹城乡工业的发展，加快农村工业化进程；统筹城乡服务业的发展，加快农村现代化进程。孙成军（2006）认为，我国城乡关系发展，经历了城市领导乡村；以城市为中心、乡村为其服务；对乡村给予更多关注；以城带乡、以工促农、城乡互动四个阶段。洪银兴（2007）提出，要建立城乡产业的纵向一体化，农业可通过产业化的途径延伸其加工销售环节以进入城镇。黄元斌（2007）认为，城乡产业一体化就是要改变传统的认为农村只能搞农业，城市发展第二、第三产业的传统观念，为了实现城乡的共同繁荣，应加强城乡产业间的互动合作。陈明生（2008）建立了集聚经济理论和要素禀赋理论相结合的分析框架，指出城市的本质在于集聚经济，而农村是以产业相对分散为其特征的，由此决定了城乡经济布局特征。方振辉（2008）认为，在市场机制的引导下，只有在城乡之间形成合理的分工与空间布局，才能实现城乡产业一体化发展。李程骅（2011）认为，城乡间产业链的构建能够优化城乡产业空间结构，产业链实现了城乡协同发展，推进了城乡产业一体化进程。王兴明等（2010）认为，城乡产业发展作为城乡统筹的重要内容，应从产业的空间布局、产业的现代化发展水平和城乡产业就业等方面实现城乡产业的统筹发展。邹继业等（2012）认为，城乡产业联动是实现城乡产业协调发展的重要路径。

2. 城乡产业一体化发展动力机制和模式探讨

郭继（2002）提出，城乡产业一体化发展关键在于产业与要素的双向高效的流动，城乡产业的互动，需要上下游产业部门以及配套设施等相关产业的共同发展，而不仅仅是单一产业、单一环节的发展。陈德敏（2008）提出了通过优化城乡产业布局、加强城乡经济联系和培育城乡产业集群来构建城乡产业一体化发展机制。任迎伟、胡国平（2008）指出，城乡产业互动的动力在于城乡产业关联性深度与广度的提高，具体影响产业互动的影响因素有：城乡要素的流动性、城乡产业体系完备性及地方政府作用。卢阳春（2009）认为，要想推动城乡产业一体化可持续发展进程，需要在借鉴国外经验的基础上，积极建立城乡产业一体化可持续发展机制，同时要实现城乡产业与生态文明统筹协调发展。张望（2010）阐述了城乡产业一体化机制的内在联系和外在效应，并指出，一体化的实现应推进农村基础设施建设和加强农村生产要素市场建设。李存贵（2013）以城乡产业合作为研究视角，阐释了城乡产业关系演进的一般规律，具体分析了城乡产业合作的实现机制，并对我国城乡产业协调发展水平进行了综合评价。

发展模式是进入 21 世纪以来，城乡产业一体化理论的核心。刘家强、唐代盛等（2003）认为，城乡产业一体化模式的核心在于城乡的协调发展，就是把城乡产业建成一个相互依存、相互促进的统一体，城带乡，乡促城，实现经济和环境效益的协调统一。陈晓红（2005）在归纳总结的基础上，提出了代表性的城乡产业一体化发展模式，上海"城乡统筹规划"模式；珠江三角洲"以城带乡"的模式；北京"工农协作、城乡结合"的模式；还有苏南模式、宝鸡模式、青岛模式、大连（甘井子）模式等。赵泽洪、刘北卿（2008）提出，城乡产业一体化的主要形式是土地流转，这种形式是全国推行城乡一体化最普遍采用的模式。浙江大学黄祖辉认为，城乡产业互动的基本模式为"政府主导、市场运作、农民为主、社会参与"。

3. 城乡产业一体化实现途径及对策研究

产业作为经济发展的推动力，对城乡经济统筹的影响不可小觑。由此可见，国内学术界并不乏"产业发展""产业链""产业集聚"与城乡产业一体化结合的研究。龚勤林（2004）指出，城乡产业一体化应形成贸工农产业链，通过三次产业的接通有助于沟通城乡两个地域，起到统筹城乡发展的作用。杨凤华（2004）认为，城乡产业的融合发展推动了城乡经济社会资源有效配置，通过改变城乡产业分离现状，能够很好地促进城乡产业一体化发展。杨生照、杨非（2009）提出，要构建以市场需求和经济效益为导向、农副产品加工和工业制造业为主体的农工商产业链来推动城乡产业一体化发展。陈敏、周正生等（2011）运用理论与实证结合的方法对城乡产业一体化发展进行系统、全面的分析和研究。张爱民、易醇（2011）指出，建立城乡一体的市场体系、构建农工贸产业链、发展特色农业园区和加快三次产业融合构成了统筹城乡产业发展的主要途径。

国内学者对城乡产业一体化发展提出了若干对策建议，具有重要的指导意义。张书芹（2004）指出，要想实现城乡产业共同发展，就要统筹工农业的发展，统筹城乡工业的发展，统筹城乡服务业的发展，并提出相应的对策建议。刘北卿（2010）秉承"内赢外配、增强活力"城乡产业一体化发展基本思路，提出要增强农民参与的积极性，提高政府管理的创新性，规避产业互动中的风险性等对策建议。王改性（2010）认为，城乡经济交融、城乡产业互动是一个新发展思路，从城乡产业互动的视角研究城乡产业一体化发展，阐述了城乡经济发展动态演变过程，并提出城乡产业一体化发展的对策建议。张慈、苑健斌（2011）以城乡产业一体化为研究视角，提出了诸多促进城乡产业一体化进程的保障措施，最终实现城乡统筹发展。赵玲玲等（2012）指出，要逐步推动城乡产业结构合理化，城市工业要逐步向农村和郊区转移，最终实现城乡产业一体化发展。

(三) 国内外研究的简要述评

从国内外学者研究中可以看到，城乡产业一体化发展的探索过程中，农村农业的发展是极其重要的。学者们针对不同的历史阶段和环境，制定了不同的政策措施，其立足于缩小城乡区域差距和协调城乡关系发展。

第一，在国外，尤其是发达国家，由于城市化的完成使城乡矛盾并不明显。近些年，随着城市工业的扩散和城乡信息交通的便捷化发展，人口和产业开始向城市郊区和小城镇集聚，为城乡一体化发展带来了新的发展契机。目前，发达国家已进入后工业化社会，城乡联系更加密切，农业产业化发展趋向于资本化、集中化和企业化发展。

第二，发展中国家经济基础起点低，为了实现赶超目标，实行"城市偏向"的发展政策，致使乡村地区更加落后和贫困，城市如何带动乡村地区发展，如何实现城乡产业一体化发展成为学术界研究的重要内容。

第三，国内关于城乡产业一体化发展问题研究视域更加拓展，研究的理论更加厚重深化，研究方法更加多维。而且大多数学者也已清醒地认识到，城乡产业一体化是城乡一体化可持续发展的经济基础，也是城乡二元经济结构的重要突破口，同时学者们也提出了众多的政策建议，这为本书的撰写提供了很好的参考资料。

从学者对城乡产业一体化研究中可以看到：

第一，城乡产业一体化理论的深度需要进一步挖掘，之前大多数研究仅停留在表面上，从企业区位选址微观角度对城乡产业一体化的研究为数不多，城乡产业一体化推进中企业区位选址趋向如何？城乡产业一体化推进中不同的产业、不同的企业在城乡的产业分工和空间布局模式又如何实现？这一系列的问题都需要学术界进行深入的理论研究。

第二，从实践角度而言，目前所采用的以工促农和以城带乡的发展机制，重在强调城市的绝对主导地位，乡村能动作用并未得到充分发挥。城乡产业一体化发展探讨中定性层面进行规律总结性的文章较多，而定量层面的文章较少，而且运用新经济地理学分析方法对城乡产业一体化问题的研究更为鲜见。

第三，城乡产业一体化发展水平评价指标体系存在争议，指标体系的设置是一个重要的问题，涉及诸多方面，目前还处于起步阶段，仍需要进行深入的研究。

综上所述，国内外成熟的城乡产业一体化理论尚未形成，发达国家经验固然值得借鉴，但是，其发展背景不可复制，而且以互联网为主的信息网络化发展影响着企业区位选址，影响着城乡产业一体化路径的实现。中国是一个比较典型的区域，独特的模式需要特别的关注，随着实践的需要和深入，城乡产业一体化发展研究仍然任重道远。

二 信息网络化发展相关研究述评

"信息化"是现代流行的术语，首次由日本学者提出。随着信息化的发展，以互联网为主的信息网络化发展显得尤为重要，信息网络技术是促进城乡产业一体化的重要驱动力，国内外学者们对信息网络的重要性、信息网络发展现状、信息网络建设、信息网络发展中存在问题与相应解决措施进行了相关研究。

（一）关于信息网络化对城乡发展重要性的研究

一些学者认为，不管农民身在何处，通过信息系统都能及时、有效地掌握农业信息（Jensen and Thysen，2003），可以获得与农业生产相关的信息，提高农业生产率（Marcel Fafchamps and Bart Minten，2012），计算机的运用可使农民的收入增加1%—5%（Goyal，2010）。Snyman 等（2003）提出，信息技术与通信技术相融合的ICT 信息中心的建立，利用宽带、通信网路不仅能实现信息的传递与共享，也能为城乡地区提供必要的信息服务。A. Dhingra（2004）认为，城市先进的信息技术通过向农村的传播和扩散来不断满足农村农民对信息的需求。Asif Naveed Muhammad（2013）研究了农民利用计算机和互联网信息技术可获取自己所需的信息需求，农村农民信息需求涵盖经济发展、农业科技、医疗文教等诸多领域。江曼琦（2001）认为，集聚经济构成城市空间演变的动力，知识经济影响着区位选址，积极引导着城市空间的优化。刘世洪（2005）认为，农村信息化就是利用互联网和计算机为主的高新技术推动农村农业的快速发展。丁建勋（2006）认为，信息化降低了交易成本，加速了剩余劳动力转移，促进了农业产业化和现代化的实现。李道亮（2007）认为，信息化就是逐步开发利用各种涉农信息资源，利用信息网络技术不断提高农村发展水平的过程。胡春晓（2007）指出，信息化能缩小城乡信息鸿沟，促使优质资源流动，从而实现城乡资源共享与优化配置。张鸿（2008）指出，通过测度，得出农村信息化指数对于农业经济增长的贡献率为 0.735。刘强（2010）认为，信息化发展能将农村非永久性迁移带来的收益内部化，是实现农村次级劳动力市场配置效率的重要条件。马春燕（2010）指出，农村信息化发展水平与城市相比存在很大的差距，通过分析得出农村信息化促进了农村资源配置结构优化。熊春林（2013）指出，农村农业信息化服务能力建设是农村信息化建设的关键所在，从加强信息化基础设施建设和完善发展机制等方面提出农村信息化服务能力建设策略。

（二）关于信息网络对空间集散布局影响的研究

戈特曼（Gottman，1977）提出，电报和电话等通信工具的出现，使企业公司总部集中在城市，制造业和分配活动分散布局成为可能。也有些学者通过研究提出，通信设施技术呈现分布不均衡状态，信息流主要集中在城市，加重和强化了城乡各个层面的非均衡发展（Cornford，1992；Barney，1995；Stephen，1999）。阿利安·J. 斯科特（Alien J. Scott，1995）认为，远程通信技术的运用促进了区域经济生活的空间扩散。米切尔·L. 莫斯（Mitchell L. Moss，2000）对美国互联网技术发展进行了研究，并且认为，互联网技术的向外扩散过程由于地理区位的差异，存在非均衡扩散现象。吉莱斯皮（Gillespie，1989）认为，通信和互联网的供给对于城市发展非常有利，而且这种通信技术存在空间偏好，并以一种可比的价格在有空间需求的地方给予提供，远程通信和信息处理能力对于产业空间选择是有影响的卡斯特尔斯（Castells，1997）。英格拉姆·格雷戈里（Ingram Gregory，1998）认为，受信息技术弹性的影响，产业在空间的集中和分散都可能存在，而且土地市场是空间分散化布局的重要影响因素。格拉哈姆和马文（Graham and Marvin，2001）将信息化对社会经济活动的影响归为替代效应、增强效应、衍生效应和协作效应，这四种效应对现实空间可能产生地理影响。斯科特（2001）认为，通信网络发展将催生新型的城市体系和城乡关系，城市成为信息的集聚中心，信息化对区域空间结构有着重要的影响。

  中国信息网络对空间结构影响的研究相对较晚，主要集中在信息条件下城市空间结构重组、信息网络技术对企业空间组织的影响、信息化网络与产业集群、信息网络与城乡互动研究等方面。刘玉（2003）指出，信息时代空间集聚与扩散导致新型城乡交互模式的出现，引发了乡村的转化与发展，城乡区域空间结构形态会呈现出新的特点。刘卫东（2004）指出，信息技术在过去几十年只是一种提供可能或促成发生的介质，如今新的信息网络技术会导致企业的"虚拟集群"，信息网络技术有利于整合和缩短供应链，也有利于企业在地理空间上实现整合。甄峰（2004）认为，在信息网络条件下，知识网路、信息技术成为空间结构新的影响因子，资金流、信息流、人才流在信息网络的影响下原有的空间结构模式会发生改变。方维慰（2007）认为，信息化使区域空间结构得以优化，以空间相互作用和区位选择为突破口，论证了信息化导致区域趋同或趋异的可能性。丁疆辉（2009）认为，互联网是连接生产者、销售者和购买者间的有效工具，信息技术使企业突破了空间的摩擦，也是企业进行空间重组的重要动力。汪明峰（2009）从信息和知识的角度入手，探讨互联网是企业和产业集群的驱动力，进一步分析信息时代的区域地理特征和信息技术对企业的空间组织影响效应。

综上所述，国外关于信息网络化研究起步较早，且发展较成熟，主要集中在信息资源对空间配置的作用、信息技术对企业空间组织的影响，信息化与城市化等方面的研究。从我国研究文献可以看出，我国信息网络化研究逐步趋于完善，农村信息网络应用水平也取得长足进展，但受历史遗传因素的影响，目前我国农村信息网络水平与城市仍有一定的差距，由于集聚经济使信息资源要素不断向城市集中，城市信息资源向乡村的扩散对于农村信息网络水平的提高具有举足轻重的作用。总体来看，我国关于信息资源对空间结构的影响文献相对较少，信息化要素促使城乡产业空间得以优化的文献更为鲜见，国内外关于农村信息网络化相关研究拓宽了学者的研究视野，为笔者的研究提供了一些可以借鉴的资料。

第三节 研究内容、方法与主要观点

一 研究内容

企业作为产业的微观载体，本书以城乡产业一体化发展为研究对象，以企业区位选址行为作为切入点，运用新经济地理学分析方法，构建了包括城市集聚不经济和信息网络化变量的 CICP 新经济地理模型，进一步探讨了城乡产业一体化发展的微观机理和空间分工布局模式。研究的总体思路是围绕"提出问题—逻辑框架—机理分析—模式探讨—实证分析—对策建议"展开的，具体研究内容见本书研究框架（见图1-1）。

（一）提出问题

第一章重点介绍了本书研究的背景和目的。通过文献的查阅，对国内外城乡产业一体化、信息网络化发展相关文献研究进行了梳理和评述。在前人研究的基础上，笔者指出了本书研究的新视角，以

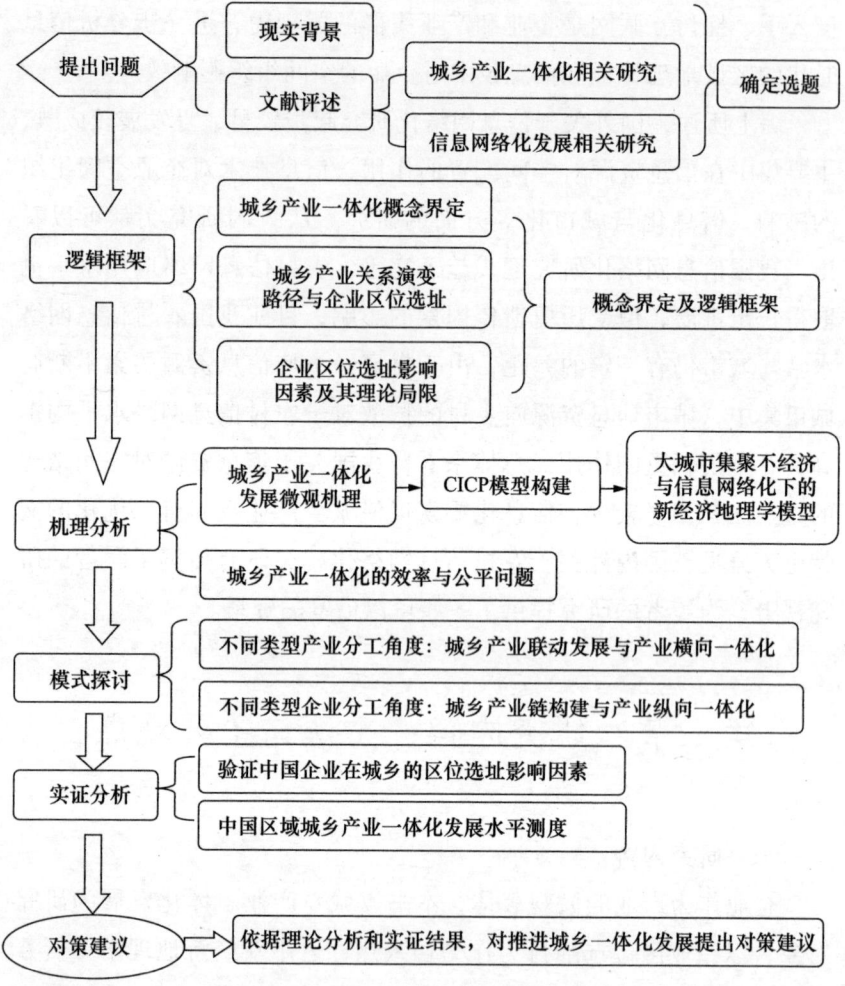

图1-1 本书研究内容及框架

企业区位选址行为作为切入点,进一步研究城乡产业一体化的实现过程,并指出本书的研究内容和研究方法。

(二)逻辑框架

第二章首先对城市、乡村和城乡产业一体化相关概念进行了界定;其次对城乡产业关系演变路径与企业区位选址问题进行分析,指出企业作为产业的微观基础,城乡产业一体化发展其实是企业在多种因素影响下进行城乡区位选址决策的过程；接着指出传统企业区位理论的局限性，进一步探讨新业态下企业在城乡区位选址的影响因素，构建了包括"传统时期影响因素—新形势下影响因素—政府制度影响因素"的企业区位影响因素框架，指出信息网络化成为新形势下企业区位选址的重要影响因素，本章成为本书研究的逻辑起点。

（三）机理分析

第三章以企业区位选址行为为切入点，运用新经济地理学分析方法，构建了包括城市集聚不经济和信息网络化变量的 CICP 新经济地理模型，具体分析了大城市集聚不经济和信息网络化如何影响企业在城乡的区位选址行为，企业在城乡的区位选址又是如何推进城乡产业一体化的，并且分析了城乡产业一体化推进过程中的效率与公平问题。

（四）模式探讨

产业和企业类型的不同，决定了企业区位选址行为和空间布局的模式也不同。第四章探讨了不同类型的产业分工与城乡产业横向一体化的实现，本章运用投入产业分析方法，确定哪些产业应发挥集聚经济，优先布局在城市；哪些产业需发挥分散经济，选址布局在农村。城乡的合理分工与布局通过城乡产业联动发展，最终推动城乡产业横向一体化发展。第五章探讨了不同类型的企业分工与城乡产业纵向一体化的实现，通过城乡空间产业链的构建，实现不同企业部门在城乡空间上的分离，从而推动城乡产业纵向一体化发展，重点介绍了双向迁移的总部经济模式。

（五）实证分析

第六章对中国城乡产业一体化发展水平进行综合评价，通过分析，致力于解决以下两方面的问题：第一，从中国现实出发，分析中国企业在城乡区位选址中的影响因素，目的是验证与本书提出的企业区位选址因素分析框架是否吻合。第二，通过构建城乡产业一体化发展水平综合评价指标体系，分析中国各地区城乡产业一体化发展水平程度和空间分布态势,并探讨了地区经济发展水平和城镇化水平是否也是影响中国城乡产业一体化发展水平的重要因子。

(六) 对策建议

依据理论分析和实证检验的结果,对如何推动城乡产业一体化提出相应的对策建议。第一,政府与市场的耦合推动城乡产业联动发展;第二,产业集聚与分散并举推动城乡产业一体化发展;第三,引导与支撑并用加快城乡通道建设;第四,创新驱动加快信息网络化覆盖乡村。

二 研究方法

(一) 实证研究和规范研究相结合

本书在第二章构建了"传统时期影响因素—新形势下影响因素—政府制度影响因素"的企业区位选址影响因素框架。第六章从中国的实际情况出发,对中国企业在城乡区位选址中的影响因素进行分析,目的是验证与本书提出的企业区位选址影响因素框架是否吻合。本书的研究考虑了消费者多样性偏好、规模收益递增等要素。并运用新经济地理学分析方法,构建了包括城市集聚不经济和信息网络化变量的 CICP 新经济地理模型,在此基础上具体分析了企业区位选址行为及城乡产业一体化的实现。在理论分析的基础上,本书对中国各地区城乡产业一体化发展水平程度和空间分布态势进行实证分析,尝试性地探讨各区域的城乡产业一体化发展是否与市场发育程度具有一致性,探讨了目前中国东部地区、中部地区和西部地区企业区位选址倾向的差异性,分析了东部地区、中部地区和西部地区是否在空间上存在集聚与分散并存的局面。

(二) 比较分析和归纳分析相结合

本书通过收集大量的文献资料进行梳理与归纳,从企业在城乡区位选址的角度对城乡产业一体化的微观机理进行探讨。面对城市集聚不经济和信息网络技术的发展,本书将城市集聚不经济和信息网络化发展作为变量引入新经济地理学模型中,构建了 CICP 新经济地理模型,归纳总结了企业在城乡区位选址行为趋向,得出了企业区位选址行为及结果呈分散化布局的结论。在此基础上，分别探讨了不同类型的产业和企业与城乡产业一体化横向、纵向实现联动的问题。不同类型的分工产生了不同的空间布局模式，在一体化空间布局模式的探讨中采用了归纳、提炼的方法，阐述了什么样的模式才能实现"你中有我，我中有你"的城乡产业一体化发展。

三　主要观点

第一，企业区位选址是城乡产业一体化发展的微观基础，以互联网为主的信息网络化成为新形势下企业区位选址的重要影响因素。传统企业区位理论着重在运输成本、规模经济和市场潜力等方面探讨企业区位选址影响因素，企业为了寻求利润最大化一般会在集聚经济较强的城市选址。随着工业化和城镇化的推进，大城市集聚不经济问题凸显，新形势下以互联网为主的信息网络化的快速发展，信息网络化成为企业区位选址的重要影响因素，在弱化传统区位影响因素的同时又催生了一些新的要素。信息网络化使企业选址摆脱了传统区位理论的束缚，城乡企业空间布局具备了较大的多样性和区位自由度。

第二，在城乡产业一体化推进过程中，城市集聚不经济凸显和信息网络化发展使企业区位选址行为及结果趋于分散化。本书运用新经济地理学分析方法，构建了包括城市集聚不经济和信息网络化变量的 CICP 新经济地理模型，通过数值模拟，得出企业在城乡的区位选址活动中呈现出"分散—集聚—再分散"发展趋势，再分散不是分散的简单重复与回归，而是初始分散的优化与升级。城市集聚不经济与信息网络化成为企业区位选址和空间布局的分散力量，具体表现为：

其一，城市拥挤成本作为城市集聚不经济的量化指标，当城市拥挤成本越大时，企业区位选址的扩散效应越明显，两者呈正向关系。

其二，信息网络凸显了"以时间换空间"和"虚拟空间和地理空间"的融合，造就了城乡"时空压缩"，降低了城乡贸易成本。

从时间维度上看，当城乡贸易成本非常高或非常低时，企业区位选址趋于分散化布局。当城乡贸易成本处于中等发展水平时，进一步降低贸易成本将促使企业区位选址活动由集中转向分散。企业在乡村的分散化布局有利于避免城市集聚不经济的出现；从空间维度上看，距离仍然是影响城乡贸易成本的重要因素，信息网络化降低产品在流通过程中所耗费的时间成本和经济成本，企业集聚与扩散在城乡空间上出现并存局面。

第三，城乡产业一体化发展过程中，城乡区域差距拉大是城乡产业一体化发展过程的"分娩期"，企业在城乡空间选址的公平最优和效率最优将趋于分散化布局。信息网络化影响下的城乡贸易成本成为影响企业区位空间分布的重要因素，随着城乡产业一体化的推进，城乡区域发展差距呈现出先扩大后缩小的发展态势。随着城乡贸易成本的下降，城乡区域差距扩大是城乡产业一体化发展的必经阶段，是一体化发展的"分娩期"。就城乡产业一体化效率与公平而言，当城乡贸易成本较高时，政府在效率和区域差距扩大间要做出权衡；当城乡贸易成本较低时，政府在效率优先和兼顾公平两方面均可以实现。

第四，城乡产业分工与空间布局是对产业集聚力和分散力作用权衡的结果，不同类型的产业和企业决定了分工和空间布局模式在城乡间的差异。就不同类型的产业而言，城乡产业通过要素市场、产品市场和空间市场的联动发展推动了城乡产业横向一体化发展；就不同类型的企业而言，通过产业链的构建实现不同企业在城乡空间上的分离推动了城乡产业纵向一体化发展。双向迁移的总部经济模式和城乡农工贸产业链构建，实现了企业管理、研发和生产等环节在城乡空间再配置，总部与生产基地等空间的分离产生了"1+1>2"的倍增效应，使城乡产业结构得以优化。

第五，通过实证检验，中国城乡产业一体化发展水平的区域分布态势与区域市场化程度具有一致性，东部地区最高，中部地区紧随其后，西部地区相对较低。从空间维度看，东部地区、中部地区和西部地区出现了集聚与扩散并存的局面，东部区域以扩散为主导，中西部区域以集聚为主导。同时，本书指出，地区经济发展水平和城镇化发展水平与城乡产业一体化发展水平具有相关性。

第二章 企业区位选址与城乡产业一体化发展的逻辑框架

城乡产业一体化的研究，必须从概念的理解和内涵的把握入手，所以，本章首先对相关概念进行界定。那么是什么力量左右了城乡产业一体化发展，本章以企业区位理论为基础，阐述了城乡产业一体化演变路径下的企业区位选址问题。在评述传统企业区位理论的基础上，对影响企业区位选址的影响因素进行探讨，本章成为本书研究的逻辑起点。

第一节 城市、乡村与城乡产业一体化

一 城市与乡村

为更好地理解城乡产业一体化的内涵，有必要先对城乡这一概念进行阐明。城市和乡村是社会劳动地域分工的产物，是区域经济社会发展的载体与基本单元。由于各国所处的发展阶段和历史背景的不同，城乡划分标准存在差异性。1987年国际统计学会从统计学角度把城乡定义为：超过2000人的居民点看成是城市，其余的地区可以看成是农村。以上以人口集中程度为标识，定义为：居民人口超过2000人以上的居民点为城市地区，其余广大地区为农村。1903年德国学者拉采尔从地理学的角度指出，城市的形态特征是具有交通便利性，是人群和房屋的密集结合体，与城市相对应，人群与房

屋的分散为其乡村的特征。① 1976 年英国城市经济学家巴顿提出：城市是坐落在有限空间地区内的各种经济市场，是劳动力、住房、运输、土地等交织在一起的网络系统。② 20 世纪 30 年代，学者从经济功能角度对城乡进行划分，认为城市主要从事非农业生产，是政治、经济和文化中心；而农村是主要从事农业生产，具有特定的自然景观和社会习俗。城市经济学家沃纳·赫希曼认为，城市就是家庭和经济活动高密度的集中在巨大的地理空间内③，高度的集中能带来规模经济和知识溢出，乡村的各种要素向城市进一步集聚。江曼琦认为，密度和规模是代表集聚特征的最佳指标，用人口密度和人口规模两个指标界定城市化地区。④

随着工业化、城镇化的有序进行，我国城乡划分的标准也经历了一个动态的发展过程。目前，在我国学术界，关于城乡划分标准主要有四种观点：第一，城市泛指一般性大中城市的市区，乡村包括县（市）城以下区域。第二，城市包括县城以及以上区域，农村包括镇及以下区域。第三，城市为建制市、县级市以及城镇，以非农产业和非农人口聚集为主要特征。农村是指农业区，有集镇和村落，人口呈散落居住。第四，2008 年《国务院关于城乡划分标准的规定》出台，将我国的地域划分为城镇和乡村（见图 2-1），用"城镇化"取代了原来的"城市化"，城镇由城区和镇区两部分构成，并明确将"城市公共设施、居住设施等连接到其他居民委员会及村民委员会地域"界定为城区。⑤

---

① 许学强、周一星、宁越敏：《城市地理学》，高等教育出版社 1997 年版，第 18 页。
② K. J. 巴顿：《城市经济学：理论与政策》，商务印书馆 1981 年版，第 14 页。
③ 沃纳·赫希曼：《城市经济学》，刘世庆等译，中国社会科学出版社 1990 年版，第 9 页。
④ 江曼琦：《中国主要城市化地区测度——基于人口聚集视角》，《中国社会科学》2015 年第 8 期。
⑤ 童长江：《鄂州市城乡经济协调发展评价与模式选择》，博士学位论文，华中农业大学，2011 年。

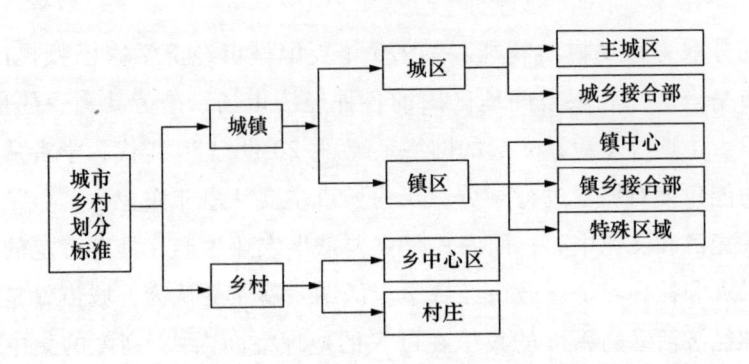

```
                          ┌──────┐   ┌─ 主城区 ─┐
                    ┌─ 城区 ─┤      ├───┤          │
                    │     └──────┘   └─ 城乡接合部 ┘
              ┌─ 城镇 ─┤                ┌─ 镇中心 ─┐
城市         │     │     ┌──────┐   │          │
乡村 ───────┤     └─ 镇区 ─┤      ├───┤ 镇乡接合部│
划分         │           └──────┘   │          │
标准         │                        └─ 特殊区域 ┘
              │           ┌─ 乡中心区 ─┐
              └─ 乡村 ────┤            │
                          └─ 村庄 ─────┘
```

图 2-1 国务院关于城乡划分的标准

由此可见，城乡的界定并非易事，本书所研究的城乡是指具有城市和乡村主体特征的经济聚落空间，城市是指具有生产力水平较高的区域，一般指特大城市和大中城市；把乡村看作是生产力水平相对较低的区域，包括县级小县城、建制镇[①]及其所辖各行政村在内的广大地区，两者可从产业类型、物质载体和空间关系等方面加以区分（见表2-1）。关于"乡村"和"农村"的概念，有些学者把两者等同使用[②]，也有些学者认为，两者是有区别的，认为农村是乡村的主体，乡村的范围要比农村的范围大一些；"农村"是一个产业区域概念，是指以农业生产为基本产业的劳动人民聚居的区域，而"乡村"是一个社会区域概念，具有人口密度低、保守封闭等特征。对"农村"和"乡村"的概念本书不作严格区分。总之，城市和乡村是两个不可分割的子系统，两者通过物流、人流、信息流等生产要素的流动发生多种联系。目前，我国城市受自然资源、生活成本、生态环境等因素的影响制约其发展。考虑到完整的行政界限并鉴于统计资料获取的需要，本书所指的城乡以国务院划分的城乡规定为准。

[①] 城乡接合部、镇中心和镇乡结合部也属于"镇"的范围。
[②] 秦志华：《中国乡村社区组织建设》，人民出版社1995年版，第25页。

表 2-1　　　　　　城市与农村的主体特征的差异

	城市	乡村
发达程度	生产力水平较高	生产力水平较低
产业类型	城市工业、服务业	农业及农村工业、服务业
物质载体	物质设施的集聚化	物质设施的分散化
空间关系	生产、生活、生态三者分离①	生产、生活、生态三位一体

二　城乡产业一体化

(一) 产业的概念及分类

产业的形成是生产力发展和社会分工的产物，本书所研究的产业是指以微观企业为载体，生产同种或同类有紧密替代弹性关系的产品的企业集合。在垄断的情况下，企业就成为产业。产业的空间布局行为是一个包括影响因素与布局指向的非随机过程，在此过程中，企业会自动选择适合其生存与发展的城市或农村。当然，不同产业类型的区位选择方式可能不一样。产业的分类是为满足不同需要而设计的，书中根据研究的需要和研究的目的，阐释产业的不同划分标准。

1. 三次产业分类法

目前，世界上对产业分类标准有两种方法：一是 1971 年联合国提出的标准产业分类法。二是三次产业分类法。三次产业分类法是新西兰经济学家费歇尔首先创立，此方法是世界各国产业分类的主流，一直沿用至今。此方法是以物质生产部门和非物质生产部门划分为基准的分类方法。三次产业分类法将产业划分为第一产业、第二产业和第三产业。第一产业是指直接以自然物为对象的物质生产部门；第二产业是指利用基本的生活资料进行加工并出售的物质部门；第三产业是指从第一、第二产业中衍生出来的非物质生产部门。

---

① 城市是按照主体功能区发展，三者属于不同的空间范围。

20世纪80年代，我国引入了三次产业分类法，2003年5月，依据《国民经济行业分类》，国家统计局印发了《三次产业划分规定》，2012年，国家统计局重新划分第一、第二、第三产业范围。其中，第一产业是指农、林、牧、渔业（不含农、林、牧、渔服务业）；第二产业是指采矿业（不含开采辅助活动），制造业，电力、热力、燃气及水生产和供应业，建筑业；第三产业是指除第一、第二产业之外的其他行业。包括批发和零售业，交通运输、住宿和餐饮业，仓储和邮政业，信息传输、软件和信息技术服务业，金融业，房地产业，租赁和商务服务业，科学研究、技术服务业，水利、环境和公共设施管理业，居民服务、修理和其他服务业，教育，卫生和社会保障，文化、体育和娱乐业，公共管理、社会保障和社会组织，国际组织，农、林、牧、渔服务业，采矿业中开采辅助活动等。

从产业结构演进规律来看，随着工业化进程的推进，以第一产业为主的乡村产业将向乡村工业、乡村服务业等产业多元化转变，而以第二产业为主的产业逐步向城市工业、现代服务业等产业共同发展转变，从而在城乡之间形成比较合理的分工、协作，实现城乡产业之间资源优化配置，提高城乡产业效益。

2. 生产要素分类法

生产要素分类法是依照不同产业对土地、劳动、资本、知识等生产要素的依赖程度而对产业进行分类的方法。国内外从生产要素角度对产业分类的方式由来已久，但意见并不统一。有些学者将产业分为资本密集型产业、劳动密集型产业和知识密集型产业。有些学者从生产要素角度划分方法也涉及资本密集型产业、劳动密集型产业、知识密集型产业和技术密集型产业等，还有学者提出了信息密集型、管理密集型产业。① 本书借鉴了李存贵的划分方法，按要

---

① 王维平、崔明：《香港资源密集型工业对内地工业的启示》，《兰州大学学报》1997年第3期。

素的密集程度将全部生产部门划分为四大类,分别为劳动密集型产业、土地密集型产业、资本密集型产业和知识(技术)密集型产业。①

劳动密集型产业是指单位资本占用劳动力较多的产业,是通过劳动要素特别是体力劳动的密集投入实现产业增加值,其劳动对象一般为自然资源和初级产品,如农业、玩具、食品加工、纺织服装鞋帽、商贸餐饮业、电子通信设备组装等制造业以及建筑业等,劳动密集型产业在产业发展中占据着基础性地位。土地密集型产业也称为资源密集型产业,是指在生产要素投入中需要使用较多的土地等自然资源才能进行生产的产业,作为生产要素之一的土地泛指各种自然资源,既包括土地、江河湖海、原始森林和各种矿产资源,也包括种植业、林牧渔业和采掘业等。资本密集型产业又称资金密集型产业,是以资本密集投入为特征,在单位产品成本中,每个劳动者所占用的固定资本和流动资本比重较大,如石油工业、冶金工业、钢铁工业、机械制造等重工业。知识密集型产业,又称技术密集型产业,是指在生产过程中对技术和知识的依赖程度大大超过了其他生产要素的产业,随着科学技术的发展,知识密集型产业正在迅猛发展,如电子计算机工业、原子能工业、飞机和宇宙航天工业、生物工业、高级医疗器械等高级工业均属该产业。

从产业结构演变规律来看,工业化发展过程中,一般由劳动密集型为主的产业结构向资本密集型产业为主,再向知识密集型为主的产业结构演变。因此,生产要素分类法有利于判断整个国家的经济发展水平,有利于研究不同产业对要素依赖程度的差异,这对于制定战略与政策有着非常重要的意义。根据不同的需要,也可根据企业选址是靠近原材料产地还是消费地,将产业划分为资源导向型产业和市场导向型产业。本书在研究中将利用生产要素分类方法,

---

① 李存贵:《中国城乡一体化进程中的产业合作问题研究》,经济科学出版社2013年版,第27页。

确定城乡产业的合理分工与布局，确定哪些产业应布局在具有集聚经济效益的城市，哪些产业应分散布局在农村地区。例如，把土地密集型产业和劳动密集型产业倾向于布局在土地和劳动力成本较低的农村。把资本密集型产业、知识密集型产业和技术密集型产业倾向于布局在大城市获取集聚经济。

3. 战略地位分类法

战略地位分类法是以产业在国民经济中的不同战略地位标准进行的产业分类。主要包括主导产业、先导产业、支柱产业、重点产业等。主导产业是指对一国或地区某一阶段的产业结构和经济发展起着较强带动作用和广泛影响的产业部门。罗斯托认为，作为主导产业应同时具备以下特征：一是它能够迅速、有效地吸收先进的技术和科技创新成果，引入新的生产函数；二是能够形成持续、高速的增长率；三是具有较强的扩散效应。主导产业必须既对其他产业起引导作用，又对国民经济起着支撑作用。先导产业是指在国民经济体系中具有重要的战略地位，并在国民经济规划中先行发展以引导其他产业朝某一战略目标方向发展的产业或产业群。先导产业就是那些需求价格弹性和收入弹性很高，可以带动其他产业发展的产业，它们对国民经济未来发展起方向性的引导作用，但未必对国民经济起支撑作用。支柱产业是指在国民经济中生产发展速度较快，对整个经济起引导和推动作用的先导性产业。支柱产业具有较强的连锁效应，诱导新产业崛起，这类产业的地位主要体现于对国民经济的支撑作用，但不一定具有引导作用。重点产业主要是指由于其重要的战略地位而在国民经济规划中需要重点发展的产业。

（二）城乡产业一体化的概念及内涵

城乡产业一体化是解决城乡经济二元结构和城乡隔离问题，最终实现城乡一体化的重要途径。城乡产业一体化概念目前并未形成统一的认识，基于研究背景和研究目的的差异，不同的学者对城乡产业一体化概念融入不同的内容形成不同的理解。国内学者对城乡产业一体化的概念也进行了一些研究，如任迎伟等（2008）认为，

第二章 企业区位选址与城乡产业一体化发展的逻辑框架

城乡产业一体化发展就是要实现城市与乡村产业间的互动,使城乡产业链条逐渐拉长,城乡产业的关联性逐渐增强,进而缩小城乡发展差别,实现城乡共同发展。① 卢阳春(2009)认为,城乡产业一体化就是城市与农村经济间相互影响、相互促进的动态过程,在实现城乡产业一体化过程中,要充分考虑农村生态环境保护措施,建立起城乡产业一体化发展与生态文明建设的统筹协调发展机制。② 陈敏等(2011)认为,城乡产业一体化发展是城乡经济发展过程中的关键,要在城市和乡村之间形成互利、互补、互促与互融的经济活动,要在城乡之间形成合理的分工,并积极发挥一体化过程中产生的集聚与扩散效应。③ 对城乡产业一体化概念界定之前,先对产业的分类进行简要的梳理。

本书所指的城乡产业一体化是指城市和乡村两大经济主体,在一个相互依存的区域空间范围内,城乡人口、资金、信息、技术等发展要素在两个地域空间内实现有序流动和优化配置,并以完善的基础设施为基础,使城乡产业在分工与空间布局等各个层面进行广泛的联动,最终构建城乡产业"优势互补、分工协作、联动发展、渗透融合"的一体化发展格局。城乡产业一体化不是城乡产业发展同质化,而是一个原有的产业结构迅速重构和新的产业形态逐步形成的过程,其内涵为:

从微观层次来看,产业是由一组产品具有紧密替代弹性的企业集合而成的,企业作为产业的微观载体和组织单元,在城乡一体化推进过程中,企业为了获取最大利润,就会在城乡寻找最佳区位。可见,企业区位选址是城乡产业一体化实现的微观基础,城乡产业一体化的实现是作为大量企业在城乡区位选址的结果出现的,企业

---

① 任迎伟、胡国平:《城乡统筹中产业互动研究》,《中国工业经济》2008年第8期。
② 卢阳春:《城乡产业互动的国际经验与可持续发展机制》,《现代经济探讨》2009年第7期。
③ 陈敏、周正生、陈磊:《合肥市推进城乡产业互动互融发展的对策研究》,《经济观察》2011年第4期。

的区位选址不仅影响着企业的利润，而且决定着城乡产业空间布局和资源配置效率。

从动力机制来看，城乡产业之间的联动发展是实现城乡产业一体化的必要条件。城市为乡村提供先进的生产资料和先进的知识技术等，乡村为城市提供所需要的能源、原材料以及中间品等，城乡产业联动随着城乡产业分工深化得以进一步发展，进而推动城乡产业一体化实现。城乡产业联动发展不仅包括城乡产品市场和要素市场的经济联动，而且还包括城乡两种不同特质的聚落形态形成的空间市场联动，除城乡不同产业实现联动发展外，企业的不同部门在城乡之间产业链的空间优化布局也显得非常重要。另外，以互联网为主的信息网络化发展也成为推动城乡产业一体化实现的重要动力。信息网络化引起了城乡资源和要素的重新配置，实现了城市产业向乡村的扩散和辐射，大大缩短了城乡间的空间距离，通过产业空间布局的多样性和区位自由度的提高推动城乡产业一体化发展。

从保障措施来看，城乡基础设施和通道建设是保证城乡产业一体化顺利推进的前提和基础，完善的基础设施和顺畅的通道建设有利于实现城乡信息、技术和人才的空间自由流动，城乡产业一体化推进中要以快速化、通达性和网络化为其特点，不断拓展要素在城乡空间最优化配置。而且，城乡产业一体化发展要充分考虑城乡的资源环境承载力和城市生态足迹问题，在实现经济效益的同时，也要兼顾社会效益和生态环境效益，提高企业向农村迁移与扩散的门槛，城乡产业一体化是一条环境友好、可持续发展的城乡产业联动之路。

从发展状态与结果来看，城乡产业一体化的推进就是要使城乡间要素和产品联动的藩篱逐步消除，充分发挥城市的辐射和扩散功能，在乡村形成"大分散，小集中"的产业空间布局，通过产业的扩散与联动发展逐步消除城乡之间、城郊之间的界限和落差，最终实现城乡共存共荣发展。同时要清醒地认识到，城乡产业一体化是一个长期的发展战略，不能一蹴而就，要与工业化、城镇化和农村现代化同步推进。

第二节 城乡产业一体化演变路径与企业区位选址

一 城乡产业一体化的演变路径及特征分析

（一）研究假设

假设一：为了简化分析，本书在研究城乡产业一体化发展中，假设只有两个区域，一个城市和一个农村。因为只有了解了简单的城乡产业关系，以此为基础才能了解现实中更为复杂的城乡产业关系。

假设二：城市和乡村两大经济主体都关心长远发展，其一体化动力来源各自经济发展的内在要求。城乡生产要素流动的方向、城乡产业在工业化和城镇化进程中的重要性、城乡产业的发展水平，这些都构成城乡产业一体化发展效果的衡量标准。

（二）城乡产业关系的阶段划分

城乡产业关系的形成是一个动态的演化过程，城乡产业关系的发展反映了城乡各自产业部门的不断壮大，既反映了城乡产业结构不断的优化，也反映了城乡产业关联性逐渐增强的过程。从世界各国工业化、城镇化过程来看，城乡产业关系大致经历了六个阶段（见图2-2）：第一，前工业化时期，即城乡产业独立发展阶段；第二，工业化初期，即乡村产业推动城市产业发展阶段；第三，工业化中前期，即城市产业主导发展阶段；第四，工业化中期，即城乡产业对立发展阶段；第五，工业化中后期，即城市产业带动农村产业发展阶段（城市反哺农村）；第六，后工业化时期，即城乡产业一体化发展阶段。

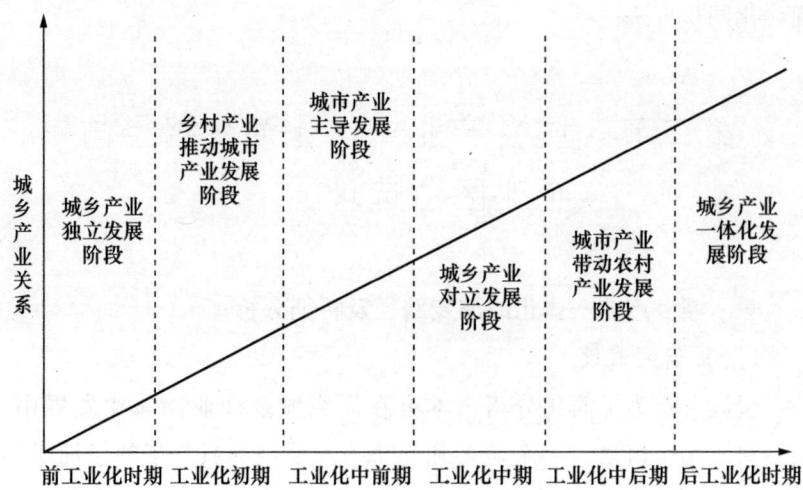

图 2-2 城乡产业关系阶段划分

(三) 城乡产业一体化演变路径及特征分析

在前工业化时期,即第一次社会大分工前,主要发展农业,还有一些畜牧业,基本是以自给自足的小农家庭为主进行经营生产,在城市仅有少许的传统加工业和服务业,因此在这个阶段也不存在城乡产业联动,本书着重从工业化初期阶段开始进行研究。

第一层级:乡村产业推动城市产业发展。第一层级的城乡产业关系发生在工业化发展初期,乡村以农业和畜牧业为主,随着劳动生产效率的提升,农业除自给自足外,有了大量的农业剩余(见图2-3);而城市手工业发展缓慢,成为区域经济中心地,城市主要是以服务于城市的手工业为主。此时,乡村产业处于强势地位,城市产业的发展很大程度上受到了农业剩余的影响。农村地区通过提供原材料、农产品和劳动力剩余推动了城市产业的发展。因此,农业是城市产业发展的基础,是孵化城市产业的摇篮,城市产业的发展依托乡村的"哺育"和支撑,更多的是一种"索取"。

第二章　企业区位选址与城乡产业一体化发展的逻辑框架 | 35

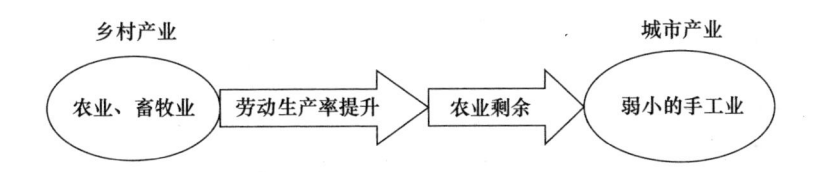

图 2-3　乡村产业推动城市产业发展

第二层级：城市产业和乡村产业同向发展。第一层级发展中，城市很少有物质活动。在工业化发展中前期，随着第一层级关系发展的影响，城市和乡村之间经济的交换更广泛，商品的生产种类也增多；商品种类的增加又反过来促进了城乡产业更广泛的发展，两者相互促进、相互影响，商业企业在城市的区位选址形成。第二层级的城乡产业发展较第一层级更加深入，主要体现在三个方面：第一，城市的工业和乡村的农业、畜牧业间除了进行交易之外，也建立起简单的上下游产业链关系（见图 2-4）。第二，城市的商业和乡村农业、畜牧业之间建立起产业辅助功能关系，即并不是产业上下游关系，而是指某一产业为另一产业的发展提供了配套辅助功能。第三，城市内部工业与商业也建立了产业辅助功能关系。第二层级城乡关系大大地推动了生产要素和企业向城市的集中，总体来看，城市产业和乡村产业实现了同方向快速发展。

图 2-4　城市产业和乡村产业同向发展

第三层级：城市产业和乡村产业对立发展。工业化中期发展阶段，乡村的农业和畜牧业壮大成为第一产业，城市的手工业和商业分别壮大为第二产业和第三产业。城乡产业的差异性决定了城市产业优于乡村产业得到了更快的发展。随着城市产业向农村的扩散与迁移，乡村除第一产业外，第二、第三产业也得到了发展，只不过是与城市中的第二、第三产业的发展相差甚远。城市和乡村产业对立发展表现为：由于城市具有集聚优势，可以发挥规模经济效应，促使生产要素向城市流动，城乡产业出现非良性互动（见图2-5），农村地区经济发展受限，城乡差距进一步呈扩大化趋势；同时，在发展中国家普遍采取工农商品"剪刀差"、税收等一系列"城市偏向"政策，国家在发展战略制定中也有意偏向于城市工业，致使生产要素和社会资源单向流入城市，造成乡村产业萎缩、落后，发展极其缓慢，最终形成乡村土地撂荒、农业萎缩，城市经济增长与规模膨胀并存，乡村需求不足的局面，而且企业为了追求集聚经济在城市的集中，会带来交通拥堵、房价上升、生态环境恶化等一系列问题。总之，第三层级更多地表现为乡村对城市的促进，城市对乡村的带动作用不足，出现了恶性互动，乡村成为城市的粮食供应基地、原材料供应基地、工业品市场、劳动力供给和资本积累基地。

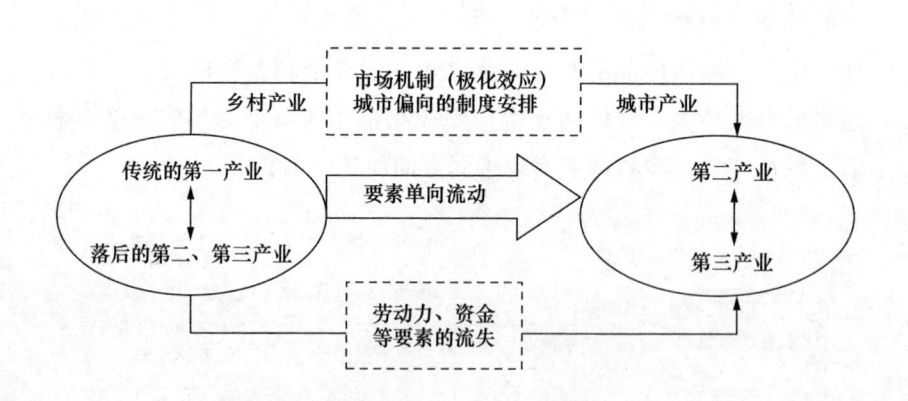

图2-5 城市产业和乡村产业对立发展

第四层级：城市产业向乡村扩散发展。在工业化前期和工业化中前期，城乡产业间主要是农村产业哺育城市产业。在工业化中后期，随着城市工业技术水平的提高，已经具备了纠正城乡产业发展

第二章　企业区位选址与城乡产业一体化发展的逻辑框架 | 37

偏向的条件，城市产业向农村扩散成为可能，城乡产业进入了城市反哺乡村产业阶段。在第三层级关系中，乡村生产要素过度向城市集中，出现了城市集聚不经济现象，人们为了追求相对廉价的土地和较舒适的生活环境，企业为了避免"集聚不经济"，就会向城市外围寻求新的区位选择。第四层级中城市经济活动开始向乡村地区转移和扩散（见图 2-6），生产要素开始由城市向乡村流动，出现"逆城市化"发展，乡村产业化和工业化得以发展，实现了"以城带乡、以工促农"的发展战略。其中，政府的作用是不可或缺的部分，政府要打破城乡生产要素流动的障碍；加强城乡基础设施和城乡通道建设；消除城乡间体制障碍，实现生产要素从乡到城的单向流动变为城乡间的双向自由流动，实现城乡资源的最优化配置。

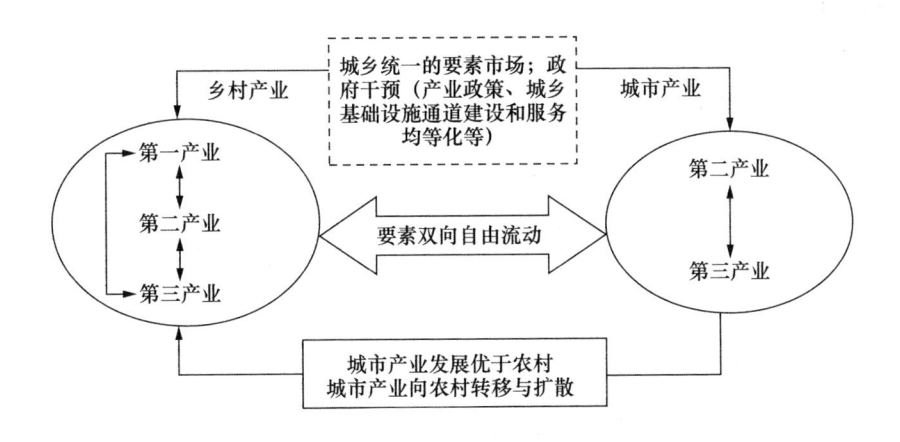

图 2-6　城市产业向乡村扩散发展

第五层级：城乡产业一体化发展。到了后工业化时代，城市产业和乡村产业在广度和深度上均得到了进一步的提高，产业链条深层次延伸，城乡产业联结更加复杂、更加紧密。乡村第一产业实现了现代产业化经营，第二、第三产业发展规模不断壮大，实现农村工业化与产业化的"双赢"发展；城市重在发展金融、信息和教育等服务业（见图 2-7），为了避免城市集聚不经济发展，企业就会进行新的区位选址,将生产环节转移到小城市、城镇或乡村进行。乡村具备了与城市经济互动的能力,城乡间基本实现了要素的双向自由流动,实现了信息共享和城乡产业的融合,特别是随着工业化和城市化的推进,现代交通信息网络的日益完善,城乡产业在空间交错镶嵌分布,城乡联系不断加强,城乡形态与结构不断发生演化,城乡界限日益模糊,城乡产业一体化发展态势成为必然。

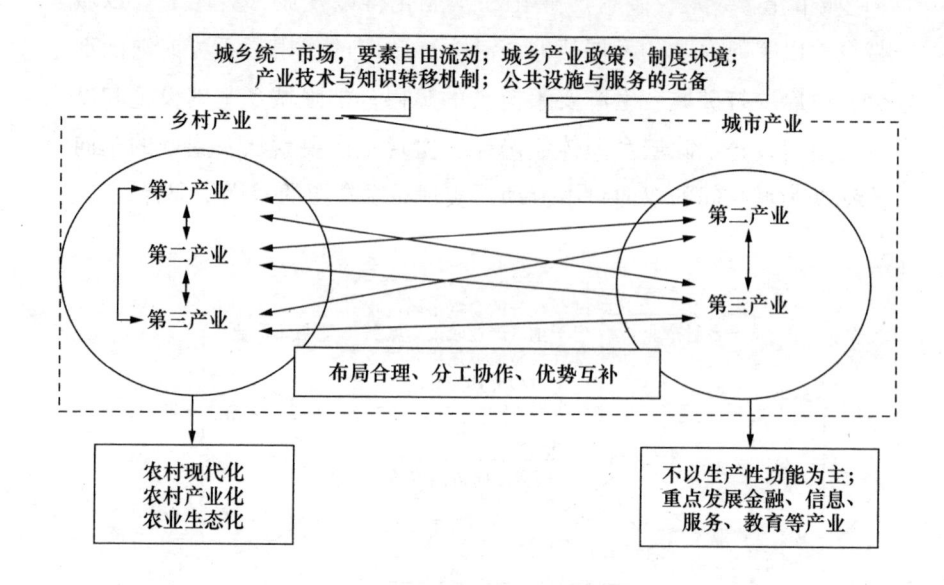

图 2-7 城乡产业一体化发展

总之,从城乡产业一体化演变路径可知,城乡产业关系是不断递进的,在不同时期,企业在城乡区位选址的倾向也是不同的,特别是随着以互联网为主的信息网络化的发展,企业区位选址自由度的提高,在乡村地区"大分散,小集中"的空间布局模式成为可能。随着城乡产业关系的演进,城市和乡村产业联动方式会更加丰富化和多样化,城市和农村产业部门技术水平会不断提升,自组织能力也会不断提高和强化,产业链更加复杂和深化,城乡产业结构得到了不断的优化,未来的城乡将是经过集成以后超越现在的新型城市和乡村,最终实现城乡产业一体化发展。

(四) 城乡产业一体化发展的集聚与扩散效应

1. 产业集聚效应和扩散效应

所谓产业集聚是指在产业发展过程中,有密切联系的大量企业,以及为这些企业配套的上下游企业和相关服务业在特定地理区域内的高度集中,通过集聚效应实现企业关联发展,其实质是生产要素和企业组织在空间上的集中而实现的规模经济。

德国经济学家韦伯(Weber)最早提出聚集经济概念,并将此用到工业区位研究分析中。他从运输费用指向论、劳动费用指向论与集聚指向论三个方面论述了是如何影响工业区位选择的[1],如果集聚带来的成本节约大于运费或劳动费用指向带来的生产费用节约额时,企业区位选择便发生偏移,集聚指向论占据主导地位。集聚因子的作用主要表现在两个方面:一是企业由于经营规模的扩大而产生的生产集聚,从而提高企业生产效益,导致单位产品生产成本的下降和利润的增加;二是多种企业在空间上集中产生的集聚,这种集聚是通过企业间合作分工和基础设施的共同享用所带来的,这往往会产生比分散布局更大的效应。马歇尔认为,集聚带来的好处在于:[2] 其一是集聚经济能为产业内部的企业带来正外部性,能促进专业化投入和服务的发展,这种外部性可以内化在该产业中;其二是集聚经济对当地的产业产生正的外部性,产生溢出效应,这种外部性只为当地企业所享有。美国区域经济学家胡佛[3]对产业集聚研究最大的贡献在于,产业集聚有一个最佳的规模,如果一个区位上企业太少,这种小规模发挥不出来集聚经济的效果;相反,如果集聚的企业太多,集聚经济的整体效应就会大打折扣。以克鲁格曼为代表的新经济地理学对产业集聚有新的见解,在不完全竞争、规

---

[1] 魏后凯:《现代区域经济学》,经济管理出版社2011年版,第86页。
[2] 袁岳驷:《统筹城乡发展机制研究》,博士学位论文,西南财经大学,2005年。
[3] E. M. Hoover, F. Giarratani, An Introduction Regional Economics, *Alfred A. Knopf Inc.*, Vol. 82, 1985, p. 328.

模报酬递增和生产要素流动的假设下，分析了产业在地理空间上的集聚与扩散主要取决于对向心力和离心力之间的权衡；[①] 同时，建立了"核心—外围"模型来解释集聚经济产生的内在机制，阐明了要素集聚会对产业空间集中分布带来影响，而且由于拥挤成本等外在环境的影响，产业空间布局也可能发生偏移。

产业集聚的形成是多种因素共同作用的结果，主要影响因素有：第一，资源禀赋与运输费用。许多企业为了更便捷地获取资源，历史上有很多企业偏好于在靠近自然资源的地方集聚。另外，企业为了实现成本最小化，一般在运输成本较低的地方选择集聚。第二，规模经济作用。许多企业选择集聚的动力在于获取规模经济和外部性，企业集聚在一个地方可以共享基础设施、中间投入品和劳动力，节约了企业的交易成本。第三，政府的作用。政府通过制定相应的政策措施对产业集聚产生重要的影响，政府可以通过制定某一政策引导产业向某地集聚，会改变企业区位选择。总之，集聚效应会使企业、产业向条件较好的城市集中，从而容易扩大城市和乡村发展的差距；但是促进产业集聚的根本目的是发挥扩散效应，从而带动和辐射落后的农村，通过实现城乡产业互动，最终实现城乡产业协调发展。

扩散是与集聚相对应而言的，一般是指经济活动或生产要素在空间上呈现分散的趋向，扩散效应是指由于产业的外部性促使工业部门首先向中心地集聚，外围地区通过从中心地获得资本、技术和信息等生产要素，实现了外围地资源要素的量的集聚和质的优化，从而带动外围地区的发展。所谓"产业扩散"，是指产业梯度势能差通过资本转移和技术传播等途径推动生产要素在空间上的转移和扩散，包含产业转移和企业扩散两个层面。城乡存在着产业势能差，承载着不同的产业类型，彼此之间又具有空间邻近性，因此产

[①] P. Krugman, "Increasing Returns and Economic Geography", *Joural of Political Economy*, Vol. 99, No. 3, 1991, p. 490.

业扩散在本书中是指城市中的产业和大规模企业群向农村的扩散和转移，这也正是构成城乡产业互动的理论基础。

城市是生产要素高度集中的产物，生产要素的集中产生了集聚经济，集聚经济又推动了生产要素进一步向城市集中，推动了城市规模的不断扩大。当产业过度在城市集中时，便会产生集聚不经济现象，即因集聚而带来一系列问题对经济活动产业负面约束，包括经济活动在城市的高度集中超过了环境承载力而出现的生态环境遭到破坏。主要表现在以下几个方面：

第一，土地价格的上升。大量的居民和企业在城市的集聚，城市的空间显得尤为不足，企业为了布局在城市获取集聚经济，一般要高于农业地租很高的价格才能获得土地，而且离城市中心区越近，土地价格就越高。

第二，生活成本的增加。随着产业在城市集聚规模的扩大，劳动力的居住条件要以自己的支付能力为前提，由此居民的交通等生活成本在不断地增加，工资水平也在不断地上涨，企业的劳动费用支出成本也在增加。

第三，拥挤成本和生态环境恶化。当集聚规模达到一定程度后，就会产生集聚不经济现象，拥挤就会不可避免地出现，随着经济活动的增多，经济效率有可能会下降。同时，资源生态环境承载力是有限的，随着经济活动强度的增加，两者出现了不匹配的情况，出现了资源浪费、环境污染和生态破坏等问题。

总之，随着以上"城市病"问题的出现和加剧，集聚不经济问题日益凸显，城市中某些产业开始出现竞争劣势，企业为了寻求利益最大化，郊区和乡村无疑就成为城市产业转移和扩散的最佳空间载体，不断实现着生产要素和产业的"逆城市化"方向流动。

阿瑟·刘易斯指出，劳动力成本的上升是造成劳动密集型产业空间发生转移的根本原因；① Klimenko 认为，产业集聚到一定程度后，由于地价上涨、环境污染等因素造成了产业扩散的离心力起重要作用，在离心力的作用下某些产业会脱离原有的集聚，转移到新的区位进行布局。② 一些学者把弗农产品生命周期理论引入到区域经济学研究中，提出了梯度转移理论，认为区域间产业发生转移的原因在于经济发展水平的梯度差异的存在性。

2. 城乡产业发展的集聚与扩散效应

产业集聚与扩散贯穿于城乡产业一体化发展过程中。产业空间集聚优势表现为降低交通成本、实现知识外溢和共享劳动力市场，随着农村要素向城市的流动，城市传统的集聚优势被不断削弱。现实中由于集聚效应和扩散效应作用强度受多方面因素的影响，在工业化城市化过程的不同阶段表现出不同的特征。所谓产业集聚，是指在产业发展过程中，有密切联系的大量企业，以及为这些企业配套的上下游企业和相关服务业在特定地理区域内的高度集中，通过集聚效应实现企业关联发展，其实质是生产要素和企业组织在空间上的集中而实现的规模经济。

产业的集聚与扩散是一个动态发展过程，产业空间分布是集聚力与分散力共同作用、相互消长的结果。通过改变产业集聚与扩散的条件或者影响因素，集聚力与分散力在一定的程度上是可以发生转换的。当集聚带来的不利因素产生的成本大于集聚带来的收益时，企业就会向其他地方转移与扩散，企业布局由集中向分散化布局成为可能。因此，只有当扩散的力量大于集聚的力量时，产业和企业向农村转移和扩散的过程才得以持续。

集聚效应与扩散效应决定着城乡产业空间结构的演变，其中，X 表示城市产业对乡村的扩散效应，Y 表示城市产业对乡村的集聚

---

① W. A. Lewis, *Economic Development with Unlimited Supply of Labor*: *The Economics of Underdevelopment*, Oxford: Oxford Unviersity Press, 1954, p. 55.

② M. M. Klimenko, "Competition, Matching, and Geographical Clustering at Early Stages of the Industry Life Cycle", *Journal of Economic & Business*, Vol. 56, No. 3, 2004, p. 182.

效应，F 点表示工业反哺农业即扩散效应大于集聚效应的拐点，E 点以前为传统一元经济阶段，F 点之后为城乡产业一体化发展阶段，EF 段为城乡经济二元发展阶段。如果把扩散效应与集聚效应之差看作溢出效应，设定溢出效应 C_M，且有 $C_M = C_Y - C_X$，其中，C_Y 为城市对农村的集聚效应，C_X 为城市对农村的扩散效应。在 F 点之前集聚效应大于扩散效应，即溢出效应为负值，在 F 点处，集聚效应逐渐减弱，扩散效应逐渐增强，两种效应相当，溢出效应为 O，在 F 点之后扩散效应大于集聚效应，溢出效应也慢慢地由负转正（见图 2-8）。在城乡产业发展关系中，许多发展中国家正处于 F 拐点处，因此，要建设扩散渠道，理顺扩散机制。城市因集聚效应而使城乡形成二元结构并逐渐增强，随着集聚不经济的出现，集聚效应减弱，再由扩散效应作用增强而导致二元结构逐渐减弱，生产要素不断向农村流动，城市产业、人口大规模向乡村地区扩散，推动着城乡产业一体化的实现。

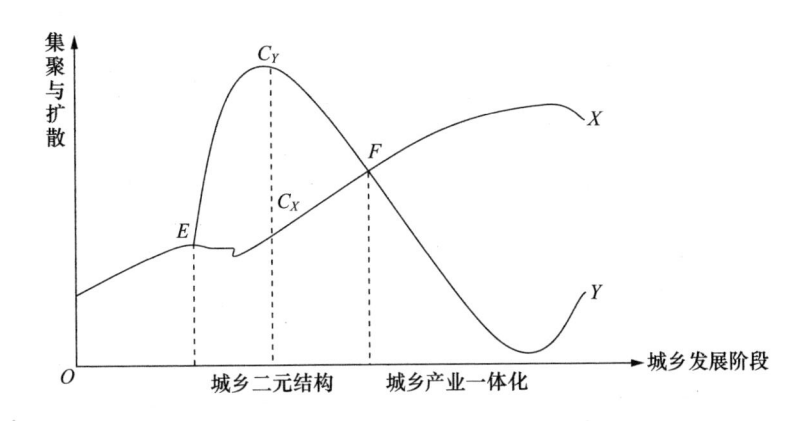

图 2-8　城乡产业发展的集聚与扩散效应

二　城乡产业一体化的微观基础：企业区位选址

产业是由一组产品具有紧密替代弹性的企业集合而成，企业作为产业的微观载体和组织单元，企业为了获取最大利润，就会在城乡寻找最佳区位。城乡产业一体化和企业区位选址是来自不同层面的同一个问题。前者重在从宏观层面分析城乡产业一体化实现的企业群体层面的空间活动，而后者重在从微观层面分析个体企业的空间活动。因此，城乡产业一体化与企业区位选址存在密切的关系，企业在城乡区位选址是城乡产业一体化的微观基础，城乡产业一体化则是作为大量企业区位选址的结果出现的，企业的区位选址不仅影响着企业的利润，而且决定着产业空间布局和资源配置效率。下面从"为什么要实现城乡产业一体化"和"如何实现城乡产业一体化"两个方面的问题展开分析，揭示了城乡产业一体化实现的微观本质。

(一)"为什么要实现城乡产业一体化"

城市和乡村间由于存在着环境和产业势能差，在产品市场和生产要素市场上彼此之间存在互依性和互利性，这种差异是推动产业实现一体化的根本动力。从微观层面看，产业一体化是基于企业对资源、技术、环境、信息和政策等各种生产要素的获取、改善和优化配置的过程，目标是企业为了实现成本最小和利润最大化，而且城乡产业一体化是单个企业区位与再区位的总和，是不同影响因素共同作用下的企业空间行为决策的结果，是企业基于"成本—收益"分析下的最佳盈利区位的综合考虑。在信息网络化作用下，企业通过区位选址决定着经济活动的空间集聚与扩散，企业集聚与分散产业空间布局构成城乡产业一体化的微观机制，这种机制在要素层面表现为集聚与扩散促进城乡生产要素的自由流动的过程，在主体层面表现为企业为了实现自身利益最大化而不断进行区位选址的过程。

(二)"如何实现城乡产业一体化"

城乡在空间中以何种方式进行产业一体化，城乡产业合理布局与分工成为不可或缺的组成部分，哪些产业需要发挥集聚经济布局在城市，哪些产业需要分散化布局在农村都是亟待解决的问题。在合理分工的基础上，基于城乡转移程度的完全和部分转移，在城乡间构建产业关联方式的水平型、垂直型和协作型产业链。从微观层面看，城乡产业一体化的实现可通过企业在城乡的空间战略实施、组织形态和行为方式等各种企业空间活动中体现出来，表现为企业的空间行为的优化布局，由于企业的性质存在差异性，而且各企业对生产要素的需求也不同，以互联网为主的信息网络化发展背景下，企业可根据城乡差异化区位条件和企业自身的发展需求，在企业间或企业内不同部门实现优化布局，一些企业为了享受集聚经济和规模效应，倾向于聚集到核心城市，一些成本比较敏感的企业则倾向于布局在郊区或农村地区，最终形成产业在城乡的分散化布局，如企业总部、管理、研发、生产、营销等不同部门在城乡间进行不同区位选址，在城乡间更好地实现资源的优化配置。如农产品生产布局在农村，农产品加工企业布局在小城镇，信息收集点和销售终端必将布局在城市。农村也可以有序承接城市产业的转移与扩散，可以采取整体转移模式，也可以采取管理研发机构设在中心城市，生产部门设在农村等模式。杜兰顿和普加（Duranton and Puga）分析了企业区位选择中管理和生产基地集中和分散的选择过程。[1]企业区位选址与产业组织之间的相互作用，积极地引导产业由城市向乡村的空间转移与扩散，城乡产业间的分工更加细化和深入，在信息网络发展基础上实现了城乡产业一体化发展。

由此可见，企业区位选址是城乡产业一体化发展的微观基础，城乡产业一体化发展的实质是企业在多种因素影响下进行城乡区位选址的决策过程，两者密不可分。如果存在集聚经济，企业区位选址存在路径依赖，可能选址在企业分布较多的地区。如果大城市集聚不经济凸显，将会促使企业在城市的周边城镇或乡村选址，产业集聚和产业分散化布局是企业区位选择的结果，区位因素是企业区位选址的影响因素（见图2-9）。城市产业规模经济的发挥有一定

---

[1] 赵勇：《区域一体化视角下的城市群形成机理研究》，博士学位论文，西北大学，2009年。

的限度,当超过这一极限时,企业就会在城市周边城镇或乡村寻求新的区位。[①] 伴随工业化和城镇化进程的推进,现代企业区位选址呈现新特点,随着信息网络化的发展,原本以高度集中为特征的城市形态发生变化,出现了城市产业向农村的转移与扩散,城乡联系日趋紧密;同时,随着信息网络的发展,影响企业区位选址的诸多因子中传统的区位因子内涵发生了变化,信息网络在区位选址中占据重要地位。企业区位选址不仅在微观层面影响着企业的利润和组织效率,而且从宏观层面上也影响着产业空间布局和资源配置效率。企业区位选址与城乡产业一体化发展的密切关系,为本书的研究提供新的研究思路。城乡企业做出的合理选址需要建立在城乡生产要素自由流动的基础上,如果要素流动越顺畅,就会为企业在农村投资建厂提供便利,城乡产业间关联性就会越强,城乡产业一体化推进的效果就会越好。

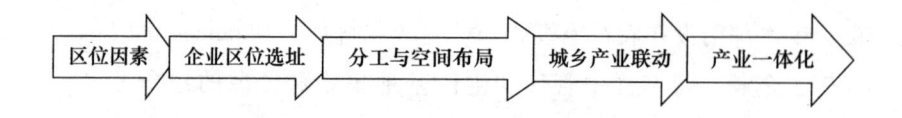

图2-9 企业区位选址与城乡产业一体化

第三节 企业区位选址影响因素及理论局限

一 传统企业区位理论演变特征及局限

企业区位理论是区域经济学的核心基础理论之一,从微观角

---

① 苏东坡:《城市化视角下的城乡协调发展机制研究》,硕士学位论文,东北财经大学,2010年。

度来看，就是企业为有效地提升企业竞争力进行选择的优化理论，因而企业区位理论一直都是企业区位调整与选址的主要理论。企业区位理论是企业经济活动的一般空间法则，是一个复杂的问题，其目标是寻求企业选址随着时间的变化而变化的规律。学者从不同的视角进行分析形成了不同的观点。纵观古典区位论、近代区位论、现代区位论和当代区位论发展历程，不同区位论之间有先后的承接性和联系的紧密性，但也有其各自的特点。从早期的关注成本到关注市场因素，再发展到关注集聚经济、个人因素和社会实践等（见图2－10），使企业区位选择的影响因素日益复杂化（Bruno Moriset，2003）、动态化（Miroslav N. Jovanovic，2004）和多元化。

(一) 古典区位理论

古典区位理论包括杜能（Thunen）农业区位理论、韦伯工业区位理论、托德·帕兰德（Palander）工业区位理论、胡佛（E. M. Hoover）工业区位理论等。杜能农业区位理论开创了区位理论的先河，研究了农业生产的空间组织和产地与市场之间的距离关系；韦伯工业区位理论最早从生产成本出发提出最小费用区位原则，指出企业可以通过对运费、劳动费用及集聚因素进行综合测算以找出生产成本最低点，其中运费指向论对企业空间区位起最主要作用，此理论完成了从农业向工业的转变，阐明了成本最小化是集聚的关键性因素；托德·帕兰德将不完全竞争概念引入研究中，指出最佳的生产区位是包括运费在内的所有生产费用（如劳动力成本、土地成本等）总和最小化；胡佛工业区位理论指出了运输费用的大小要充分考虑运费结构（运输费用的距离递减变化及场站作业费用）和不同的运输方式的影响，注重研究成本和市场的相互依存关系。这些理论的共性在于以企业追求最小费用为约束条件，即成本最小化成为企业选址的最主要的理论依据。由此可见，企业区位选址则偏好于人口密度大，具有集聚发展态势的大城市。

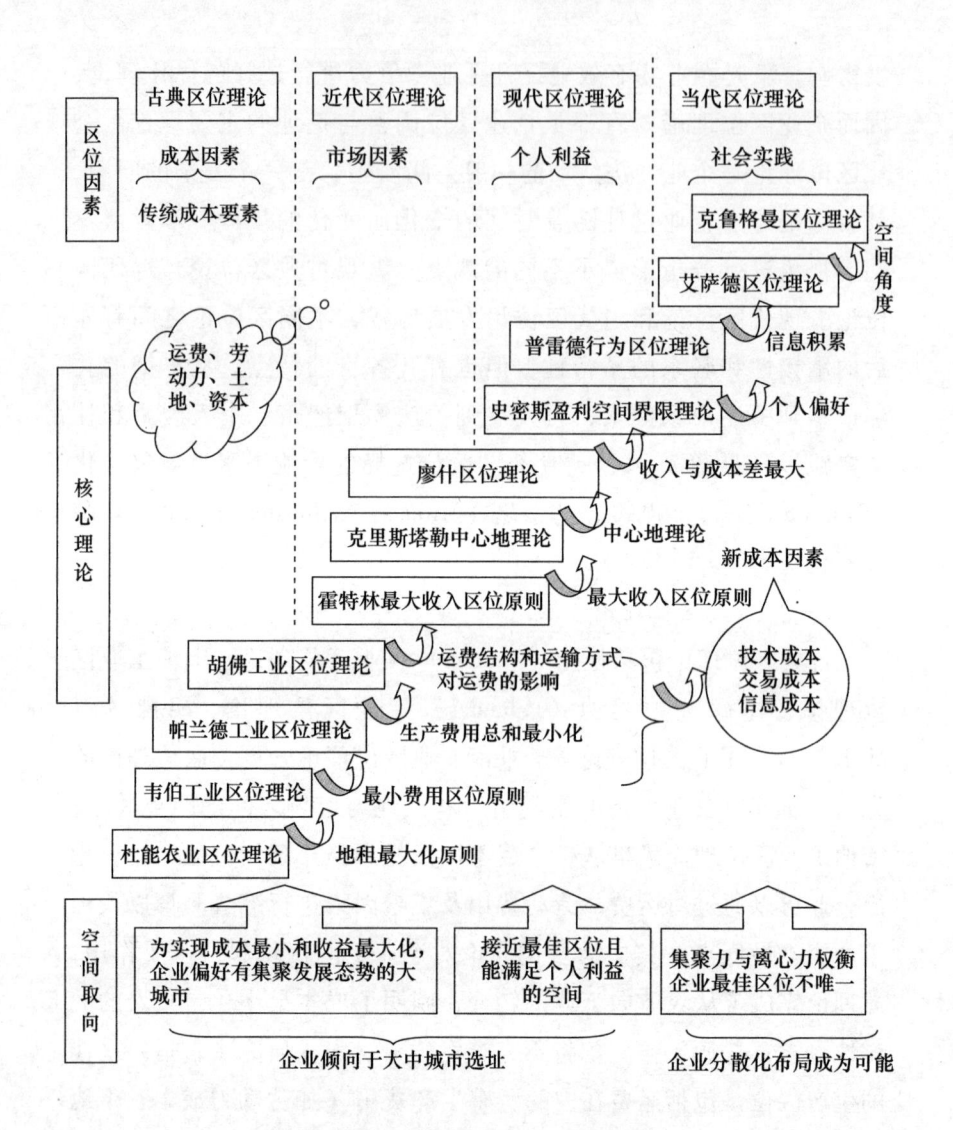

图 2-10　企业区位理论发展脉络

资料来源：祁新华：《企业区位特征、影响因素及其城镇化——基于中国东南沿海地区的实证研究》，《地理科学》2010 年第 2 期。

（二）近代区位理论

霍特林（Hotellng）提出最大收入区位原则，认为企业的区位选择重在占有更大的市场空间，并且分析了市场因子、交通因子和行政因子对企业区位的影响；克里斯塔勒（Christaller）从古典的生产领域扩展到市场领域，从交通、市场和行政三原则分析中心地的空间分布形态，提出了以市场为中心的商业服务行业和加工工业的中心地理论；廖什（Losch）创立了利润最大化区位理论，从需求角度阐述了市场区位理论，指出了企业最佳区位不是费用最小点，也不是收入最大点，而是收入和费用的差距最大点，创立了利润最大化区位理论，即收入与成本差距最大的区位才是最佳的选择，同时指出，应重视关税、烦琐的行政手续和政治制度等因素的影响。这些理论的共性在于企业实际上是在追求利润最大化目标所进行的区位选择，在进行权衡的基础上，企业区位选择仍倾斜于市场发育程度高、技术人才集中的大中城市。

（三）现代区位理论

古典和近代区位理论中企业追求的是成本最小化和利润最大化，现代区位理论是20世纪后半期出现的新理论，探索了除经济因素之外的非经济因素对区位理论的影响。史密斯（Smith）的盈利空间界限理论充分考虑了决策者个人的偏好、居住地或出生地等，提出了企业区位选择应遵循"最大满意原则"，即最大满足感。普雷德（Pred）将企业看成信息处理者和决策者，强调不完全信息和非最佳行为对区位选择的作用，认为信息拥有水平和信息利用能力对区位选择具有重要作用；社会学者指出，政府制定的政策、人口迁徙转移等也会影响企业的区位选择。此外，历史学派和计量学派依据研究的需要提出了不同的相应见解。可见，现代区位理论突破了经济因素，重在从非经济因素方面探讨企业的区位选址问题。

（四）当代区位理论

随着工业化进程的加快，经济活动的区位特征出现了新变化，引入空间的因素来研究区位布局问题，其中以区域科学学派艾萨德（Isard）和新经济地理学克鲁格曼为代表。艾萨德对区位理论最大的贡献在于放宽了理性人假设，把工业区位和社会实践结合起来，从空间经济学的角度研究企业区位布局，运用比较成本等方法研究影响企业区位选择众多因素，认为企业选址的影响因素作用是不同的，可采用替代原则将影响因素联系起来使企业选择成本达到最小化，从而实现最佳区位选择。20 世纪 90 年代，克鲁格曼以规模经济、报酬递增和不完全竞争作为假设条件来分析企业区位选址问题，认为运输成本和市场潜力的相互作用决定着企业的区位选择，分析了经济活动空间分布变化的形成原因及影响因素，指出经济活动在空间上的集聚与分散不断推动着企业区位进行新的调整。传统区位理论认为企业最佳区位仅能找到唯一的均衡点，而克鲁格曼认为，最佳区位不唯一，处于多重均衡状态。可见，企业的区位选择影响着城乡产业一体化的实现，也影响着生产要素在城乡间的自由流动和不同产业在城乡间的空间布局。

总之，从区位理论的发展历程来看，企业区位选址的影响因素是随着社会经济发展动态变化的，随着时间的推移，假设条件逐渐被放宽，影响企业区位选址的影响因素越来越多。根据不同企业所在产业部门，区位影响因素的重要性各有侧重。尽管各区位理论的研究背景与角度不同，但传统企业区位理论在空间取向上均有共性，在对成本权衡的基础上，企业区位选择一般倾向于市场发育程度高、技术人才集中的大中城市，或者是接近于大城市的地区。而当代区位理论比古典、近现代区位理论更接近于现实，突破了之前理论中的收益递减和完全竞争的假设，引入空间分析法，研究了空间集聚与扩散的动态变化，为产业空间分散化布局奠定了理论基础，形成了区位选择新的研究范畴。近些年来，中国学者在借鉴国外研究成果的基础上，一直把企业区位理论作为区域经济学理论前沿。

二　新业态下企业区位选址的影响因素

不同时期影响企业区位选址的因素是不同的，主导因素是会发生变化的，文中从不同时期对企业区位选址影响因素进行分析，力求将企业在城乡区位选址置于古典和现代区位理论的区位因素分析框架中。以互联网为主的信息网络化发展，将使现代企业区位选址呈现出新的特点，信息网络化发展弱化了传统区位影响因素的同时，也催生了一些新的区位影响因素。在大城市集聚不经济凸显的形势下，信息网络化成为企业区位选址的重要影响因素，影响着产业在城乡的空间布局。

（一）传统时期影响因素

1. 基本因素

（1）运输成本。交通作为产业发展最大制约因素的时代，交通是否便利成为企业进行选址时最基础的影响因素，是影响产业布局的决定性条件。企业在交通便利的地区选址，可以降低运输费用，原料及产品的输入输出相对比较便利。企业为了寻求规模经济一般集中布局在城市，但是，如果集聚带来的收益小于交通不便带来的运输成本时，企业就会放弃集中而采取分散布局模式；当运输成本较低时，集聚经济带来的收益大于运输成本，企业就会选择在城市集聚。因此，运输成本的不断变化也是企业进行重新选址的过程。在给定原料产地和消费地的基础上，企业在权衡选址时，是选择原材料市场还是消费市场要分情况而论。一般而言，运费主要取决于重量和运距，如果企业使用损重原料且原材料运输成本较高时，企业就会靠近原材料市场选址；如果企业使用遍地原料且在各地的运输差异不大，企业就会靠近消费市场选址。当然，企业的性质不一样，对交通的依赖程度也不一样。

（2）劳动费用。最早对劳动费用指向研究的是韦伯，他认为，企业所选区位如果节约的劳动费用大于增加的运费，劳动费用指向就会占主导地位，因此，劳动费用指向是在运输费用指向所决定的基本区位格局中发生的第一次偏移。新经济地理理论认为，在生产要素自由流动的情况下，产业偶然在某个地方的集聚会产生循环累积效应，吸引更多的产业集聚，随着产业集聚规模的扩大，工人工资的上升可能促使企业到低工资地区选址，劳动密集型产业或者产业前后向关联较弱的产业可能最先移出去，企业进行了区位的再调整，实现了城市产业向乡村的扩散，劳动费用因子与运输成本因子相似，都是从成本角度分析的。劳动费用与人口密度密切相关，在城乡两大主体中，人口密度高的城市劳动费用相差大，人口密度低的农村劳动费用相差小。

（3）规模经济。工业生产需要消耗大量的原材料，企业为了节约生产成本，一般都会在原料产地或销售市场集聚，企业集中布局成为工业经济时代主要的发展趋势。大中城市普遍存在规模经济效应，规模经济具体包括内部规模经济和外部规模经济两种形态，前者是指企业内部通过经营规模的扩大而产生的生产集聚，而后者是指多种企业在空间上集中产生的集聚，横向生产规模的扩张可以降低单位生产成本，纵向相关企业的集聚可以从技术上节约成本。如果产业间是纵向联系的，下游产业假设向城市聚集，上游产业会因节约运输成本和交易成本也向城市聚集，各企业出于成本和需求的考虑，上下游企业就会在选址上相互靠近而获益，形成所谓的"向心力"。目前，随着大城市"集聚不经济"的出现，交通拥堵、房价上涨、环境恶化等问题的出现，企业就会形成集聚中心的离心力，产业空间布局在农村成为可能。大城市的"集聚不经济"的出现，会改变企业区位选址倾向。

2. 市场因素

传统企业区位理论认为，市场规模的大小和市场的范围对于企业区位选址十分重要，而现代企业在分析如何实现利润最大化时，除考虑市场的规模外，还会考虑产品特征和消费者需求决定的目标市场等因素。

（1）市场规模。市场规模大小是企业区位选址时考虑的重要因素之一。一般而言，市场规模的大小会影响两种效应的产生，一方面是"市场进入"效应，如果市场规模越大，就会吸引生产要素的流入，企业就会较容易获取所需的要素投入，随着劳动力和人力资本等要素的增加，产品的多样化需求就会随着市场规模扩大而增加，就会吸引企业在城市选址，从而加剧城乡非均衡发展；另一方面是"市场挤出"效应，随着城市企业数量越来越多，竞争越来越激烈，虽然市场被进一步细化，企业提供的产品可选择性增多，但产品所占的市场规模缩小，利润降低，导致企业不会在城市选址，分散布局成为可能。

（2）市场关联。上下游产业是属于同一链条上的不同产业，彼此之间通过中间产品建立了市场关联关系，这对于企业选址有着重要的影响，市场关联分为前向关联和后向关联。前向关联是指企业最初不管在城市还是乡村选址，在原有的基础上会使企业数量不断增加，企业满足了当地消费者的多样化需求，消费者不需要去外地就可以实现消费需求，本地产品的多样化会使支付的贸易成本下降，意味着消费者实际收入水平的上升和本地生活成本的下降，在生产要素自由流动的前提下，就会有新的工人从乡村流入城市，或者从城市流入乡村，工人供给增加的情况下名义工资下降，在劳动力成本下降基础上企业利润就会增加，企业不断在此地的集中就会产生一个自我不断强化的循环过程。所谓后向关联，是指企业最初不管在城市还是乡村选址，选址地的劳动力需求就会增加，劳动力的不断流入会对企业的产品形成巨大的消费潜力，而更多的企业进入又进一步产生需求关联，产业链不断延伸，这个过程循环反复从而实现聚集经济。可见，市场关联是影响企业进行选址的一个重要的因素。

（3）市场需求。是否存在众多潜在消费者的目标市场，是企业区位选址时必然考虑的因素之一。在城乡产业发展中，市场需求因子是指产品在城市或乡村的地区需求，也就是产品在城市或乡村的消费比重。如果城市对企业产品具有较大的需求，企业产品就会就地销售，这样不仅能够了解消费者的需求心理，而且还能节约运输成本，根据市场需求的变化有针对性地进行产品的改进，以适销对路获得收益。一般而言，产品的消费比重也会影响城乡产业结构的稳定性，产品消费比重越高时，集聚经济越容易发生；产品消费比重越低时，企业会重新选址，产业的分散生产成为可能，也不会出现所谓的中心—外围结构。

(二) 新形势下影响因素

传统时期企业区位影响因素对于研究人类空间活动的选择具有重要的意义，然而，20世纪90年代，随着以互联网为主的信息网络化作用凸显，区位论所依托的空间概念与地理时间发生了变化，城乡空间距离摩擦定律失去作用，时空阻碍性大幅降低，造就了大规模的全球"时空压缩"，信息网络化改变了时空关系，扩大了经济活动的空间，它以空间上和功能上生产过程分散化为特征，影响了企业的区位选址。在以互联网为主的信息网络化发展新业态下探讨企业区位选址的影响因素，对推动传统区位理论发展有重要的意义。

1. 新形势下企业区位选址因素的变化

进入知识经济时代，信息网络化因素对企业的区位选址产生了深远的影响，网络的同时效应使区位选址呈现出新的特点。传统时期良好的区位意味着低成本、高利润和交通便利，而新形势下良好的区位意味着能够实现快速沟通、节约时间成本和组织协调成本的高效率网络。因此，信息网络化对企业区位选址的影响主要表现在两个方面：第一，信息网络化使传统区位因素（如原材料因素、运输费用因素、劳动费用因素等）的作用逐渐减弱；第二，信息网络化成为企业区位选址时非常重要的因子，促使新区位因素（如知识因素、科技创新因素等）的作用日益凸显。

图2-11刻画了工业化时代向信息化时代区位因素变化，可以清晰地看到，信息网络化和环境影响因素成为企业的区位选址中重要的影响因素；知识创新因素的凸显使传统区位因素的作用逐渐弱化；运输因素、聚集因素和市场因素的作用依然重要，但作用程度表现出一些新的变化。新旧区位因素不断形成互动，综合影响企业区位选址，从而形成新的区位模式，影响着经济的空间布局模式。

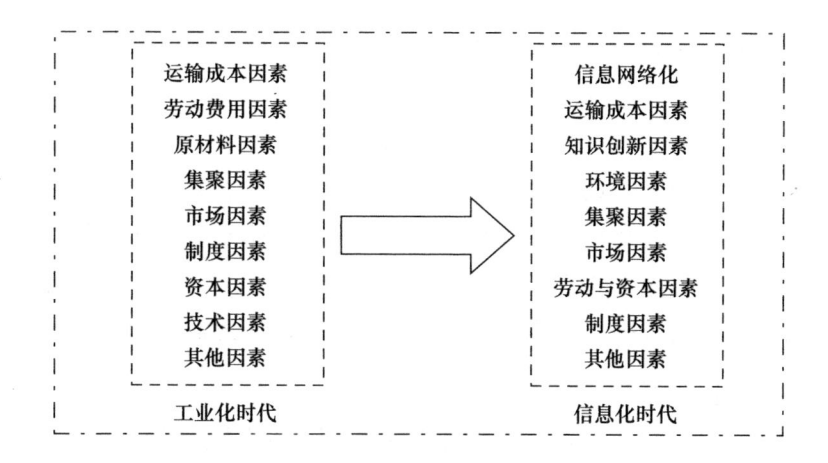

第二章 企业区位选址与城乡产业一体化发展的逻辑框架 | 55

```
┌─────────────────────┐      ┌─────────────────────┐
│   运输成本因素       │      │   信息网络化         │
│   劳动费用因素       │      │   运输成本因素       │
│   原材料因素         │      │   知识创新因素       │
│   集聚因素           │  ⇒   │   环境因素           │
│   市场因素           │      │   集聚因素           │
│   制度因素           │      │   市场因素           │
│   资本因素           │      │   劳动与资本因素     │
│   技术因素           │      │   制度因素           │
│   其他因素           │      │   其他因素           │
│      工业化时代      │      │      信息化时代      │
└─────────────────────┘      └─────────────────────┘
```

图 2-11　不同时代企业区位因素变化

2. 信息网络化对企业区位选址的影响

（1）信息网络化成为重要的因子。随着信息网络化的发展，交通和通信手段的不断改进都会带来企业成本的节约，不断地改变着企业本地化的集聚力量，信息网络化成为重要的技术因素。信息网络化对企业区位选址的影响主要表现为三个方面：

第一，信息网络化等基础设施的空间分布情况将影响企业区位选址。一般而言，信息技术基础设施较好、信息化水平较高的地方将成为企业区位首选地。

第二，信息网络化会影响企业改变其运行模式。信息技术发展使产品生命周期缩短，带来即时生产、订单生产等弹性生产方式，改变了企业空间布局，进一步影响企业区位选址，在农村产业分散布局成为可能。

第三，新形势下网络化发展引起了企业区位因素的变化，弱化了一些传统区位影响因素，同时也催生了一些新区位因素。

（2）知识创新因素的重要性逐渐上升。毫无疑问，知识创新是经济增长的核心动力，是企业区位选址考虑的重要因素。其影响具体表现为：

第一，企业在城市和乡村选址时可能要考虑知识的富集程度，一般而言，信息技术能够加快知识的扩散和方便知识的获取，但是，知识溢出会限于一定的地理空间，具有区位锁定效应，因此，知识溢出达到的区域会影响企业的区位选址。

第二，随着信息网络化发展，知识溢出会促进农村创新网络的形成，知识溢出越广泛，越有利于知识的进一步交流与扩散，农村信息网络的发展使企业在乡村地区选址得以实现。

第三，信息网络化的迅猛发展，促进农村物流业管理水平的不断完善，运输效率就会得到很大的提高，为了避免大城市的"集聚不经济"问题，企业就会倾向于在农村实现分散化布局。

（3）信息网络化使传统区位因素逐渐弱化。运输因素、劳动因素等是传统区位理论考虑的重要因素。如今随着信息网络化的发展，运输方式、运力水平、运输手段都发生了巨大的变化，运输效率大大提高，产品实现了即时配送，运输费用在产品中所占比重降低，对企业区位选址的影响力逐渐降低。同时，信息网络化带来了物流业快速发展，大大提高了运输效率，运费的影响作用被弱化，而运输时间的重要性逐渐显现。正是由于信息交通网络发达和便捷交通工具辅助，企业在选址时可以克服距离大中城市较远的弊端，经济分散布局在广大乡村地区成为可能。同样，随着技术的进步和创新，一方面，随着技术进步和机器设备的现代化，生产实现了机械化和自动化，劳动费用大大减少，劳动费用在企业区位选址中的作用逐渐被弱化；另一方面，随着劳动者技能和素质的改变，劳动生产率大幅提高，降低了劳动力费用总量和单位产品的工资成本，削弱了劳动费用在企业区位选址时的影响程度。总之，以信息网络化和知识创新为核心的新区位因素进一步弱化了传统区位因素的影响程度，传统因素对产业布局的制约作用呈现渐趋减弱的趋势。

（4）市场因素更重视消费者需求。市场因素在传统理论中重在从利润最大化的角度进行分析，考虑的是企业距离市场的距离及市场的规模、结构等内容，市场具有明显的空间边界及固定范围。进入信息化时代，在新形势下企业区位选址不仅要考虑市场的距离和规模等因素，还要考虑消费者需求对选址的影响，当然这个市场不一定是最大的市场。信息网络化发展，企业可以通过互联网将市场轻易扩展到信息基础设施连接的地方，电子商务的普及在时间和空间上无限扩展了市场范围，会使销售量增加、销售范围扩大，市场范围几乎没有空间界限，产业可以分散布局在农村。

（5）集聚因素的作用更加复杂。信息网络化的进步使空间阻碍性降低，企业受区位选址的约束更小，在城乡之间产业如何布局，集中和扩散的力量同时存在的前提下，企业布局的"离心力"会增强，只不过是在不同部门和不同空间层级上两种力量的作用是不同的。就产业布局而言，随着城市"集聚不经济"的出现，要素成本、生活成本随之攀升，企业会出现"逆城市化"选址。特别是农村信息网络化发展，信息因素形成了很强的分散力量，人们不需要面对面交流就可轻松地完成协商和交易，分散化力量使企业选址偏向于生产要素成本较低的乡村或城市周边地区。当然，对于非常规创新活动的企业仍具有很强的集聚倾向，一般聚集在大中城市布局。从空间布局来看，全球层面上信息网络化仍强化大城市的核心地位；区域层面上信息网络化促使企业实现分散化布局。总之，除考虑产业布局和空间层级外，运输、劳动力、市场等都对集聚因素有重要的影响作用，信息网络化对集聚因素的影响是一个复杂的过程，从而使企业空间组织出现"分散的集中"。

综上所述，大城市集聚不经济凸显背景下，本书从信息网络化对传统区位因素的改变角度论述了对现代企业区位选址的重要作用，可见，信息网络化成为企业选址中越来越重要的区位因子，其中弱化了一些传统区位因素的影响程度，使企业区位选址弹性增大，分散化布局成为可能。与此同时，信息网络化又催生了一些新因素，随着信息网络化向农村的辐射与扩散，在乡村企业区位选址呈现"大分散，小集中"布局成为可能。总之，企业区位选址的影响因素大致可归纳如图 2-12 所示。

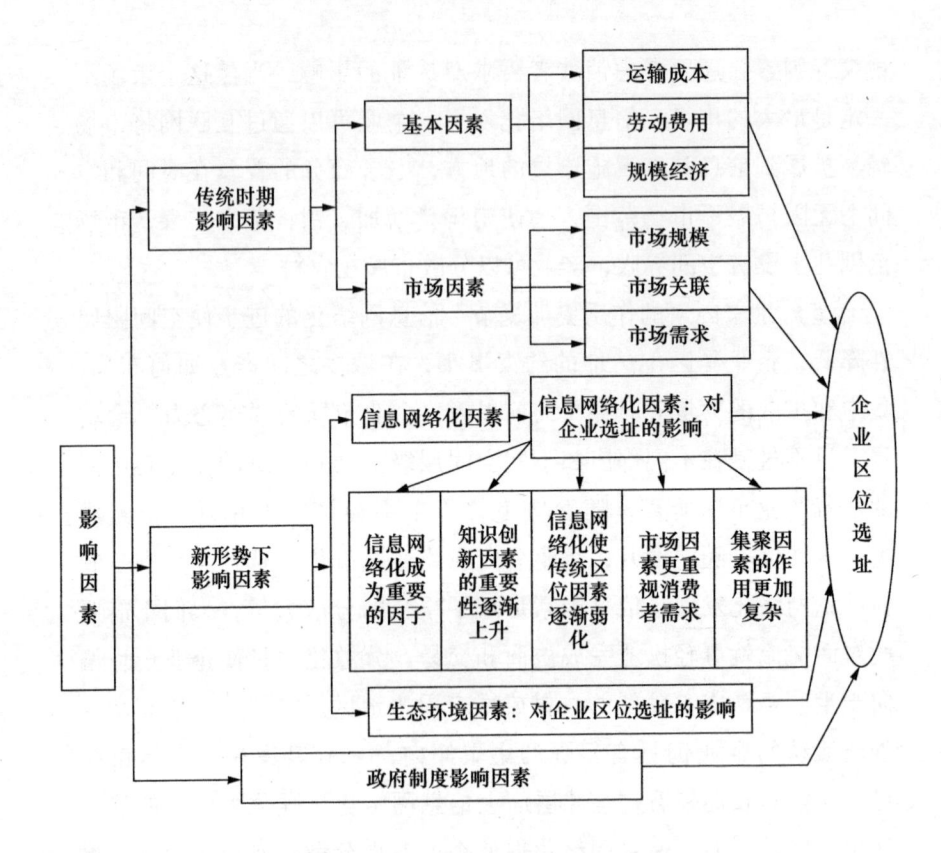

图 2-12 企业区位选址的影响因素

3. 信息网络化对企业选址的影响机制：成本节约

由以上分析可知，随着信息网络化的发展，实现了快速沟通，会给企业选址和空间布局带来重要的影响。主要表现在以下几方面：

第一，信息网络化发展会带来城乡贸易成本的节约，企业在区位调整时会带来成本的增加，成本的高低主要取决于信息网络化发展水平，计算机网络、移动电话的快速发展会使人们不需要面对面交流就可以完成协商，会提高信息传递的时效性，缩短空间的距离。

第二，信息网络化发展带来经济成本和时间成本的节约，农村信息网络化发展意味着农村能更快地获取市场信息，企业在乡村的布局就对市场变化快速做出反应；利用网络，实现城乡企业间上下游产业链的合作，企业间不用面对面交流就可以轻松完成交易，市场范围可以连接到任何农村信息基础设施连接的地方，企业可以较轻易地进入农村市场，这些都很好地体现了信息网络化发展对时间成本和经济成本的节约，进而实现"逆城市化"生产要素流动，企业空间组织在农村出现了"分散的集中"。

第三，信息网络化对传统区位影响因素产生了弱化作用，即信息网络化影响下的传统因素都体现了时间因素在区位选址中的重要性日益上升，如运输因素在传统区位中是重要的影响因素，重在强调运输费用，城市在交通方面比农村具有更大优势，但是，信息网络的影响使运输的手段和运输的方式都发生了巨大的变化，区位的通达性不再仅仅由单一运输方式决定，而是由多种可供选择的交通和信息手段结合决定的，信息网络化的发展也促进了物流业的快速发展。可见，运输因素实现了从关注运输费用向关注运输时间的转变，时间因素正在取代空间距离而成为企业区位选址中的重要机制，在信息网络化发展背景下，为了防止"城市病"问题，企业在农村的分散化布局成为必然。

由此可见，传统区位理论重在强调金钱成本的节约，企业追求的是最低成本的生产，随着以互联网为主的信息网络化的发展，产品的时间成本和交易成本节约变得异常重要。学者刘卫东曾指出，"时间成本"在企业空间组织活动中的作用日趋重要。可见，在信息网络化的影响下，最短时间原则正逐渐成为新形势下企业区位选址的核心机制。

4. 生态环境因素：对企业区位选址的影响

目前，生态破坏、环境污染问题不断凸显，生态环境已成为制约我国经济发展的一个重要因素。因此，环境保护受到越来越多的重视，企业区位选址不仅要考虑经济因素、社会因素、空间因素，还要考虑生态环境因素。城乡产业发展中，由于要素长期由乡村向城市单向流动，极化效应使劳动力、资本等要素向城市集中，电力的发展造成矿产资源的损耗和污水的大量排放，城市建设以侵占农村耕地为代价，城市工业的污染使农村生态环境遭受破坏等现象也是屡见不鲜的。产业和人口转移作为城乡产业一体化重要的一环，随着城市污染产业向农村转移，农村成为城市对外投资的污染避难所，城市污染向农村的转嫁已成为加速农村污染的重要原因之一。据统计，全国有80%的城市污水未经处理就直接排放到江河，已有1/3的河段遭受污染，严重地影响了农灌水的质量；2013年工业固体废弃物产生量为32.8亿吨，有90%的城市垃圾被堆放或填埋在郊外农村；2013年我国垃圾清运量为1.72亿吨，仅城镇周围历年累积未经处理生活垃圾已达70多亿吨，占地8亿多平方米。工业固体废弃物和城市垃圾不仅占了农村很多宝贵的土地资源，而且还污染了农村的水质、大气和土壤。

农业污染严重和生态环境不断恶化，农村农业的发展进而受限，反过来农村耕地的减少，水资源和生态环境的破坏，当农村的发展环境不足以支撑城市工业扩张的规模时，就凸显了农业发展对工业扩张的内在约束力，即农村又会对城市产业发展起到制约作用。因此，城乡产业一体化发展要充分考虑城乡的资源环境承载力和城市生态足迹问题，充分考虑资源环境这种要素如何在城乡间实现合理化配置。为了避免"城市病"问题，企业在选址时向农村分散化布局成为可能，政府要引导企业行为更主动地考虑农村生态环境保护问题，不仅要注重经济效应，也要同时兼顾社会效益和生态环境效益，提高企业向农村迁移与扩散的门槛，建立城乡产业发展与生态文明建设统筹协调发展机制，要实现由粗放型向集约型产业发展模式的转变，不能在城乡产业一体化发展的同时将城市工业污染转嫁给农村，不能让城乡产业联动发展以侵占农村良田为代价，不能再走之前"先污染，后治理，再恢复"的老路，在城乡产业发展过程中必须足够注重农村生态环境的保护，最终走出一条环境友好、可持续发展之路。

（三）政府制度影响因素

传统区位理论重在分析基础因素对企业区位选址的影响，对于政府"守夜人"角色的认定却缺乏分析。实际上，政府可以大大改变企业区位选择时的空间集合。由此，政府及其制度安排是企业区位决策时考虑的一个重要的因素。制度政策因素主要包括优惠政策、市场化程度、开放水平、政府重视程度等，好的制度安排可以使企业交易成本最小化，提高企业组织效率；好的制度能够在一定时间内稳定企业选址的经济空间场，并能改变地区产业分布的格局。

第一，政府产业政策是影响产业布局的"软"因素，对产业空间布局起着十分重要的作用。政府政策制定能引导企业的区位选址，推动城乡产业一体化发展，政府促进了城乡产业布局的优化，推动了城乡产业的合理分工。为实现"以工促农，以城带乡"发展战略，如劳动密集型企业在选址时政府要给予适当的引导，要制定相应的优惠政策，引导企业在乡村合理布局。

第二，政府制度措施要协调城乡关系发展，要引导产业要素在城乡间双向自由流动。市场机制作用下城乡产业一体化推进中会使城乡间经济发展不平衡的可能性加大，政府需要加强引导，促进城乡经济实现平衡发展。要想实现生产要素在城乡间自由流动，政府必须改革以往一些不合理的制度安排，如城乡分离的户籍制度隔离了城市和农村的正常关系，破坏了三个产业以及三个产业内部的协调和联系。因为没有产业之间生产要素的正常流动，而是人为并强行的产业内部封闭性自我循环，制约了市场需求，所以不可能实现劳动力地域上的转移。

第三，政府制度安排要为城乡产业发展创造条件，尤其表现在基础设施建设方面。基础设施是政府对于地区产业环境的投资，是硬环境，是城乡产业发展的基础，是企业区位选址需要考虑的重要因素之一，包括交通、通信和水电等方面。城乡间基础设施的不断完善将使物质流、信息流和资金流更加顺畅，产业关联性进一步加强。基础设施可分为三类：一是影响企业区位选址进入生产函数的公共基础设施建设；二是促进城乡交易的基础设施建设，如城乡通道建设；三是促进城乡信息交流的基础设施建设。在城乡经济发展中良好的基础设施建设意味着：一是良好的基础设施建设增强了城乡间的便利性和通达性，改变了企业区位条件。便捷的交通能使资源、信息等生产要素在城乡间快速双向流动，实现资源的最优化配置，同时也能降低企业的运输成本。二是农村基础设施的改善能促进企业区位选址的条件，吸引城市生产要素流入农村便成为可能，对乡村成为产业承接地意义重大。农村基础设施越落后，不仅会缩小农村容纳人流、物流、信息流的容量，还会导致接受城市人流、物流、信息流辐射能力降低，无疑企业成本就会增加。农村基础设施越完善，对于企业在农村选址生产经营成本就越低，企业获取原料和产品的运输就越便捷，企业获取信息就相对容易，有利于企业降低产业转移成本和贸易成本。总之，基础设施是产业活动衍生因素，是保证城乡产业活动运行的基础要素，是城乡各种要素实现双向流动的重要保障和依托。另外，政府主导下的城乡通道建设对于城乡产业一体化的实现也起着尤为重要的作用。

　　总之，影响企业区位选址的因素非常多，文中提到的都是根据经验考虑较多的、影响较大的因子，不同的企业在具体选址时会有所侧重。随着以互联网为主的信息网路化发展，传统区位因素的内涵已发生了改变，与新形势下的因素一起，共同影响着现代企业区位选择。当然，如炼钢企业这类特殊的产业，在企业选址时偏好于原材料地，布局带有单一的原料指向性，对于特殊产业，本书不予以讨论。

第四节　企业选址影响因素对城乡产业空间布局的影响：集聚与扩散

基于之上的分析，本书构建了包括"传统时期影响因素—新形势下影响因素—政府制度影响因素"的企业区位影响因素分析框架，较多的企业区位选址因素的存在，使城乡产生了集聚和扩散两种空间布局形式。在没有政府因素的影响下，市场经济追求的是利益最大化。在传统时期，企业区位选址重在从要素成本、规模经济和市场潜力等影响因素方面进行考虑，企业的区位选址影响着城乡产业的空间布局，企业一般会在集聚经济和规模经济较强的城市选址，源于这样可以实现利润最大化的目标，企业间可以实现基础设施公用，相关信息共享，专业化劳动力市场和中间投入品市场共用。由于资源的稀缺性，随着企业数量的增加和竞争的加剧，城市原有的生产要素集聚优势如地价优势、较低的劳动力成本逐渐消失，城市集聚不经济的出现，导致了企业生产运营成本的增加，这样的环境不利于企业的生存，为寻求利润，集聚优势耗散推动着企业进行区位及再区位的选择，就会产生"逆城市化"现象，乡村无疑成为城市产业的承接地，城乡产业的空间化布局就会发生相应的变化，在乡村的分散化布局成为可能。

与此同时，随着信息网络化的发展，在新业态下企业对区位依赖程度发生了变化。虽然传统的区位影响因素依然存在，但信息网络化的发展对企业区位选址产生了重要影响，在信息网络化发展的新形势下，交通通信网络变得越来越发达，又有大量如摩托车、工具车等廉价便捷的交通工具的辅助，信息成本大大降低，距离已经不成问题，在一定程度上企业距离大中城市较远的弊端被交通通信的便利而克服，而且随着网络化在乡村的发展，产品的交易和服务不需要面对面的接触就可以顺利完成，而且不需要出门农村就可以四通八达地接收和传递信息，不再受区域发展的制约，为降低时间成本和交易成本而导致企业选择在相对松散的乡村地区成为可能。因此信息网络化发展改变了企业的"实体"约束，对产业的空间分散布局存在着潜在的影响，城市企业空间组织在农村会出现"分散的集中"，使企业在农村分散化布局成为可能。

综上所述，企业区位理论是解释人类经济活动空间分布的区域经济学核心理论之一，传统的企业区位理论虽然将时间因素引入基本模型分析中，但是，空间变量未被引入。直到20世纪90年代克鲁格曼以规模经济、报酬递增和不完全竞争作为假设条件来分析企业区位选择问题，突破了之前传统企业区位理论的局限，新经济地理学实现了区域间的空间经济分析，但是新经济地理学模型中一般把区域视为一个点，并未考虑区域内容的空间结构，忽略城市内部通勤成本和住房成本等因素显得不尽合理。基于传统企业区位理论的局限，为了让新经济地理学模型更加贴于现实，运用更为合理的方法研究企业区位选址成为新的研究课题。在大城市集聚不经济现象凸显下，信息网络化又成为新形势下企业区位选址的重要影响因素。本书将大城市集聚不经济和信息网络化发展引入新经济地理模型，以企业区位选址为切入点，探讨在城乡产业一体化发展的微观机理和空间布局模式。

第三章 城乡产业一体化发展的微观机理

本章尝试从城乡产业一体化微观机理分析入手,将城市出现的集聚不经济和信息网络化发展引入到新经济地理模型,探讨企业区位选址行为与城乡产业一体化的实现。信息网络化造就了城乡"时空压缩",信息网络化发展影响下的城乡贸易成本的降低,使企业区位选址行为呈现"分散—集聚—再分散"的发展趋势,再分散不是分散的简单重复与回归,而是分散的升级与优化。也就是说,城市集聚不经济凸显和信息网络化发展使企业区位选址行为及结果趋于分散化。城乡产业一体化的实现总体效率是上升的,在城乡产业一体化推进的过程中,城乡区域发展差距呈现出先扩大后缩小的发展态势,城乡区域差距扩大是产业一体化发展的必经阶段,是一体化发展的"分娩期"。

第一节 理论基础

一 新经济地理学的基本内容及核心思想

克鲁格曼最早建立了 CP 模型,将规模报酬递增、垄断竞争与贸易成本纳入同一分析框架下,空间因素从此纳入主流经济学,新经济地理学理论在分析中将经济空间抽象为同质性平面,探讨经济活动空间演化分异的趋势,当然,这不否认外生差异的存在现实,外生差异存在的前提下,经济空间内生演化更在自然和情理之中。新经济地理学考察了一个对称的两区域经济系统,系统内存在工业部门和农业部门，完全竞争的农业部门使用的是区际间不可自由流动的非熟练劳动力，垄断竞争的工业部门可以使用地区间自由流动的劳动力。不存在外力的作用下，经济系统均衡时，内生力量将区域演化分异，进而影响着产业的区位分布，产业在区域的集聚是不可避免的过程，产业集聚不仅满足了核心区本地需求，也向边缘区输出产品。集聚产生的规模经济进一步促进人口和产业在核心区的转移，由于核心区基础设施和信息等资源的共享，核心区还拥有低成本的优势，核心区需求的扩大和成本的低廉实现了自我加强，使产业在核心区的集聚形成自我强化的循环累计因果机制。当然，这种在核心区的集聚优势可能是来自偶然的历史事件、先天的资源禀赋或自然条件，由于循环累计因果机制存在，无须借助外力集聚过程就会持续下去，但集聚力并非是影响企业经济区位活动的唯一力量。在现实中，由于城市内部集聚不经济等因素的存在，导致了与集聚力相对应的分散力的出现，集聚力和分散力的相对大小决定了经济区位活动，这两种力处于"拉锯战"状态，此消彼长的变化影响着经济空间格局。

区域间的贸易成本用"贸易自由度"表示，表达式为：$\phi = \tau^{1-\sigma}$，贸易自由度与贸易成本呈反方向变化，$\phi \in [0, 1]$，当 $\phi = 0$ 时，表明区域间贸易成本 τ 无穷大；当 $\phi = 1$ 时，表明两区域间不存在贸易成本；$\phi \in (0, 1)$ 取值范围内，随着贸易自由度的提高，产业和人口经济活动由集聚状态向分散化发展。具体而言，在贸易自由度达到突破点 ϕ^B 之前，分散力会大于集聚力；在贸易自由度超过突破点 ϕ^B 之后，熟练工人在核心区和边缘区进行生产的效用差距，即在核心区的集聚租金会经历上升到下降的发展趋势（见图3 - 1）；随着贸易成本的降低，当贸易自由度达到 ϕ^B 之后，核心区企业的聚集租金会上升；当贸易自由度升高到一定临界值 ϕ^s 之后，核心区企业的聚集租金会下降，利润会减少。

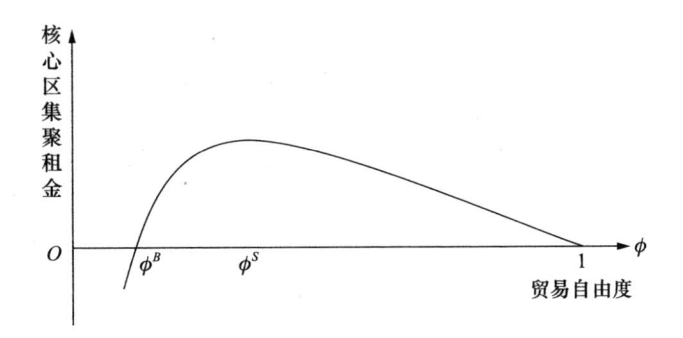

图 3-1　核心区集聚租金与贸易自由度关系

综上所述，新经济地理学理论深刻阐释了规模报酬递增、要素流动、企业区位活动、贸易自由度之间的相互作用，以及由这些要素决定的经济空间布局演化分异的趋势，其中需求偏好、市场规模、知识溢出、市场关联诸因素的作用期间，虽然因素众多和关系复杂，但是都可以通过新经济地理模型将其纳入统一的分析框架中，形成的集聚力和分散力对经济的空间活动起着重要的决定性作用。

近年来，学者们对新经济地理学的研究进行拓展，考虑到区域间的市场规模和生产效率的差异，加入比较优势对模型进行拓展；也有一些将公共物品提供、政府税收竞争等政策因素纳入新经济地理模型中，并得出一些结论；也有一些学者将企业生产率的差异引入模型中，探讨企业异质性与新经济地理学问题；也有些对劳动力异质性与新经济地理学问题进行研究，在新经济地理学模型假设中，产业区位的要素一般在区域间是可以自由流动的，现实生活中，生产要素的自由流动面临着一定的约束，要想突破这些障碍，信息网络化发展无疑成为企业区位选址更加自由的有效途径。与此同时，引入区域内部的空间成本，进一步研究产业活动的集聚与扩散的过程也是非常必要的。

二　新经济地理学关于集聚与扩散的阐释

企业集聚、扩散研究一直是区域经济学和城市经济学等学科研究的热点问题。长期以来，受主流经济学、计算机模拟等技术的限制，对企业集聚现象的研究未能规范的模型化，一些学者即使进行了研究，也是在非均质空间下进行的产业活动空间特征的分析（Aloson，1964），并没有解释在均质空间为什么会产生企业集聚的现象。随着计算机模拟技术、数学工具的进步，相继涌现出企业集聚现象的模型化研究，得出即使在均质空间内，企业空间仍出现非均衡性布局。尤以克鲁格曼（1991）为其典型代表，提出了新经济地理学模型的基本框架，使空间经济理论不断丰富与发展。新经济地理学模型中将运输成本纳入主流经济学分析框架中，指出运输成本的大小对产业集聚与扩散有着重要影响（Glaeser，2004），在规模报酬和运输成本间的权衡取舍是理解产业空间分布的核心（Krugman，1995；Lafourcade and Thisse，2001）。贸易成本通常用贸易自由度表示，两者是呈反向变化的，企业间的竞争效应构成了分散力，本地市场效应和价格指数效应构成了企业的集聚力，随着贸易成本下降，分散力减弱速度会大于集聚力增强速度，当贸易成本非常低时，企业又会发生再一次分散（Baldwin，2003）。

目前，一些学者对城市内部成本进行了研究，企业区位选址受到产品流动空间成本的影响和限制，当运输成本很高和运输成本很低时，企业趋于分散化布局，会缩小区域间发展差距，产业分布与人口分布是一致的（Venables，1996）。此外，许多学者通过研究也得出了类似的结论。赫尔普曼（Helpman，1995）尝试将居民的住宅消费引入新经济地理模型，指出经济活动在贸易成本较低时通过分散以避免城市成本，在贸易成本较高时通过集聚以节约运输成本；Tabuchi（1998）将城市内部的通勤成本引入新经济地理模型，并认为，通勤成本成为经济活动的分散力，消费者多样性偏好成为集聚力；Anas（2002）将城市内部空间结构引入新经济地理模型，指出随着城市人口规模的扩大，经济活动的集聚程度不断降低，城市规模不断缩小，最终会趋于分散，并将此称为"逆集聚"过程。一些学者也将企业间拥挤效应引入新经济地理模型，指出拥挤效应成为经济活动分散力的重要力量（Brackman et al.，1996），而且企业即使迁移到边缘区也不会减弱与核心区企业的关联性发展（Murata and Thisse，2005）；也有一些学者将农村市场需求和城市成本同时引入到新经济地理模型，钟形曲线说明了区域差距与运输成本间的关系，在区际贸易成本很高或很低时，经济活动趋于分散，当区际贸易成本处于中等水平时，经济活动区域集聚（Alonso - Villar，2008）。另外，与钟形过程相关的经济集聚与分散动力，学者们也从空间外部性、市场潜力、就业和工资的空间差异等方面，研究了导致空间经济非均衡发展的因素（Mion，2004；Hanson，2005；Amiti，2007）。杨良文等（2007）将城市内部空间成本和外部规模经济效应同时引入到新经济地理模型中，前者促使企业活动趋于分散，后者对企业集聚有重要的影响，这两种因素的引入使模型更加接近于现实。高波等（2012）认为，东部地区城市相对房价的提高是导致产业外迁和转移的重要推动力，产业的外迁为城市产业升级腾出了空间。皮亚彬（2015）将城市通勤成本和住房成本引入新经济地理学模型，指出区域间贸易成本是影响企业活动空间分布的重要因素，并指出基础设施建设是影响区际贸易成本的重要影响因素。

区域间的贸易成本不仅受制度方面政策的影响，还受信息、基础设施等方面的影响。有些学者通过研究得出理性的地方政府为了晋升，可能采取区域一体化（徐现祥，2007），也可能采取市场分割发展（周黎安，2004），关键取决于政策对当地经济增长的影响。此外，一些学者对新经济地理学进行了实证研究，普加（Puga，1999）以美国和欧盟为例，分析了一体化程度和区域发展差距间的关系，当区域一体化程度较高时，区域发展差距就会很小。贝克和富斯特（Becker and Fuest，2010）通过对欧盟的研究，得出区域间基础设施的改善加大了区域间产业分布的非均衡发展，区域收敛未能实现。学者们通过对日本东部地区的实证研究，得出交通网络建设为产业向欠发达地区转移提供了保障（Zheng，2007）。日本都市圈内区际贸易成本较低，处于"U"形曲线右端，基础设施改善有利于产业向低级城市扩散，而欧盟地区贸易成本较高，处于"U"形曲线左端，基础设施的改善会进一步加大区际间的不平衡。库布斯（Combes，2011）对法国制造业和服务业进行的实证分析，用钟形曲线表示了空间经济差异变化的趋势，得出随着运输成本的下降，企业经济活动呈现先上升后扩散的趋势。

中国区域经济发展趋势，基本与新经济地理学关于区域发展差距结论基本是吻合的。在区域一体化研究中，学者们对 2004 年之前数据进行分析，得出 2004 年之前并未达到区域差距缩小的临界点，随着区际贸易成本的降低，制造业仍会向具有优势的发达地区转移（范剑勇，2004；文玫，2004）。而曲玥（2013）认为，2004 年左右开始，劳动密集型产业在沿海地区比重趋于下降，产业开始向欠发达地区扩散。许政等（2010）考察了地理因素对城市经济增长的影响，通过地级城市数据分析，得出大港口和大城市的距离由远到近，经济增长会出现促进—抑制—再促进的过程。刘生龙和胡鞍钢（2011）认为，距离是影响区际贸易成本的重要因素，交通基础设施改善推动了区域经济一体化发展水平。

综上所述，区际贸易成本成为经济活动集聚与扩散的重要影响因素，已有的文献对城乡产业一体化发展中企业区位选址研究提供了重要的理论参考。目前，将城市集聚不经济和信息网络化同时引入到新经济地理学模型，研究城乡产业一体化实现的文献鲜见。本书尝试城市出现的集聚不经济与信息网络化发展纳入新经济地理模型的分析框架中，围绕城市集聚不经济和信息网络化变量是如何影响企业区位选址的，企业区位选址的倾向趋势是如何影响城乡产业一体化实现的，城乡产业一体化发展过程中效率与公平是否能够同时兼得等问题逐步展开。

三 集聚不经济和信息网络化的引入与理论解释

克鲁格曼较早地将 D—S 垄断竞争模型运用到区域经济学领域，形成了 CP 模型的基本框架。之后，学者们对新经济地理模型进行了不断丰富与扩展。总体来看,虽然新经济地理学模型对经济活动集聚与扩散行为具有较好的解释力,但许多学者的研究均把各区域视为一个点。实际上随着区域空间扩展规模空间强大,区域内部将会出现集聚不经济现象,表现为人口密集、地价昂贵、交通拥堵、环境污染等。现实中,住房成本和通勤费用在人们生活消费中占很大的比重,因此,新经济地理学模型忽视集聚不经济等因素显得不尽合理。因此,结合现实将城市内部空间成本纳入新经济地理学模型框架显得尤为必要。

贸易成本是新经济地理学中的核心变量,人们偏好的多样性决定了不可能满足自给自足的生存状态,因此,在城乡间就会存在分工与贸易行为,产品在城乡间的流通除需要支付运输成本外,还需要支付收集信息、进行谈判与沟通、监督履行契约等成本。信息网络化发展缩短了城乡间的空间距离,城乡贸易成本不仅受空间距离的影响,还受到时间的影响[①],空间本身就意味着集时间和时空于一体。有的学者经过测算得出,目前,在途海运货物每天的时间价值等于货物价值的0.5%(Venables,2006)。信息网络化如何影响新经济地理模型中的城乡贸易成本,学者们在模型构建中对此问题的研究相对较少。

城乡产业一体化推进过程中,企业作为产业的微观载体,它为了获取最大利润就会在城乡寻找最佳区位,城乡产业一体化的推进过程就是企业进行区位选址的过程。传统企业区位理论认为,企业区位选址侧重于对运输成本、规模经济和市场潜力等方面考虑,企业区位选址一般倾向于市场发育程度高、技术人才集中的大中城市。而随着工业化和城镇化的推进,一方面,城市集聚不经济现象凸显。产业和人口向大城市的集聚使城市空间扩展规模空前强大,城市产业结构调整由于缺乏扩散空间而进展缓慢,城市出现了集聚

[①] 一般而言,易腐性的产品在城乡间流动对时效性提出很高的要求,有些产品如报纸虽然不具有易腐性,但是,同样具有时效性要求,一般性的产品时效性要求依然存在,缩短时间,缩小成本是企业所追求的。

不经济现象，城市集聚不经济制约着城市的有序发展。另一方面，以互联网为主的信息网络发展对传统企业区位选址理论提出新的挑战。众所周知，城乡在土地、劳动力、资本等方面均存在差异，这种差距又难以改变，而信息网络要素的注入降低了城乡区位差异，使得在改变企业"实体"约束的同时，也影响着城乡产业的空间布局。

在城市集聚不经济凸显和信息网络化发展新形势下，现代企业区位选址行为将会呈现什么新特点？其微观机理如何实现？企业区位选址行为如何影响不同类型产业和企业的分工与空间布局？不同类型产业和企业分工与空间布局又如何推进城乡产业一体化发展？这些问题需要寻求解决之路，这也正是本书研究的初衷所在。新经济地理学模型研究中，有些学者通过引入变量指出经济活动出现"分散—集聚—再分散"演化规律，但是，并未阐明"分散"和"再分散"过程有何不同，实际上两者是不同的。本书将集聚不经济和信息网络化作为分散力引入到模型中，实际上分散力的形成也是需要一个过程的，源于路径依赖的存在，当企业区位选址在较长时间内保持着某种发展路径，要想打破这种区位选址的路径是需要外生力量冲击或者需要付出较大的成本，如国家产业转移政策的影响会使区位选址发生变化。基于新经济地理学模型存在的问题，本书尝试将城市集聚不经济和信息网络化发展两变量同时纳入新经济地理学模型中，探讨大城市集聚不经济和信息网络化是如何影响企业区位选址活动行为的，不同类型产业和企业区位选址又如何推动城乡产业一体化的发展。

第二节　CICP模型构建：企业区位选址

一　模型基本假设

集聚与分散是影响企业区位选址的重要力量，城乡空间差异性是人口和产业趋于分散的初始基础，成了空间成本研究的出发点，即空间成本是分散初始状态不易被改变的原因。在人类发展过程中，人口和产业在城市的集聚程度是不断提高的（O. Sullivan，2002），随着城市集聚不经济的出现，城乡空间成本的存在又成为分散布局的重要影响因素。空间成本包含的范围十分广泛，在模型构建中，主要包括两类空间成本：一类是由于城市集聚不经济引起的城市内部的空间成本，如在城市的劳动力需要支付通勤成本和住房成本，用城市拥挤成本来衡量；另一类是产品在城乡间流动由于空间距离的存在产生的空间成本，用城乡贸易成本来衡量，可通过"贸易自由度"来体现，书中是通过引入以互联网为主的信息网络化来影响城乡贸易成本的。因此，以核心—边缘 CP 模型为起点，借鉴了皮亚彬（2014）构建包含城市内部成本的新经济地理学模型的基础上[①]，本书将城市集聚不经济和信息网络化同时引入新经济地理模型中，构建的模型记作 CICP 模型。[②]

（一）城市内部的空间成本

假设经济中存在城市 E 和乡村 F 两区域，城市内存在一个给定的中心地区 CBD[③]，可视为一个点。城乡区域存在工业和农业两类产业，城市工人是同质的，工人可在城乡两区域自由流动，而农民不可自由流动。与传统的新经济地理学模型相比，本书研究中考虑了城市内部空间结构和信息网络化要素对企业区位选址行为的影响。

城市内部包括中心地区 CBD 和居住地区，工人除消费农产品和

[①] 皮亚彬：《集聚、扩散与城市体系——基于新经济地理学视角的分析》，博士学位论文，南开大学，2014 年。皮亚彬构建了一个包含城市拥挤成本的新经济地理学模型，考察降低区际贸易成本和改善城市基础设施对经济活动区位的影响。

[②] CICP 模型是以克鲁格曼新经济地理学核心—边缘 CP 模型为基础，本书引入城市集聚不经济和信息网络化变量进行了新经济地理学模型的构建，由于书中重点体现城市"拥挤"和互联网的作用，分别用 Congestion and Internet 体现，因此构建的模型可记作 CICP 模型。

[③] Central Business District，简称 CBD，即城市中央商务区。

工业品外,还需要消费住房。城市熟练工人(企业家)的居住区域是由 CBD 向两边扩展,人口数量为 ρ_r 的城市边界为 $[-\rho_r/2, \rho_r/2]$。工人从居住地到 CBD 工作需要支付通勤成本,设定居住在距中心区 CBD 为 q 处的工人通勤成本为 φq,$\varphi > 0$,如果工人居住区位远离中心区 CBD,工人通勤成本会增加而土地租金会下降,即城市地租与通勤成本间存在替代关系。因此,城市 r 内居住在距中心区 q 处的城市拥挤成本为:

$$EC(r) = R(q) + \varphi q$$

式中,$R(q)$ 表示城市土地租金,假设城市边界处 $\frac{\rho_r}{2}$ 的地租水平等于农业地租,均为零。在城市内土地市场均衡时,城市 r 内工人的所在区位的土地租金与通勤成本之和都相等,与 CBD 距离为 q 的区位的土地租金为 $R(q) = \varphi(\rho_r/2 - q)$,因此,居住在城市 r 的工人面临城市拥挤成本为:

$$EC(r) = \varphi \rho_r / 2 \tag{3-1}$$

由式(3-1)可以看出,工人在城市的拥挤成本取决于两个方面:一是取决于 φ,表示工人在城市移动单位距离的通勤成本;二是城市拥挤成本取决于城市人口 ρ_r 的扩张规模,表示城市人口扩张规模越大,城市工人承担的住房成本和通勤成本就越大,城市拥挤成本的存在影响着企业区位选址和产业空间布局。

(二)产品在城乡间流动的贸易成本

贸易成本是新经济地理学中的核心变量,产品在城乡间的流通除需要支付运输成本外,还需要支付收集信息、进行谈判与沟通、监督履行契约等成本。本书将除运输成本和运输成本外产生的成本概括为城乡间贸易成本。

农业和工业两大部门中,农业部门是在完全竞争和规模收益不变的情况下生产同质产品的,假设农产品在城乡两区域之间可以自由流动,不需要贸易成本。由此可见,将农产品作为计价单位,其价格可标准化为 1。农业劳动力的工资用 w 表示,假定 1 单位的农业劳动力可获 1 单位的农产品,即非熟练农业劳动力的工资水平设为 $w=1$。

农产品和工业品在城乡间可以进行交换,工业品生产是符合规模收益递增的,采用冰山交易技术衡量工业品在城乡间的贸易成本[①],用 τ 来表示。工业品在城市内部流动贸易成本为零。距离是影响城乡贸易成本的重要因素,贸易成本会随着距离的增加而增加(Krugman,1993)。具体而言,当企业把 1 单位的工业产品运输到距离为 k 的另一区域时,到达目的地时,需要运送 $e^{-\tau_D k}$ 个单位的产品,即 $e^{-\tau_D k}-1$ 个单位在运送过程中消耗掉了。令城乡贸易成本 $\tau = e^{-\tau_D k}$,其中,k 为产品在城乡运送的距离,τ_D 为单位距离产品的损耗系数,其值越小产品的损耗就越小。可见,城乡贸易成本主要取决于两个因素的影响:第一,单位距离产品的损耗系数 τ_D 的影响;第二,产品在城乡的运输距离。随着信息时代的到来,信息网络化发展缩小了城乡摩擦,带来了"时空距离"的压缩,减少了产品在城乡间流动的时间成本和经济成本,带来了城乡贸易成本的降低。贸易成本一般用贸易自由度表示为:$\phi = \tau^{1-\sigma} = (e^{-\tau_D k})^{1-\sigma}$,城乡贸易成本的降低意味着城乡贸易自由度的提高。

二 消费者行为:效用最大化

企业作为资本所有者,劳动力的流动与资本的转移不能脱离,二者的流动是同时发生的。假设所有消费者具有相同偏好,本书借鉴了普弗卢格和萨德库姆(M. Pfluger and J. Sudekum)的拟线性效用函数形式,消费者的效用函数由如下形式给出:

$$U = \alpha \ln Z_M + Z_A, \quad \alpha > 0 \qquad (3-2)$$

式中,Z_A 表示消费者对农业产品的消费量;α 表示消费者对差异化工业品组合的需求系数;Z_M 表示消费者对工业品的消费量,其表达式为不变替代弹性 CES 效用函数形式:

[①] 为了与新经济地理学模型结论进行比较,本书城乡贸易成本采用新经济地理学的"冰山"成本假设。

$$Z_M = \left[\sum_0^n c_i^{\frac{\sigma-1}{\sigma}} + \sum_0^{n_w} c_j^{\frac{\sigma-1}{\sigma}} \right]^{\frac{\sigma-1}{\sigma}}, \sigma \geq 1 \tag{3-3}$$

式中，n 表示城市地区企业数量，n^* 表示乡村地区企业数量，设 n_w 为城乡共有的企业数量，则有 $n_w = n + n^*$；c_i 表示每个消费者对城市企业生产的工业的工业品消费量，c_j 表示每个消费者对乡村企业生产的工业品的消费量。$\sigma \geq 1$ 为工业品之间的替代弹性；CES 形式效用函数表明消费者对工业品存在多样性的偏好。如果用 P 表示消费者消费的工业品价格指数，p_i 为城市消费者消费本地产品的价格，p_j 为乡村企业生产的产品在城市的出售价格，由于在城乡两地区间存在冰山贸易成本，因此，城市消费者消费乡村地区商品的价格为 $(e^{-\tau_D k})p_j$，Y 代表消费者总收入水平。基于此，消费者为实现效用最大化面临的约束条件为：

$$PZ_M + Z_A + EC = Y, \quad P = \sum_0^n c_i p_i + \sum_n^{n_w} c_j e^{-\tau_D k} p_j \tag{3-4}$$

在预算约束条件下，消费者实现效用最大化是消费者在农产品和工业品组合之间的选择，最大化问题的解可以写成：

$$Z_M = \alpha/P, \quad Z_A = Y - \alpha - EC$$

$$c_i = \alpha(p_i)^{-\sigma} P^{\sigma-1}, \quad c_j = \alpha(e^{-\tau_D k} p_j)^{-\sigma} P^{\sigma-1} \tag{3-5}$$

消费者的间接效用函数受到工业品价格指数、一定的收入水平和城市拥挤成本的影响。即：

$$U = Y - \alpha \ln P - EC - \varepsilon, \quad 其中，\varepsilon = \alpha(\ln\alpha - 1) \tag{3-6}$$

三　生产者行为及短期均衡分析

现转向生产者行为，工业部门是在 D—S 垄断竞争框架下进行的讨论，设定的工业品的生产是规模收益递增的，企业将一单位熟练工人作为生产的固定投入，企业的边际成本为 e，意味着多生产一单位工业品，就需要多投入 e 单位非熟练工人。C_i 表示企业生产的工业品数量，W 为熟练工人所获收入，w 为非熟练工人的工资，则成本函数的表达式为：$W + eZ_i w$。如果用 ρ 和 $1-\rho$ 分别表示位于城市和乡村两地区的熟练劳动力的份额，η_1 和 η_2 分别表示城市和乡村两地区非熟练劳动力的数量，c_i^* 表示乡村地区消费者对城市生产的工业品的消费量，在冰山成本存在的情况下，企业需要生产 $e^{-\tau_D k} c_i^*$ 单位工业品才能满足乡村地区的消费，则城市企业 i 的工业品总产出表达式：

$$C_i = (\eta_1 + \rho) c_i + (\eta_2 + 1 - \rho) e^{-\tau_D k} c_i^* \qquad (3-7)$$

设城市企业 i 在城市本地和乡村外地销售产品的价格分别为 p_i 和 p_i^*，则企业 i 在城市地区的销售收入为 $p_i c_i$，在乡村地区的销售收入为 $e^{-\tau_D k} p_i^* c_i^*$。则城市生产第 i 种工业品的企业的利润函数可表示为：

$$\Pi_i = (p_i - e)(\eta_1 + \rho) c_i + (p_i^* - e)(\eta_2 + 1 - \rho) e^{-\tau_D k} c_i^* - W \qquad (3-8)$$

由于产品是差异化的，企业都面对不变弹性 σ 的需求曲线。工业品生产具有垄断特征，企业依据利润最大化原则，按照垄断条件下产品加成定价规则[①]，可得企业对销往各地区的工业品价格为 P_i 和 P_i^*：$p_i = p_i^* = \dfrac{\sigma}{\sigma - 1} e$。按照加成定价法，企业不可能获得正利润，均衡利润只能为零。也就是说，熟练工人获得了企业的全部剩余，由式（3-7）和式（3-8）可得出熟练工人的收入 W 与企业的产出量 c_i 之间的关系：

$$W = \dfrac{\psi}{\sigma - 1} [(\eta_1 + \rho) c_i + (\eta_2 + 1 - \rho) e^{-\tau_D k} c_i^*] \qquad (3-9)$$

为简化分析，令 $\psi = \dfrac{\sigma - 1}{\sigma}$，则工业品在城乡两地区的出厂价 $p_i = p_i^* = 1$，由式（3-3）、式（3-4）和式（3-9）可得，熟练工人在城乡两地区的收入水平表达式为式（3-10）与式（3-11），式中，$\phi = (e^{-\tau_D k})^{1-\sigma}$ 表示城乡间贸易自由度，且 $\phi \in [0, 1]$；当 $e^{-\tau_D k} = 1$ 时，$\phi = 1$；当 $e^{-\tau_D k} \to \infty$ 时，$\phi = 0$，贸易自由度与城乡间的产品贸

[①] 产品加成定价规则也就是边际成本的不变加成定价法定价，详细推导过程参见安虎森等《新经济地理学原理》，经济科学出版社 2009 年版，第 99 页。

易成本呈负向关系:

$$W = \frac{\alpha}{\sigma}\left[\frac{\eta_1 + \rho}{\rho + (1-\rho)\phi} + \frac{\phi(\eta_2 + 1 - \rho)}{\phi\rho + (1-\rho)}\right] \quad (3-10)$$

$$W^* = \frac{\alpha}{\sigma}\left[\frac{\phi(\eta_1 + \rho)}{\rho + (1-\rho)\phi} + \frac{(\eta_2 + 1 - \rho)}{\phi\rho + (1-\rho)}\right] \quad (3-11)$$

四 生产者行为及长期均衡分析

把工业劳动力的空间分布看成是已知的,进一步讨论生产者的长期行为。长期熟练工人根据地区效用差异在地区间实现自由流动。在模型分析中,企业的转移与劳动力转移是紧密联系在一起的,即熟练工人转移的过程与企业区位选址行为是一致的。将工业品价格代入价格指数表达式,结合式(3-2)与式(3-3),通过推导可得城乡两地区工业品价格指数为:

$$P = \left(\sum_{i=1}^{n} p_i^{1-\sigma}\right)^{\frac{1}{1-\sigma}} = \left[\rho + (1-\rho)\phi\right]^{\frac{1}{1-\sigma}}$$

$$P^* = \left(\sum_{i=n}^{n^*} p_i^{*\,1-\sigma}\right)^{\frac{1}{1-\sigma}} = \left[\phi\rho + (1-\rho)\right]^{\frac{1}{1-\sigma}} \quad (3-12)$$

设定熟练工人区位调整的速度表达式为:

$$d\rho/dt = [U - U^*] \times \rho(1-\rho) \quad (3-13)$$

当上式为零时,企业区位选址达到长期均衡,表现为两种类型的长期均衡:第一,内点均衡,即 $U = U^*$,两地区都有一定的产业份额,熟练工人在城乡间不会发生转移,原因在于两地区实际效用水平都是一样的;第二,核心—边缘解,即 $\rho = 1$ 或 ($\rho = 0$) 且 $U > U^*$(或 $U < U^*$),意味着所有熟练的劳动力和产业都集中在城市,且集聚是稳定的。现实中,城乡区域存在诸多方面的差异,为了深入分析区域间的本质特征,首先从对称情形下的长期均衡进行分析。城市内部单位距离通勤成本为 φ,相对而言,乡村地区拥有广阔的土地,拥挤成本可近似为零,忽略不计,则熟练工人在城乡不同区域的实际效用水平差异表示为:

$$U - U^* = (W - W^*) - \alpha\ln(P/P^*) - EC \quad (3-14)$$

城市拥挤成本主要取决于熟练工人的数量,将式(3-1)、式

(3-10)、式 (3-11)、式 (3-12) 代入式 (3-14), 可得城乡熟练工人的实际效用水平差异表达式：

$$U - U^* = \frac{\alpha(1-\phi)}{\sigma}\left[\frac{\eta_1 + \rho}{\rho + (1-\rho)\phi} - \frac{\eta_2 + 1-\rho}{\phi\rho + (1-\rho)}\right] +$$

$$\frac{\alpha}{\sigma-1}\left[\ln\frac{\rho + (1-\rho)\phi}{\phi\rho + (1-\rho)} - \frac{\varphi}{2}\rho\right] \quad (3-15)$$

将城市集聚不经济和信息网络化引入到新经济地理模型中，由式（3-15）可看到，其值的大小取决于市场接近效应、价格指数效应、农村市场竞争效应和城市拥挤[①]效应等的相对大小，也就是集聚力和分散力的相对大小。企业向城市的空间集聚是基于"市场接近效应"和"价格指数效应"的循环累计因果机制，这两种效应组成了企业向城市集中的集聚力。同时，农村市场竞争效应、城市拥挤效应等分散力的存在是导致企业在城乡区位选址发生变化的主要因素，即由于分散力的存在，企业在城市的区位选址不会发展到极致，分散力的存在会使城乡产业空间重构成为可能。特别是随着信息网络化的发展，当城乡区域贸易成本降低到一定的水平时，企业区位选址行为向城市空间集聚（Baldwin et al., 2003）。城市拥挤成本与城乡区际贸易无关，只与城市人口规模和城市基础设施水平有关，当城乡区际贸易成本非常低时，市场接近效应、价格指数效应和农村市场机制效应影响均趋于下降，而城市拥挤效应的力量相对增强，在分散力大于集聚力的情况下，城市企业区位选址行为就会向乡村地区扩散，企业呈现分散布局。

在式（3-15）的基础上继续分析企业在城乡区位选址呈现集聚与分散布局所需要的条件，对称均衡的表达式如下所示：

[①] 市场接近效应又称为"本地市场效应"，是指企业选择市场规模较大的区位进行生产并向规模较小的市场区出售其产品的行为。价格指数效应又称为"生活成本效应"，是指企业的集中对本地居民生活成本的影响，消费者也通过享用本地较低价格的产品，生活成本的降低意味着消费者实际收入水平的提高。农村市场竞争效应是指不完全竞争企业倾向于选择竞争者较少的区位。城市拥挤成本包括城市通勤成本、住房成本以及随着城市规模的扩大带来的生态环境恶化等。

$$\left.\frac{d(U-U^*)}{d\rho}\right|_{\rho=\frac{1}{2}}=4\alpha\left[\frac{1-\phi 2\phi-2\eta+2\eta\phi}{\sigma}\frac{1-\phi^2}{(1+\phi)^2}+\frac{1-\phi^2}{(\sigma-1)(1+\phi)^2}\right]-\frac{\varphi}{2}$$

(3-16)

当 $d(U-U^*)/d\rho>0$ 时，随着城市产业份额的增大，城市熟练劳动力的实际效用就会高于乡村地区的效用水平，熟练劳动力就会由乡村向城市集聚，相应的企业区位选址活动就会向城市地区集中，此时，地区间的对称均衡不可持续，出现核心—边缘结构。当 $d(U-U^*)/d\rho<0$ 时，外生冲击力使乡村地区熟练工人迁往城市地区，随着乡村熟练工人数量的减少，乡村地区熟练工人的实际效用会高于城市地区。此时，理性的熟练劳动力就会从城市回流到乡村地区，对称均衡得以维持。

对式(3-16)进行分析可知，当 φ 值越大时经济在城乡间越容易发生扩散，原因在于 φ 值越大，意味着城市拥挤成本越大，促使产业和工人从城市向乡村地区扩散。当 α 值越大，消费者对差异化工业品消费的增加，使熟练工人收入相应提高，相应的城市成本支付能力就会越强，产业和熟练工人就会在城市趋于集聚。由于非熟练劳动力在城乡不可流动且差异不大，η 越大，$d(U-U^*)/d\rho$ 值越小，非熟练工人的消费需求比重越大，将促使企业区位选址行为趋于分散化。将城市集聚不经济和信息网络化发展引入新经济地理学模型中，在建模过程中由于参数较多造成无法获得解析解或解的形式较为复杂。数值模拟方法作为新经济地理学的重要组成部分，通过模拟可以揭示变量间的本质关系，采用的模拟软件为 Mathematica 6.0。

首先，分析城乡不同贸易成本条件下企业区位选址行为。城乡贸易成本是企业区位选址行为重要影响因素，而距离是影响城乡贸易成本的重要因子。信息网络化发展缩小了城乡间"时空距离"，压缩了城乡贸易的经济成本和时间成本，促使城乡贸易成本进一步下降。设定参数如下：$\alpha=0.4$，$\sigma=5$，$\eta_1=1$，$\eta_2=1$，$\varphi=0.5$，城市和乡村两地区熟练劳动力数量分别为 ρ 和 $1-\rho$，设城乡贸易自由度 $\phi=0.2$，

将 ρ 从 0—1 变化，其他参数保持不变，结合式（3-15）不同贸易成本下城市熟练劳动力与城乡熟练工人效用差的关系，记录并可得到不同贸易成本条件下企业区位选址行为情况。从图 3-2 中可看到，随着城乡贸易成本的降低，企业区位选址行为呈现先集聚后分散的过程。城乡贸易成本是用"贸易自由度"表示，下面借助数值模拟进一步分析城乡贸易自由度对企业在城乡区位选址活动的影响。

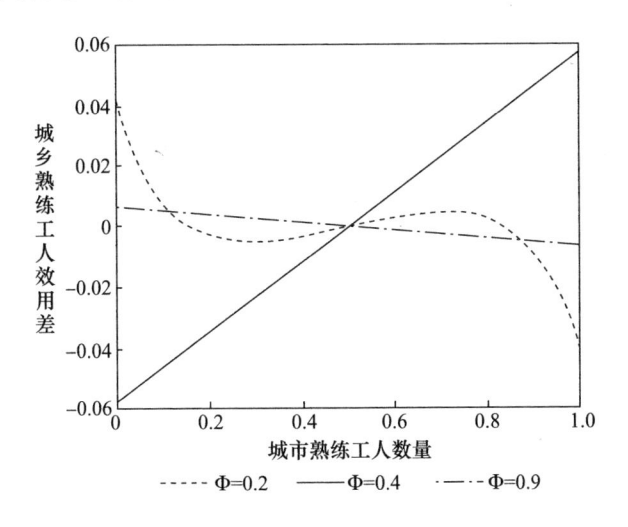

图 3-2 城乡贸易成本与企业区位选址的动态均衡

将贸易自由度 ϕ 的值从 0—1 变化，参数设定如下：$\alpha=0.4$，$\sigma=5$，$\eta_1=1$，$\eta_2=1$，$\varphi=0.5$。在区域对称的假设前提下，当所有产业集聚在城市时，企业在城市的集中给熟练劳动力带来的效用水平高于乡村地区的效用水平时，此时企业在城市选址行为是稳定的；反之亦然。当企业在城市集中给劳动力带来的效用低于乡村地区效用水平时，企业就会在乡村地区进行区位选址，经济集聚就是不稳定的，企业呈分散化布局。

其次，对企业区位选址的集聚与分散行为作出分析。随着信息网络化发展，城乡贸易成本呈现由高到低的发展，意味着贸易自由度 ϕ 由低到高的过程。由图 3-3 可知，随着贸易自由度 ϕ 由低到高的变化，企业区位选址行为经历了"分散—集聚—再分散"的变化过程。当然，企业由分散到再分散的过程，并不是简单的重复，是经济发展到更高阶段的必然结果，再分散是初始分散的升级与优化，再分散体现了"大分散，小集中"的内涵。当城乡间贸易自由度 ϕ 较低时，产品在城乡间的贸易成本较高，企业为了满足当地需求在地区间均匀分布，企业区位选址趋向于分散布局；当城乡贸易自由度 ϕ 处于中等发展水平时，信息网络化发展使城乡贸易成本进一步降低，企业为了追求集聚经济而在城市集中布局以节省运输成本，企业区位选址行为出现非对称分布，趋于分散化布局；当城乡贸易自由度 ϕ 非常高时，随着信息网络化的发展，商品在城乡间的贸易成本进一步降低，空间在经济活动中几乎是不起作用的。也就是说，产品在城乡间的贸易成本对企业区位活动的影响微乎其微，此时，企业通过分散来避免城市集聚不经济的出现，同时也不会因为迁移到乡村边缘区而减弱与城市企业的关联性（Murata and Thisse, 2005），城市内部的集聚不经济成为企业区位分散布局的重要因素。

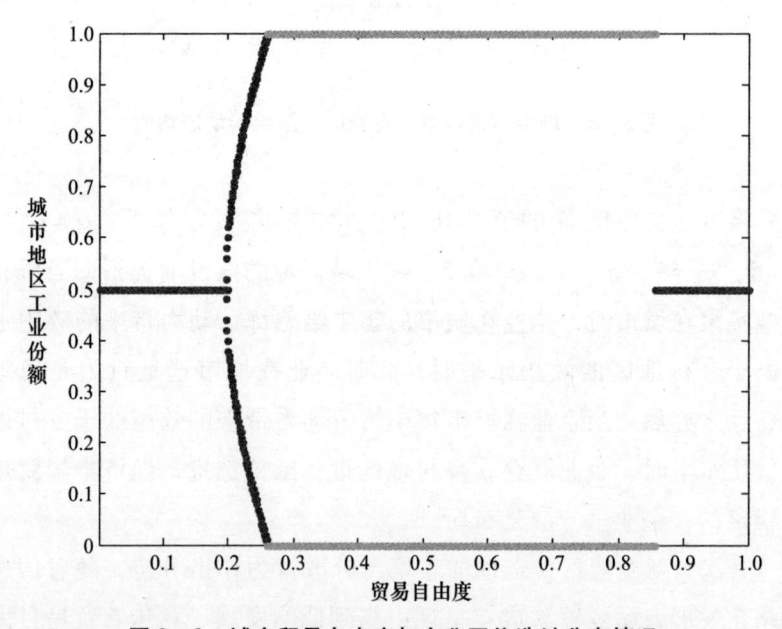

图 3-3　城乡贸易自由度与企业区位选址分布情况

五 非对称均衡的政策分析

为了使分析更具有现实性,城乡两区域是非对称的,具体表现为:非熟练劳动力在城乡间的非对称分布,这直接影响着城乡产业的分工与布局;相对于农村而言,城市内部存在拥挤效应,单位距离通勤成本为 φ,在政策偏向下,城市基础设施投入力度的增强,对降低城市内部单位距离的通勤成本有重要作用。由前面分析可知,城乡两区域非熟练劳动力数量分别为 η_1 和 η_2,城市内部单位距离通勤成本为 φ。城乡各区域的成本主要取决于熟练工人的数量,将式(3-10)、式(3-11)和式(3-12)代入式(3-14),可得城乡不同贸易成本情况下,城乡熟练工人的实际效用水平差异为:

$$U - U^* = \frac{\alpha(1-\phi)}{\sigma}\left[\frac{\eta_1+\rho}{\rho+(1-\rho)\phi} - \frac{\eta_2+1-\rho}{\phi\rho+(1-\rho)}\right] +$$

$$\frac{\alpha}{\sigma-1}\left[\ln\frac{\rho+(1-\rho)\phi}{\phi\rho+(1-\rho)} - \frac{\varphi}{2}\rho\right] \quad (3-17)$$

关于城乡贸易自由度对企业区位选址的影响,下面借助数值进行模拟,保持其他参数不变,将 ϕ 的取值从 0—1 变化,考察并记录不同贸易自由度条件下企业经济活动的区位选址情况,得出产业在城乡的分布状态。参数设定如下:

$\alpha = 0.4$,$\sigma = 5$,$\eta_1 = 1.2$,$\eta_2 = 1$,$\varphi = 0.5$

从图 3-4 模拟的结果来看,图形类似一口钟,称之为"钟形曲线"。当城乡贸易自由度 ϕ 较低或较高时,企业区位选址行为呈分散化布局;当自由贸易度 ϕ 位于中等水平时,企业区位选址首先集中在城市。钟形曲线从时间和空间上体现了重要的内涵。从时间维度上看,随着信息网络化发展,城乡时空阻碍性大幅降低,造就了城乡"时空压缩",城乡贸易成本的进一步降低,企业区位选址呈现出先集聚后分散的发展趋势。由此,城乡产业一体化推进过程中,城乡区域发展差距呈现出先扩大后缩小的发展态势。可见,在城乡产业一体化过程中城乡差距扩大是必经阶段,是一体化发展的

"分娩期"。要想缩小城乡区域发展差异，特别要加快信息网络化发展，进一步降低城乡贸易成本显得尤为重要。从空间维度上看，距离仍然是影响城乡贸易成本的重要因素，信息网络化发展，缩短了城乡之间的空间距离，减少了产品在流通过程中所耗费的时间成本和经济成本，大大降低了城乡之间的贸易成本，随着城乡贸易自由度的提高，推动了城乡产业一体化的实现，相比之下，东部地区具有更高的开放程度，城市产业向乡村的转移比中西部地区更容易实现。

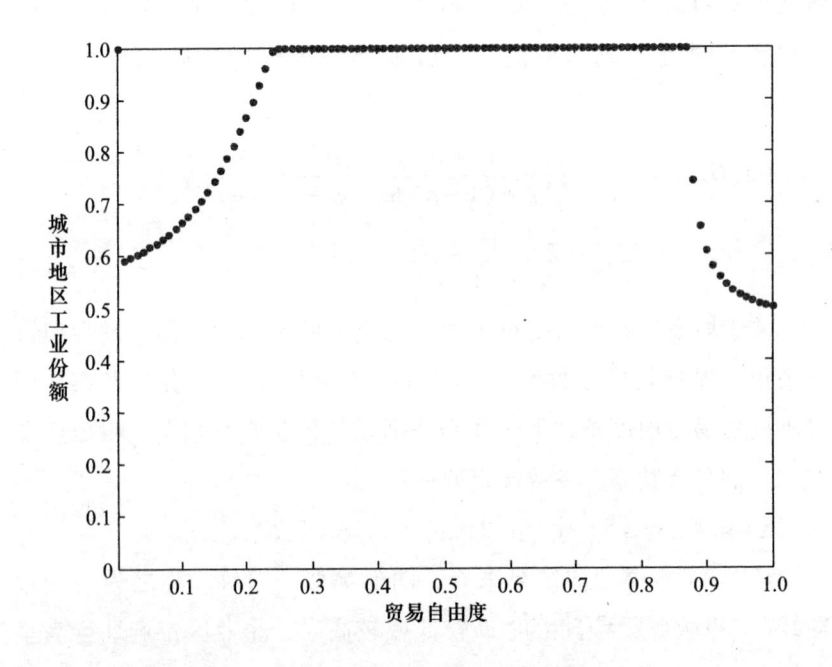

图 3-4 城乡贸易成本与城乡区域发展差距

六 CICP 模型结论

在模型推导过程中，城乡间劳动力转移是伴随着城乡产业转移展开的，企业区位活动与劳动力转移是紧密相连的。企业作为经济活动的微观载体，企业伴随着产业和劳动力的转移在城乡进行着区位选址。

第一,将大城市集聚不经济和信息网络化发展引入新经济地理模型,分别用城市拥挤成本和城乡贸易成本作为量化指标,得到企业在城乡的区位选址行为呈现出"分散—集聚—再分散"的发展趋势,再分散是分散的升级与优化。在城乡产业一体化推进的过程中,城乡区域发展差距呈现出先扩大后缩小的发展态势。[①] 城乡区域差距扩大是产业一体化发展的必经阶段,是一体化发展的"分娩期"。城市拥挤成本 φ 值越大,扩散效应越明显,企业在城乡间越容易发生扩散,城市拥挤成本是造成经济扩散的重要分散力,使企业在城乡区位选址行为趋于分散化布局。

第二,城乡贸易自由度 $\phi = \tau^{1-\sigma} = (e^{-\tau_D k})^{1-\sigma}$ 反映了城乡贸易成本与贸易自由度的关系,单位距离产品的损耗系数 τ_D 和城乡间的运输距离 k 是影响城乡贸易成本的重要影响因素。在损耗系数不变的情况下,城乡贸易成本主要取决于城乡间距离的大小,信息网络化作用于城乡距离,使城乡时空阻碍性大幅降低,城乡时空的压缩节约了城乡要素和产品流动的时间成本和经济成本。也就是说,信息网络化发展大大降低了城乡贸易成本,提高了城乡间贸易自由度。

第三,当城乡贸易成本非常高,或接近于 1 时,企业为了满足当地需求将在地区间均匀分布,企业在城乡趋向于分散布局;当城乡贸易成本非常小,或接近于 0 时,贸易成本对企业区位行为影响非常小,甚至没有,此时空间的概念几乎不起作用,企业在城市或乡村区位选址无区别,此时企业向农村选址的原因在于为了避免城市拥挤效应的出现。

第四,当城乡贸易成本处于中等发展水平时,信息网络化发展使城乡贸易成本趋于下降,企业区位选址行为由集中转向分散。具体表现为:当城乡贸易成本较高时,为了降低贸易成本,企业追求集聚经济在城市选址;当城乡贸易成本较低时,为了进一步降低贸

[①] 有些学者通过实证分析,认为城乡产业一体化的推进阻滞了城乡收入差距扩大趋势,而且这种效应具有长期性。可参见欧阳志刚《中国城乡产业一体化对城乡收入差距的非线性效应》,《华东交通大学学报》2015 年第 4 期。

易成本，避免城市拥挤成本而呈现分散化布局，企业在乡村地区选址成为可能。

第三节 企业区位选址与城乡产业一体化

由上一节分析可知企业在城乡区位选址行为依次经历了"分散—集聚—再分散"的钟形曲线发展趋势，此发展趋势反映了城乡区域差距的扩大到缩小的过程，城乡区域差距的缩小有利于城乡产业一体化进程的实现。集聚与扩散是影响企业区位选址的重要作用力，而城市集聚不经济和信息网络化发展影响着企业的区位选址活动趋于分散化。

一 集聚不经济、企业区位选址与城乡产业一体化

城市拥挤成本作为城市集聚不经济的量化指标，城市内部拥挤成本的大小对企业经济区位选址行为和企业会产生重要的影响。从模型中 $EC(q) = \varphi\rho_r/2$ 分析可知，φ 值越大，即城市拥挤成本越大，企业在城乡间越容易发生扩散，城市拥挤成本成为重要的分散力。当城市拥挤成本为 0，城乡贸易成本较低时，企业向农村的扩散就较难实现。在市场经济充分竞争的前提下，企业流动与扩散是追求低成本和高利润的过程，体现的是企业"逆城市化"流动的特征。资本和劳动力作为重要的生产要素，总是流向投资收益较高的地区，城市由于集聚程度高，资本密集，会吸引更多的资本流入，随着资本的快速增加，城市对企业流入承载力有限，而且要素集聚又具有边际收益递减规律，难以在一个区域长期集聚，资本和劳动力等要素就会由城市向要素成本较低、投资收益较高的农村流动。劳动力作为企业生产较活跃的要素，由于城市具有好的生活环境和更多的发展机会，一般而言，人才倾斜于从乡村流入城市，但随着城市住房条件、通勤成本和生态环境的恶化，为追求较舒适安全的环境劳动力可选择在乡村居住，劳动力的流动影响着企业区位选址行

为。特别是随着信息网络化快速发展,城乡企业不需要面面接触就可以完成对接与交易,企业为了避免城市拥挤效应,不再一味地追求城市的聚集经济,城市集聚不经济就成为空间区域分散布局的影响力,企业将会改变"实体"约束,趋于分散化区位选址。

城市内部是否存在拥挤成本,其大小对企业经济区位选址行为有重要的影响。设定参数 $\alpha = 0.4$,$\sigma = 5$,$\eta_1 = 1.2$,$\eta_2 = 1$,当 $\varphi = 0.15$ 时,城市内部通勤成本较低时,企业的经济行为趋于集聚;当 $\varphi = 0.2$ 时,城市内部通勤成本较高时,不管贸易自由度取何值,企业经济行为都不会出现完全集聚的情况(见图3-5)。可见,较高的城市拥挤成本不利于企业区位在城市的集聚,城市拥挤使企业区位选址行为趋于分散。

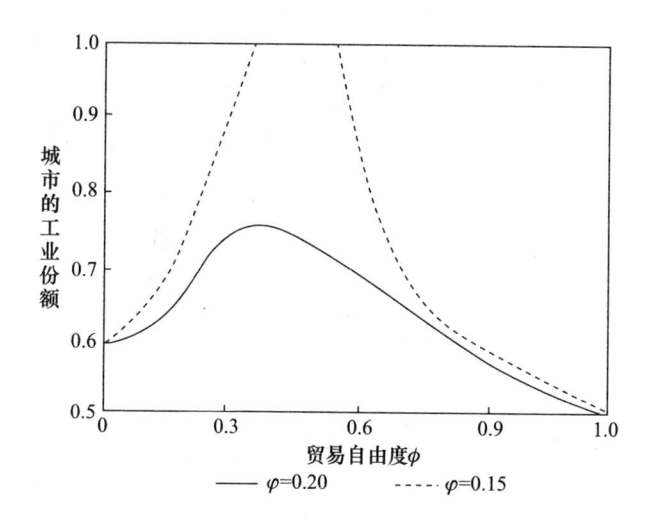

图3-5 城市集聚不经济与企业区位选址变化

从时间和空间上看,前工业化阶段,企业布局处于相对分散的状态,彼此之间较少地参与流动;在工业化中前期,随着现代交通工具的发展,技术的快速变革,城市拥挤成本趋于下降,此时,城市集聚效应大于扩散效应,企业总是向集聚经济较显著的城市区位集聚，因为企业在城市选址，可以实现基础设施和信息的共享，交通的便利可以实现贸易成本的节约，可以获得较好的产销条件和较高的收益，企业为获得规模经济而倾向于在城市集聚；在工业化中后期，城市拥挤成本升高，扩散效应成为主导，企业区位选址趋于分散化，实现企业向乡村的扩散与转移；在后工业化阶段，城乡实现了产业一体化发展，处于相对分散的状态。总而言之，城市拥挤效应的出现，企业区位选址趋于分散是不可逆转的。

钟形曲线反映了企业区位选址行为呈"分散—集聚—再分散"的发展趋势，集聚与分散的趋势反映了城乡区域发展差距的扩大与缩小的过程。当企业区位经济活动追求集聚经济而选址在城市时，农村被边缘化，核心—边缘结构的形成扩大了城乡区域发展差距；当企业区位经济活动趋于分散化时，企业不断向乡村的转移与扩散成为可能，城乡区域差距就会缩小。可见，城乡产业一体化推进过程中，企业区位选址的发展倾向也是城乡区域发展差距由扩大到缩小的过程，城乡区域发展差距扩大是城乡产业一体化进程中的必经阶段，是一体化进程中的"分娩期"。当城乡贸易成本非常低时，空间在经济活动中几乎是不起作用的。也就是说，产品在城乡间的贸易成本对产业区位活动的影响微乎其微。此时，企业通过分散布局来避免城市集聚不经济的出现。

二 距离、信息网络化与城乡产业一体化

城乡贸易成本受到距离、制度和交通信息设施等诸多方面的影响，模型中设定的城乡贸易成本 $\tau = e^{-\tau_D k}$，可见，单位距离产品的损耗系数 τ_D、城乡间的距离 k 是影响城乡贸易成本的重要影响因素。$\tau_D = 0$ 时，即城乡产品的损耗系数不存在，意味着城乡产业一体化水平非常高；$\tau_D > 0$ 时，τ_D 越小，产品在贸易中损耗就越小，τ_D 越大，城乡两区域的产品损耗就越大，城乡贸易成本就越高，城乡产业一体化发展就受限。

在 τ_D 值保持不变时，距离 k 是影响城乡区域贸易交易成本的重要因素，城乡两区域的空间距离越大，信息网络化发展可以缩短城

乡之间的距离，减少产品在贸易中所耗费的时间成本和经济成本，从而大大降低了城乡贸易成本，有利于推进城乡产业一体化进程。

通过数值模拟来分析信息网络对城乡贸易成本的影响。参数设定为：$\alpha=0.4$，$\sigma=5$，$\eta_1=1.2$，$\eta_2=1$，$\varphi=0.25$，当$\tau_D=0.5$或$\tau_D=0.6$时，随着城乡距离的逐渐增加，信息网络化发展作用下，乡村地区的产业份额呈现先下降后上升的趋势，只不过是$\tau_D=0.6$的下降速度要快于$\tau_D=0.5$的情况（见图3-6）。在信息网络化发展前提下，使距离较远的城乡贸易成本下降得更快，乡村产业份额变得较平缓，也就意味着城乡距离超过某一临界值后，城市带来的正向溢出效应放缓减慢的速度，城乡距离越远，就越能够避免城市拥挤成本带来的竞争。

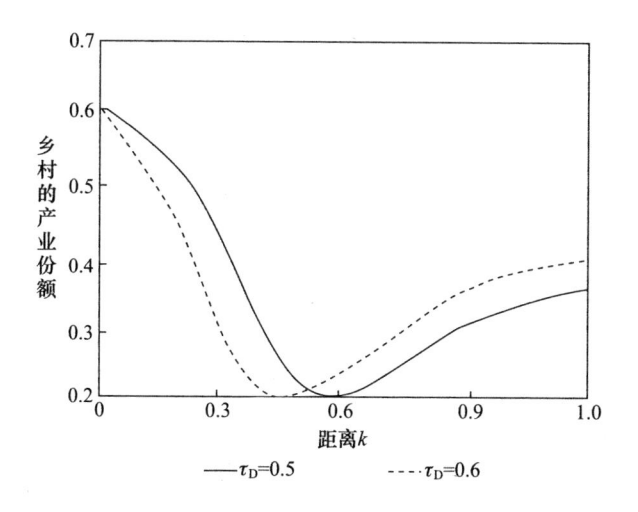

图3-6　信息网络化与企业区位选址变化

从时间维度上看，信息网络凸显了"以时间换空间"的特征。从城乡差异和城乡联系的角度看，城乡差异产生了城乡间的分工与布局，产生了不同的城乡产业布局特色。在传统的城乡产业发展条件下，城乡产业一体化水平较低，城乡产业布局特色边际空间效应低。进入信息网络发展时代，信息网络化成为影响城乡产业一体化发展的重要因子，信息化带来了"以时间换空间"的显著变化，信息网络促进了知识的扩散、创新和应用，实现了经济要素在城乡空间上的重组。信息网络化以时间换来的空间是城乡产业一体化发展的空间，城乡产业一体化是通过城乡要素的流动来实现的，而且城乡资本要素和技术要素都可转化为信息要素进行流动，以互联网为主的信息网络化快速发展会使人们不需要面对面交流就可以完成协商与贸易，信息网络化缩短了城乡空间距离、克服了城乡要素交流的空间障碍，大大提高了信息传递的时效性，造就了城乡"时空压缩""以时间换空间"等特征。城乡贸易成本的进一步降低，企业区位活动呈现出先集聚后分散的发展趋势，由此，城乡区域差距呈现出先扩大后缩小的发展态势，推动了城乡产业一体化发展。可见，在城乡产业一体化过程中城乡差距扩大是必经阶段，是一体化发展的"分娩期"。要想缩小城乡区域发展差异，加快农村信息网络化发展，进一步降低城乡贸易成本显得尤为重要。

从空间维度上看，信息网络实现了"虚拟空间和地理空间"的融合。信息网络化对城乡空间相互作用的影响，突破了空间障碍对城乡经济发展的束缚，信息网络发展营造了一种虚拟空间，虚拟空间也称为数字空间，地理空间意指实体空间，作为信息存在与流动的虚拟空间来说，与地理空间密不可分，而且两者能够实现很好的融合发展。具体表现为：

其一，虚拟空间是地理空间的发展和延续，其内容来源于实体空间。实体经济发展依赖的资本、土地和劳动力等要素在发展中遵循边际收益的递减规律，突破这一规律必须要实现技术的进步和知识的创新，而信息网络发展是知识技术发展的重要组成部分。随着城市化进程加快，信息网络在有限的自然资源衰竭时变得更加丰富，虚拟的信息流和地理空间存在的物资流的有效结合，能够减少地理空间内实物型资源对城乡产业发展的限制与束缚，信息网络化促使城乡形成更合理的地域空间结构。

其二，虚拟空间为地理空间的要素流动搭建了平台。以互联网为主的信息网络发展为信息在城乡间的顺利传输提供了便捷，信息技术的进步加速了知识传播的速度，企业间可以不用面对面交流就可以轻松完成交易，市场范围可以连接到任何农村信息基础设施连接的地方，信息网络化缩短了城乡空间距离，企业可以较轻易地进入农村市场。这些都很好地体现了信息网络发展对时间成本和经济成本的节约，信息网络技术促进了城乡产业空间结构的重组，大大降低了城乡之间的贸易成本，产业的集聚与分散成为其基本形态。随着城乡贸易自由度的提高，推动了城乡产业一体化的实现，相比之下，东部地区城市产业向乡村的转移比中西部地区更容易实现。

有些学者对日本东部进行了研究，表明交通信息网络化发展，有助于产业向欠发达地区扩散与转移（Zheng，2007）。贝克和富斯特（2010）通过对欧盟的研究表明，国家间的贸易自由度较低，处于钟形曲线的左半侧，区际不平等发展导致区际差距扩大，日本城市群区际贸易自由度较高，处于钟形曲线右半侧，信息网络化发展使产业在区际的扩散成为可能。中国城乡经济集聚与分散的发展趋势，与新经济地理理论预测是相吻合的。长期以来，由于城市区位优势和政策偏向的发展，产业为了追求集聚经济而在城市集中布局，扩大了城乡之间的发展差距；随着信息网络技术发展，促进了城乡贸易自由度的提高，同时受城市拥挤成本的影响，产业分散化布局成为可能，城乡进入了平衡发展阶段，有利于缩小城乡区域差距。学者们通过实证研究，表明中国2004年之前产业一体化发展过程中，处于不断向城市集聚的过程，仍未达到产业扩散与转移的临界点，随着信息网络的发展，城乡间贸易成本的不断下降，产业有向东部地区转移的趋势（范剑勇，2004；赵伟，2009），从2004年开始劳动密集型等产业有向外转移的趋势（曲玥，2013）。

通过之前的分析可知，城乡间不存在贸易成本的条件下，大城市集聚不经济成为企业区位选址行为趋于分散的重要因素。在考虑城乡贸易成本的条件下，信息网络发展缩短了时间成本和经济成本，使企业区位选址行为趋于分散化。城乡产业一体化发展要经历城乡区域差距扩大到缩小的过程，差距扩大与缩小关键取决于城乡当前的贸易成本，信息网络化发展是影响贸易成本的重要因子。当贸易成本较高时，企业选址趋于集中布局特点，企业就会向发达城市进一步集中；当贸易成本较低时，企业选址呈现分散布局特点，企业由城市向乡村扩散与转移成为可能，城乡趋于差距会缩小，最终实现城乡产业一体化发展，城乡区域差距扩大是城乡产业一体化发展的"分娩期"。

城乡区域差距与城乡产业一体化的钟形曲线关系对我国城乡经济发展有着重要的启示意义。中国城乡产业一体化发展中城乡区域差距的扩大是必经阶段，城乡区域差距缩小是最终目的，差距的缩小需要企业"大分散，小集中"的分散化布局，城市集聚不经济和信息网络化发展是企业区位选址行为及结果趋于分散化的重要力量。城乡产业一体化发展趋势不可逆转，要想缩小城乡区域差距，借助于信息网络的发展降低城乡贸易成本和实现城乡产业分散化布局模式显得尤为重要。

第四节　城乡产业一体化的效率与公平问题

在长期均衡分析中，企业区位选址行为伴随着熟练劳动力、产业份额在城乡的转移。城乡贸易自由度的变化会引起企业区位选址的变化，城乡产业一体化的推进伴随着企业区位选址行为及结果趋于分散化。那么城乡产业一体化推进中能否实现效率最大化？能否在效率实现的同时兼顾公平？下面具体分析一体化进程中效率与公平问题。假设社会总效用可表示为个体劳动者效用的水平加总（Baldwin et al., 2003），社会总效用函数是关于地区产业份额和贸易自由度的函数。在长期均衡时，贸易自由度内生决定产业份额，信息网络发展又会影响贸易自由度的水平。社会总效用水 π 可表示为：

$$TU(\phi) = \rho U + (1-\rho)U^* + \eta_1 U_L + \eta_2 U_L^* \quad (3-18)$$

式中，U、U^*、U_L、U_L^* 分别表示城乡两地区熟练劳动力的效用水平和城乡两地区非熟练劳动力的效用水平，其表达式分别为：

$$U = W - \alpha \ln P - EC - \varepsilon, \text{ 其中, } \varepsilon = \alpha(\ln\alpha - 1)$$

$$= \frac{\alpha}{\sigma}\left[\frac{\eta_1 + \rho}{\rho + (1-\rho)\phi} + \frac{\phi(\eta_2 + 1 - \rho)}{\phi\rho + (1-\rho)}\right] - \frac{\phi}{4}\rho +$$

$$\frac{\alpha}{\sigma-1}\ln[\rho + (1-\rho)\phi] - \varepsilon \quad (3-19)$$

$$U^* = W^* - \alpha \ln P^* - \varepsilon, \text{ 其中, } \varepsilon = \alpha(\ln\alpha - 1)$$

$$= \frac{\alpha}{\sigma}\left[\frac{\phi(\eta_1 + \rho)}{\rho + (1-\rho)\phi} + \frac{\eta_2 + 1 - \rho}{\phi\rho + (1-\rho)}\right] +$$

$$\frac{\alpha}{\sigma-1}\ln[\phi\rho + (1-\rho)] - \varepsilon \quad (3-20)$$

$$U_L = G - \alpha\ln P - \varepsilon, \text{ 其中, } \varepsilon = \alpha(\ln\alpha - 1)。$$

$$= G + \frac{\alpha}{\sigma-1}\ln[\rho + (1-\rho)\phi] - \varepsilon \quad (3-21)$$

$$U_L^* = G - \alpha\ln P - \varepsilon, \text{ 其中, } \varepsilon = \alpha(\ln\alpha - 1)$$

$$= G + \frac{\alpha}{\sigma-1}\ln[\phi\rho + (1-\rho)] - \varepsilon \quad (3-22)$$

式中，EC 为城市拥挤成本，W 为熟练工人获得的收入，G 表示城市和乡村两地区的非熟练劳动力工资收入水平都一样，假设 $G=1$，将式（3-19）、式（3-20）、式（3-21）和式（3-22）代入式（3-18），社会总效用水平可变形为：

$$TU(\phi) = \rho W + (1-\rho)W^* + \frac{\alpha}{\sigma-1}(\rho + \eta_1)\ln[\rho + \phi(1-\rho)] +$$

$$\frac{\alpha}{\sigma-1}(1 - \rho + \eta_2)\ln[\phi\rho + (1-\rho)] - \frac{\phi}{2}\rho^2 + v$$

其中，$v = \eta_1 + \eta_2 - \alpha(\ln\alpha - 1)(1 + \eta_1 + \eta_2) \quad (3-23)$

令 $W_1 = \rho W + (1-\rho)W^*$

$$W_2 = \frac{\alpha}{\sigma-1}(\rho + \eta_1)\ln[\rho + \phi(1-\rho)]$$

$$W_3 = \frac{\alpha}{\sigma-1}(1-\rho+\eta_2)\ln[\phi\rho+(1-\rho)]$$

$$W_4 = -\frac{\phi}{2}\rho^2$$

即 $TU(\phi) = W_1 + W_2 + W_3 + W_4 + v$ (3-24)

式中，W_1、W_2、W_3、W_4 为影响社会总体效用的因素，v 为常数；W_1 为熟练劳动力的收入总和；W_2、W_3 分别为城乡工业品价格指数对熟练工人和非熟练工人效用水平的影响；W_4 表示城市熟练劳动力面临的城市拥挤成本。

$$\begin{aligned} W_1 &= \rho W + (1-\rho)W^* \\ &= \frac{\alpha}{\sigma}\left[\frac{\rho(\eta_1+\rho)}{\rho+\phi(1-\rho)} + \frac{\phi\rho(\eta_2+1-\rho)}{\phi\rho+(1-\rho)} + \right. \\ &\quad \left. \frac{\phi(1-\rho)(\eta_1+\rho)}{\rho+\phi(1-\rho)} + \frac{(1-\rho)(\eta_2+1-\rho)}{\phi\rho+(1-\rho)}\right] \\ &= \frac{\alpha}{\sigma}\left[\frac{(\eta_1+\rho)+\phi(1-\rho)}{\rho+\phi(1-\rho)} + \frac{(\eta_2+1-\rho)(\phi\rho+(1-\rho))}{\phi\rho+(1-\rho)}\right] \\ &= \frac{\alpha}{\sigma}[(\eta_1+\rho)+(\eta_2+1-\rho)] = \frac{\alpha}{\sigma}(1+\eta_1+\eta_2) \end{aligned}$$

由此，式(3-24)可简化为：

$$TU(\phi) = \frac{\alpha}{\sigma-1}(\rho+\eta_1)\ln[\rho+\phi(1-\rho)] + \frac{\alpha}{\sigma-1}(1-\rho+\eta_2)\ln[\phi\rho+(1-\rho)] - \frac{\phi}{2}\rho^2 + v$$

其中，$v = \eta_1 + \eta_2 - \alpha(\ln\alpha - 1)(1+\eta_1+\eta_2)$ (3-25)

从式（3-25）并不能直观看到城乡产业一体化与社会总效用水平之间的关系，通过数值模拟可看到，不论 α 和 σ 取何值，贸易自由度变化趋势与社会总体效用水平趋势基本是吻合的。

参数设定为：$\alpha=0.4$，$\sigma=4$，$\eta_1=1.5$，$\eta_2=1$，$\varphi=0.2$，从图3-7中可看到，随着信息网络化发展，伴随着贸易自由度的提高，社会总体效用水平呈上升趋势。对于政府而言，为了提高人们的效用水平，城乡产业一体化推进过程中，城乡区域差距的扩大是城乡产业一体化发展的必经阶段，是一体化发展的"分娩期"，在城乡区域差距扩大时，政府应该给予乡村地区更多的支持。

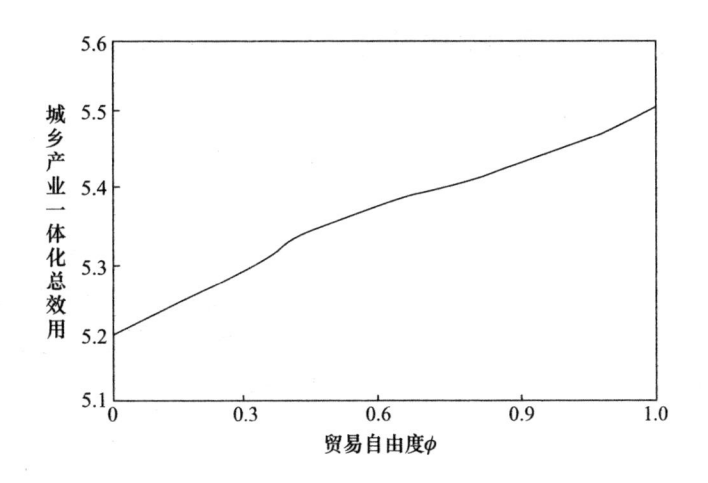

图 3-7　城乡产业一体化总体福利水平趋势

结论：当信息网络化水平逐渐增强时，即贸易自由度不断提高，企业在城乡空间分布的公平最优和效率最优将趋于分散化布局。当贸易自由度降低时，政府在效率和区域差距扩大间要做出权衡；当贸易自由度较高时，政府在效率优先和兼顾公平（差距缩小）两方面均可以实现。

当然，我们是在剔除其他影响因素的情况下研究城市集聚不经济和信息网络化发展对企业空间区位选址行为的影响。通过分析我们熟知城市集聚不经济和信息网络化成为空间分散力存在的事实。现实生活中，由于受到诸多因素的影响，分析远比模型中变量复杂得多。但是，分散力的存在使"核心—边缘"结构不断被打破，分散布局中局部均衡是更加符合现实的空间布局模式，不仅实现了资源的优化配置，也提高了社会总效用水平。

第四章 城乡间产业分工与产业横向一体化

上一章我们将城市集聚不经济凸显和信息网络化发展引入到新经济地理模型中,构建了 CICP 模型。研究表明在城乡产业一体化发展中,企业区位选址行为呈"分散—集聚—再分散"的发展趋势,集聚不经济和信息网络化作为分散力使企业区位选址行为及结果呈现分散化。那么哪些产业应发挥集聚优势布局在城市?哪些产业需要分散化应布局在乡村地区?产业在城乡的分工与空间布局如何推动城乡产业一体化实现?这些是本章着重解决的问题。就不同类型的产业而言,城乡产业通过要素市场、产品市场和空间市场的联动发展推动了城乡产业横向一体化发展,最终形成密切协作、功能错位、优势互补、空间集约、互惠共兴的分工联动的一体化发展格局。

第一节 不同类型的分工与城乡产业一体化

城乡产业一体化推进过程中,企业区位选址行为呈现"分散—集聚—再分散"的发展趋势,企业在城乡区位选址行为及结果趋于分散化。那么到底哪些产业应发挥集聚优势布局在城市?哪些产业需要分散化布局在乡村地区?企业作为产业的微观载体,城乡不同类型产业和企业的分工与空间布局是企业在城乡区位选址的结果,那么不同类型的产业和企业如何通过合理的分工与空间布局推进城乡产业一体化实现是本章和下章探讨的关键所在。从经济学发展历程看，以斯密为代表的古典经济学家就非常重视分工问题，到了新古典经济学才把研究的核心放在资源配置上，分工的重要性依然是重要的命题。目前，中国城乡产业分工协作水平较低，关联度不高和一体化发育程度较低。在城市工业竞争挤压下，农村地区发展缓慢直接影响了农民收入的增长，导致了农村对城市产品需求的不足，反过来又限制了城市的发展。基于此，城乡产业一体化发展的目的就是要缩小城乡区域差距，要想将传统的"二元"经济结构转变为一元化经济发展，城乡产业扩散和空间布局调整势在必行。只有在城乡实现了合理的分工与空间布局，通过城乡产业与企业的联动发展才能推动城乡产业一体化实现。

城乡产业分工与空间布局是指产业在城乡地域空间上的分布和组合，是企业区位在城乡空间上集中或分散布局的情况。从动态角度来看，城乡产业分工与空间布局是指企业为实现利润最大化，以利益为导向而寻求最佳区位在城乡空间上形成的流动、转移和再配置的过程。城乡产业分工与空间布局一方面反映了城乡两大经济主体在地域空间上存在的差异性，另一方面也反映了由于自然资源、市场潜力、基础设施的不同而出现的空间分布的非均等性。不同类型的产业分工与不同类型的企业分工形成了城乡不同的分工与空间布局类型，推动城乡产业一体化发展的模式也具有差异性。具体表现为两个方面。

一 不同类型产业分工与空间布局推动了城乡产业横向一体化

要想实现城乡产业横向一体化，不同类型的产业在城乡合理分工与空间布局是基础，只有不同类型的产业在城乡形成合理的分工与空间布局，才能在产品市场、要素市场和空间市场形成城乡产业联动，进而形成"你中有我，我中有你"的格局，才能推动城乡产业一体化的实现。具体而言，针对不同类型的产业而言，就是确定哪些产业是城市布局指向型产业，哪些产业是乡村布局指向型产业。在城市集聚不经济凸显和信息网络化发展的新形势下，企业区位选址呈现的新特点将会引起城乡产业分工与空间布局处于动态变化之中。在城市化早期，集聚经济作用下生产要素向城市不断集中，使要素供给相对充足且价格相对稳定，城市集聚经济发挥的优势远高于生产要素价格相对农村较高造成的劣势，城市企业自身由于在技术和资本设备等方面相对充裕，无疑成为企业选址的良好区位，以资本密集型和技术密集型产业为主，这些产业一般处于创新与发展前期，产业在城乡的分工与布局相对会维持了较长的时间。随着城市化进程的加快和集聚不经济凸显，城市土地和劳动力要素价格急速上升，而资本和技术的价格相对较低，产业在城市布局虽然能享受到集聚经济带来成本的节约，但是，对于土地密集型产业和劳动密集型产业而言，这种成本的节约远小于土地和劳动力要素价格上涨带来的成本增加，为了寻求更大的盈利空间，依托信息网络化发展，产业向周边郊区和乡村渗透转移，城乡产业分散化布局就成为不可避免的事情，城市重点发展现代化工业、银行、交通信息和文化教育事业等，而乡村地区资源和劳动相对充裕，地租较廉价的优势，以初级产品生产为主，输出农产品、燃料和原材料，主要发展包括处于产品发展成熟后期的产业和资源指向强的产业，城乡合理分工与空间布局有利于发挥城乡各自优势，使城乡经济形成优势互补，避免重构与博弈。

二 不同类型企业分工与空间布局推动了城乡产业纵向一体化

要想实现城乡产业纵向一体化，城乡产业链的构建是其重要的途径。随着城乡一体化和专业化水平的提高，城乡产业链条不断延长，可将企业内生产、原材料采购、研发、销售和管理等代表不同环节的企业分散到城乡不同的地理位置去完成，企业可利用城乡要素密集程度差异和生产规模经济特征，在存在禀赋差异的城乡间寻求最优的区位。其本质就是为了确保企业长期发展的活力，将企业生产环节、管理和营销环节等实现空间分离的布局模式。纵向一体化也可以理解为"分散化生产"（Jones and Kierzckowski, 1990）和"分割价值链"（Krugman, 1994）。从城市化发展历程来看，企业为了获得最大收益，首先会在靠近原材料和市场的地域集聚，企业的集聚带动了人口的集聚及各种配套服务设施的集聚，造就了城市的产生。随着城市化的推进，产业和人口向城市的集聚使得城市空间扩展规模空前强大，城市成为城乡空间结构的发展极核，成为巨量信息的复合载体。当城市发展到了一定程度，城市就会出现集聚不经济现象，为了寻求更大的经济效益，城市产业或者企业的生产和装配等环节就会职能外迁，而信息网络化发展使生产等环节的外迁成为可能。当然，将生产等环节的企业外迁并不否认城市仍是社会经济活动的集聚地，传统的物质因素、企业的研发与高层管理、人类的情感因素仍需要在城市适度聚集，城市仍然是企业总部的首选地，在相当长的一段时间内城市空间结构将表现为聚集与扩散的共存特征，集聚与分散的作用也反映在城乡产业一体化格局的演变上。可见，信息网络化发展使企业区位具备了较大的多样性和区位自由度，虽然信息网络化发展不能完全取代现代化交通网络的发展，其作用的发挥也大大拓宽了城市的活动空间，推动了城乡产业纵向一体化的实现。

第二节　城乡产业联动的基础：企业区位选址与产业分工布局

伴随着知识经济的到来，交通便利与信息网络化发展，城乡企业布局呈现出集聚与分散并存的现象，一方面，随着信息网络化发展，企业间的沟通更加便捷，信息传递成本和贸易成本大幅降低，一些企业就会降低对集聚布局的需要，这就使企业在城市之外的农村或郊区进行分散化布局的选址成为可能；另一方面，一些对信息高度依赖的创新知识产业仍然要向城市集聚，虽然信息网络的发展实现了成本的节约，允许企业实现经济分散布局，但是，远程通信并非完全能代替城市的"集聚"功能，城市仍是区域活动的中心，汇集着大量的人流、物流、资金流、信息流、知识等要素，城市通过发挥集聚经济和规模效应仍然在城乡产业一体化发展中发挥着重要的作用。由于创新知识企业和高度关联产业具有高度集聚的特征，这些企业可考虑布局在城市发展。

一 城市布局指向型企业区位选址与分工布局

（一）知识创新型产业

城市是知识创新的密集区，聚集了大量的原创性技术，城市逐渐成为知识创新型产业区位选址的场所。高新技术产业是知识技术密集型产业的一部分。知识创新型产业是对知识要素依赖性较强的产业，相对于普通的产业而言，资源消耗率较低，在发展中具有劳动生产率和资本密集程度高的特点。国民经济行业分类中到底哪些产业属于知识创新型产业？哪些知识创新型产业在企业区位选址时应遵循城市指向型布局？本书在借鉴李存贵要素密集型指标设定方法的基础上，采用统计分析软件 SPSS18.0 对我国 2013 年统计数据进行分析，利用 K 均值聚类分析方法，对我国 37 个产业部门进行了要素密集型的定量分类。

1. K 均值聚类法的基本思想及原理

聚类分析是根据数据样品或数据的多个观测值之间的相似性来定量分析问题的一种统计方法。K 均值聚类法是以距离为基础的最广泛使用的聚类法，由麦克奎恩（MacQueen，1976）提出，认为两个对象越靠近相似性就越高。其基本思想是：将各个聚类子集内的所有数据样本的均值作为该聚类的代表点，通过迭代过程把数据集划分为不同的类别，使得评价聚类性能的准则函数达到最优，从而把得到紧凑且独立的簇作为最后要达到的目标。给定数据集 X，其中不包含类别属性，只包含描述属性。假设 X 包含 k 个聚类子集 $X_1, X_2, \cdots, X_k$，在 X 个变量所形成的 p 维空间中随机选择 k 个不同的点，每个点代表一个簇的平均值，按观察值点距离 k 的远近距离把剩余的观测值分为 k 簇，在各一簇中在计算其平均值，各个聚类子集的均值代表点（也称聚类中心）分别为 $m_1, m_2, \cdots, m_k$，再把所有观测值与距离 k 个均值的远近进行聚类，则误差平方和准则函数公式为：

$$E = \sum_{i=1}^{k} \sum_{p \in X_i} \| p - m_i \|$$

式中，E 为对应聚类中心的均方差和数据中全部对象的和，m_i 为 X_i 的均值，p 为对象空间中的一点。本书采用 K 均值法分析，对所设定的指标进行聚类分析。K 均值法是一种快速的聚类方法，采用方法简单易懂，应用较为广泛，其具体实施步骤为：

第一步：为每一个聚类确定一个初始聚类中心，这样将所用的待分类样品就分成 k 个初始类别；

第二步：采用欧式距离法将其中之一的样品分配到最近的类中，并对计算结果进行重新计算中心坐标；

第三步：重复第二步，直至所有样品不能再分配为止。

K 均值聚类与系统聚类相似，都是以距离的远近为度量标准，但 K 均值法处理速度更快，占用空间小，尤其适用于大样本的分析。

2. 知识创新型产业分类结果

（1）分类指标：

第一组：划分知识—非知识密集型产业的指标。采用科技活动经费占主营业务收入的比重、科技活动人员占从业人员比重和新产品产值占工业总产值比重三个指标来体现该指标。这三个指标分别从投入资金的角度、投入的人力资本的角度和创新产出的角度衡量了产业的知识密集度，值越大则表明产业的知识创新程度越高。

第二组：划分资本—劳动密集型产业的指标。该指标中主要采取固定资产值与工业增加值的比值、固定资产值与从业人员比值两项指标来体现。前者表示单位产出的固定资产所占比重；后者反映了单位劳动力的固定资本拥有量。两项指标值越大，资本密集程度越高。经数据整理，得到 2013 年规模以上工业企业各项分析指标数据，如表 4-1 所示。

表 4-1　2013 年按行业分规模以上工业企业各项分析指标数据

产业编号	产业名称	科技活动经费占主营业务收入比重(%)	科技活动人员占从业人员比重(%)	新产品产值占工业总产值比重(%)	固定资产与工业总产值之比(%)	固定资产与从业人员比(万元/人)
E_1	煤炭开采和洗选业	0.65	1.6	3.94	60.88	33.4
E_2	石油和天然气开采业	0.72	3.53	0.05	169.05	205.43
E_3	黑色金属矿采选业	0.18	0.57	0.49	35.17	41.47
E_4	有色金属矿采选业	0.74	1.2	6.18	33.07	30.06
E_5	非金属矿采选业	0.63	0.83	1.24	33.74	22.96
E_6	农副食品加工业	0.67	1.56	4.81	25.9	30.97
E_7	食品制造业	0.91	2.35	7.81	32.47	25.93
E_8	酒、饮料和精制茶制造业	0.86	2.41	9.58	39.31	35.78
E_9	烟草制品业	0.28	3.23	23.38	28.5	91.91
E_{10}	纺织业	0.8	1.22	12.41	33.55	16.92
E_{11}	纺织服装、服饰业	0.64	1	10.91	22.44	6.8
E_{12}	皮革、毛皮、羽毛及制品业	0.45	0.7	8.28	19.21	6.2
E_{13}	木材加工及竹、藤、草制品业	0.87	0.88	3.73	27.91	17.66
E_{14}	家具制造业	0.73	1.17	7.68	25.23	11.49
E_{15}	造纸及纸制品业	1.25	1.99	11.44	57.5	43.98
E_{16}	印刷业和记录媒介的复制业	1.57	1.98	11.29	48.87	22.18
E_{17}	文教、工体美和娱乐用品制造业	0.78	2.31	27.15	25.59	6.42
E_{18}	石油加工、炼焦及核燃料加工业	0.25	2.13	7.18	34.16	136.73
E_{19}	化学原料及化学制品制造业	1.61	4.88	15.02	45.01	57.75
E_{20}	医药制造业	2.71	9.43	24.13	37.68	32.51
E_{21}	化学纤维制造业	1.25	5.35	22.62	42.48	64.53
E_{22}	橡胶和塑料制品业	1.62	4.52	12.8	35.11	41.65
E_{23}	非金属矿物制品业	1.09	2.01	6.02	44.64	32.93
E_{24}	黑色金属冶炼及压延加工业	1.06	4.29	12.44	50.21	93.08
E_{25}	有色金属冶炼及压延加工业	0.99	4.32	14.46	32.78	61.43
E_{26}	金属制品业	1.66	2.51	11.66	28.53	18.61
E_{27}	通用设备制造业	2.51	6.03	17.73	29.81	22.65

续表

产业编号	产业名称	科技活动经费占主营业务收入比重（%）	科技活动人员占从业人员比重（%）	新产品产值占工业总产值比重（%）	固定资产与工业总产值之比（%）	固定资产与从业人员比（万元/人）
E_{28}	专用设备制造业	3.03	6.78	22.54	31.54	24.68
E_{29}	交通运输设备制造业	3.08	5.62	7.52	31.7	33.18
E_{30}	电气机械及器材制造业	2.09	5.13	26.95	27.84	18.52
E_{31}	计算机、通信和其他电子制造业	1.84	5.36	37.88	28.73	146.82
E_{32}	仪器仪表制造业	3.43	5.56	19.52	27.64	16.52
E_{33}	工艺品及其他制造业	1.14	2.32	2.47	21.12	10.81
E_{34}	废弃物和废旧材料回收加工业	1.41	2.87	3.58	18.61	35.08
E_{35}	电力、热力的生产和供应业	0.13	1.4	0.47	170.29	292.54
E_{36}	燃气生产和供应业	0.19	0.48	0.58	61.76	102.03
E_{37}	水的生产和供应业	0.49	0.57	1.13	366.19	93.95

注：《中国统计年鉴》（2014）由于未统计规模以上工业企业增加值，书中所需的数据用工业总产值来代替。

资料来源：《中国统计年鉴》（2014）、《中国科技统计年鉴》（2014）、《中国工业企业数据库》及《中国宏观数据库》。

（2）分类步骤和结果。

首先，在进行聚类分析之前将所用数据进行标准化处理，方法为 Z - score 标准化，又叫标准差标准化，经过处理的数据符合标准正态分布，即均值为 0，标准差为 1，也是 SPSS 中最为常用的标准化方法。

其次，以分类指标中的第一组指标为分类变量，采用迭代与分类的方法分为两类，记为知识密集型和非知识密集型。

再次，在上一步的分类基础上，分别在知识创新类别和非知识创新类别中，继续用 K 均值聚类法中的迭代与分类法分别分为两类。具体而言，在知识创新型产业中分为资本—知识创新型和劳动—知识创新型产业；在非知识创新型产业中分为资本—非知识创新型和劳动—非知识创新型产业。

最后，根据以上共三次的聚类，得出汇总结果，具体结果见图4-1。通过 K 均值聚类结果看出，第一象限和第四象限的 10 个行业属于知识创新型产业，其企业选址应考虑在城市布局，具体包括化学原料及化学制品制造业，化学纤维制造业，计算机、通信和其他电子制造业，医药制造业，橡胶和塑料制品业，通用设备制造业，专用设备制造业，交通运输设备制造业，电气机械及器材制造业和仪器仪表制造业。城市会成为知识创新型产业区位选址的沃土，城市在资金供给、人才支撑与知识积累等方面具有良好的优势，除了少数行业如资源消耗性产业，一般性的新产业往往会最先诞生于城市。城市激烈的竞争也会使企业只有依靠知识、技术才能赢得生存与发展，一个技术相对成熟的产业无法与依靠技术创新较活跃的产业在赢取城市空间席位中相抗衡，因此，原有的成熟产业只能在城市外围选址，实现分散化布局获得发展优势。以计算机为主的信息产业属于高集聚、低耗能的产业，属于知识创新型产业，具有城市布局指向型，符合城市经济发展的产业定位要求，企业可倾向于布局在自然环境优美和智力资源丰富的城市周围，比如高新技术园区和大学城，信息产业的发展能带动城市工业化发展，通过信息服务业发展，能够带来城市第三产业发展，信息产业的发展为企业的创新研究提供了智力支持。因此，知识创新型产业，特别是高新技术产业在城市的区位选址会带动城市功能被相应地提高。城乡产业联动发展要以信息流为主，交通流为辅，最终实现城乡产业共同发展。

对于资本密集型产业而言，资本最初总是流向收益率较高的城市，因此资本密集型产业最初也应考虑优先在城市布局，随着资本在城市的集聚，会出现资本边际收益率递减的趋势，为寻求更大的收益，资本就会向农村流动，不断地改善着农村基础设施建设。资本密集型产业可倾向于布局在具有较低交易费用，较有亲和力的周边地区，逐步向半径更大的农村市场延伸和辐射，实现城市资本和农村资源的结合，包括石油和天然气开采业等产业，电力、热力的生产和供应业，水的生产和供应业。

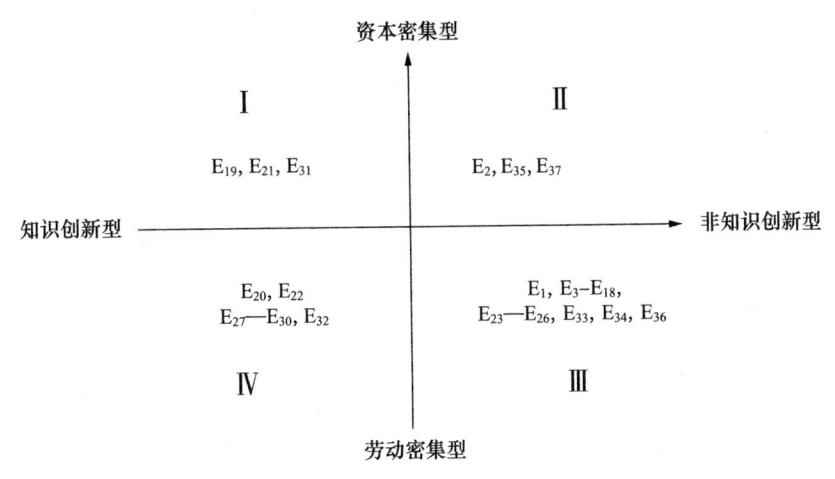

```
                        资本密集型
                            ↑
                            |
              I             |            II
                            |
        E₁₉, E₂₁, E₃₁       |      E₂, E₃₅, E₃₇
                            |
知识创新型 ─────────────────┼───────────────── 非知识创新型
                            |
                            |      E₁, E₃-E₁₈,
         E₂₀, E₂₂           |      E₂₃—E₂₆, E₃₃, E₃₄, E₃₆
         E₂₇—E₃₀, E₃₂       |
              IV            |            III
                            |
                            ↓
                        劳动密集型
```

图 4-1　要素密集企业 K 均值聚类结果

（二）高关联度产业

20 世纪 30 年代中期到 50 年代，美国经济学家瓦西里·列昂惕夫（Wassily Leontief）最早系统地创建了投入产出模型，其中投入产出要素的线性方程组和逆矩阵成为其模型的核心与精华，描绘了经济系统中产业间关联线性的定量关系。所谓产业关联又称为产业连锁、产业联系，是由发展经济学家赫希曼针对发展中国家工业化问题，基于非均衡发展理论基础上提出的，是产业间以各种投入品和产出品为连接纽带的技术经济联系，其实质是各产业相互之间的供给与需求关系。① 无论城市还是农村只有主导产业同其他产业存在密切的经济联系，才能通过乘数效应带动城乡产业的发展。产业关联可分为前向关联和后向关联。② 具体来说，如果煤炭产业的产

---

① W. W. Powell, "Neither Market Nor Hierarchy: Network Forms of Organization", *Research in Organization Behavior*, Vol. 12, No. 1, 1990, p. 302.
② 前向关联是指通过供给关系与相关的下游产业发生的关联，后向关联是通过需求关系与相关的上游产业发生的关联。

品可作为钢铁产业的中间产品,则煤炭产业就是钢铁产业的后向关联产业,而钢铁产业则是煤炭产业的前向关联产业。高关联度产业是集聚经济布局指向的产业,关联度不同的产业转移的路径也是不同的。

1. 投入产出模型

投入产出表包含行平衡、列平衡和总量平衡,该表完整、严密地描述着三类平衡关系,投入产出模型是由各类系数的函数关系构成的数学方程组。用 b_{Nj} 表示国民收入系数,有 $b_{Nj}=N_j/X_j$ ($j=1, 2, \cdots, n$),表示第 j 产业部门生产的单位产品所创造的国民收入。

(1) 行模型。按投入产出表横行平衡关系可建立投入产出行模型,具体而言,各产业总产出 + 各产业提供中间使用 + 各产业最终使用,行平衡描述了各产业部门间产品的流向,行方程组模型可表示为:

$$b_{11}x_1 + b_{12}x_2 + \cdots + b_{1n}x_n + Y_1 = X_1$$
$$b_{21}x_1 + b_{22}x_2 + \cdots + b_{2n}x_n + Y_2 = X_2$$
$$\vdots$$
$$b_{n1}x_1 + b_{n2}x_2 + \cdots + b_{nn}x_n + Y_n = X_n$$

上述方程组可转换成的矩阵模型为:

$$\sum_{i=1}^{n} b_{ij}x_i + Y_i = X_i \ (i=1, 2, \cdots, n)$$

式中,Y_i 表示第 i 部门提供的社会最终产品的价值,X_i 表示第 i 部门的产品价值总量。

可变形为: $X_i - \sum_{i=1}^{n} b_{ij}x_i = Y_i \quad (i=1, 2, \cdots, n)$

对上式进行矩阵变形得: $(I-B)X = Y$,此式为所求的投入产出行模型。其中:

$$(I-B) = \begin{bmatrix} 1-b_{11} & -b_{12} & \cdots & -b_{1n} \\ -b_{21} & 1-b_{22} & \cdots & -b_{2n} \\ \vdots & \vdots & & \vdots \\ -b_{n1} & -b_{n2} & \cdots & 1-b_{nn} \end{bmatrix}; X = \begin{bmatrix} X_1 \\ X_2 \\ \vdots \\ X_n \end{bmatrix}; Y = \begin{bmatrix} Y_1 \\ Y_2 \\ \vdots \\ Y_n \end{bmatrix}$$

($I-B$)为列昂惕夫矩阵,表明了总产品和最终产品之间的关系,矩阵中纵列表示某产业部门增加单位产品使用时需要其他产业部门投入的产品数量,对角线上的值表示各产业部门的产品扣除自身消耗后的净产值。

(2)列模型。按投入产出表纵列平衡关系式建立投入产出模型。具体而言,列平衡:各产业总投入 = 各产业最初投入 + 各产业中间投入。列平衡体现了某一产业的产出与各产业对其投入的平衡关系,同理,列方程组模型可表示为:

$$b_{11}x_1 + b_{21}x_1 + \cdots + b_{n1}x_1 + D_1 + M_1 = X_1$$
$$b_{12}x_2 + b_{22}x_2 + \cdots + b_{n1}x_2 + D_2 + M_2 = X_2$$
$$\vdots$$
$$b_{1n}x_n + b_{2n}x_n + \cdots + b_{nn}x_n + D_n + M_n = X_n$$

上述方程组可转换成的矩阵模型:

$$\sum_{j=1}^{n} b_{ij}X_j + D_j + M_j = X_j \quad (j = 1,2,\cdots,n)$$

式中,D_j 为第 j 部门的固定资产折旧价值,M_j 为第 j 部门在一年内创造的纯收入。

经上式变形可得:

$$\sum_{j=1}^{n} b_{ij}X_j + b_{Dj}X_j + M_j = X_j(j = 1,2,\cdots,n)$$

进而整理可得:

$$(I - \sum_{j=1}^{n} b_{ij} - b_{Dj}) X_j = M_j \quad (j = 1, 2, \cdots, n)$$

通过矩阵形式的转换,即可得到投入产出模型:$(I - \hat{B}) X = M$,其中,$(I - \hat{B})$ 中的各数值说明了国民收入与总产值之间的函数关系,且有:

$$\hat{B} = \begin{bmatrix} \sum_{i=1}^{n} b_{i1} + b_{D1} & 0 & \cdots & 0 \\ 0 & \sum_{i=1}^{n} b_{i2} + b_{D2} & \cdots & 0 \\ \vdots & \vdots & & \vdots \\ 0 & 0 & \cdots & \sum_{i=1}^{n} b_{in} + b_{Dn} \end{bmatrix}; X = \begin{bmatrix} X_1 \\ X_2 \\ \vdots \\ X_n \end{bmatrix};$$

$$M = \begin{bmatrix} M_1 \\ M_2 \\ \vdots \\ M_n \end{bmatrix}$$

（3）各类系数的计算与确定。

①直接消耗系数。又称投入系数，是投入产出模型中最基本、最重要的概念，是指某一产业部门生产单位产品时对其他产业部门产品的直接消耗量，反映了投入产出表中各产业部门之间的技术经济联系，记为 b_{ij}，表示第 j 产业部门对第 i 产业部门的直接消耗系数。其计算方法是用第 j 产业部门的单位产出量与生产中所直接消耗的第 i 产业部门的产出数量 x_{ij} 之比得到的，表达式为：$b_{ij} = \dfrac{x_{ij}}{X_j}$ （$i, j = 1, 2, \cdots, n$）。B 为直接消耗系数矩阵，是由直接消耗系数 b_{ij} 构成的 $n \times n$ 矩阵，此矩阵描述了投入产出表中各产业部门之间的技术经济联系和各产品间的技术经济联系。直接消耗系数 $b_{ij} \geq 0$，且矩阵 B 的列和小于 1。

$$B = \begin{bmatrix} b_{11} & b_{12} & \cdots & b_{12} \\ b_{21} & b_{22} & \cdots & b_{2n} \\ \vdots & \vdots & & \vdots \\ b_{n1} & b_{n2} & \cdots & b_{nn} \end{bmatrix}$$

②完全消耗系数。各产业部门在生产中除与相关产业有直接消耗联系外，还存在间接消耗关系。完全消耗系数反映了某一产业部

门的生产与本部门和其他部门间发生的技术经济联系,定义为第 j 产业部门提供单位产品需要完全消耗的第 i 产业部门的产品或服务的数量,记为 c_{ij},此系数是由直接消耗系数和全部消耗系数之和构成的。由已知的直接消耗系数矩阵 $B_{n \times n}$,根据其内涵可得:

列昂惕夫逆矩阵: $\overline{C} = (I - B)^{-1} = I + B + B^2 + B^3 + \cdots$

那么,$B + B^2 + B^3 + \cdots + B^n = (I - B)^{-1} - I$

即: $C = (I - B)^{-1} - I$

$$\overline{C} = \begin{bmatrix} \overline{c}_{11} & \overline{c}_{12} & \cdots & \overline{c}_{1n} \\ \overline{c}_{21} & \overline{c}_{22} & \cdots & \overline{c}_{2n} \\ \vdots & \vdots & & \vdots \\ \overline{c}_{n1} & \overline{c}_{n2} & \cdots & \overline{c}_{nn} \end{bmatrix}$$

上式方程反映了为获得单位最终产品对各产业部门产出的需求量,包括直接需求 B、间接需求 $B^2 + B^3 + \cdots + B^n$ 和最终需求 I。其中,$\overline{C} = (I - B)^{-1}$ 为列昂惕夫逆矩阵,$C_{n \times n}$ 为完全消耗系数矩阵,$\overline{C}_{n \times n}$ 与 $C_{n \times n}$ 两矩阵区别在于对角线的元素相差 1,但两者的经济含义截然不同。

③影响力系数。影响力系数是指国民经济某一产业部门的最终产品变动对整个国民经济总产出变动的波及程度和影响能力,该系数是衡量某产业部门后向关联效应的重要指标,表现为对整个国民经济的拉动能力,其计算公式为:

$$F_j = \frac{\text{某产业逆矩阵纵列系数平均值}}{\text{全部产业逆矩阵纵列系数平均值的平均}}$$

$$= \frac{\frac{1}{n}\sum_{i=1}^{n}\overline{z}_{ij}}{\frac{1}{n}\sum_{j=1}^{n}\left(\frac{1}{n}\sum_{i=1}^{n}\overline{z}_{ij}\right)} = \frac{\sum_{i=1}^{n}\overline{z}_{ij}}{\frac{1}{n}\sum_{i=1}^{n}\sum_{j=1}^{n}\overline{z}_{ij}} \quad (i, j = 1, 2, \cdots, n)$$

式中,$\sum_{i=1}^{n}\overline{z}_{ij}$ 表示列昂惕夫逆矩阵 $(I - B)^{-1}$ 第 j 列之和,$\frac{1}{n}\sum_{i=1}^{n}\sum_{j=1}^{n}\overline{z}_{ij}$ 表示列昂惕夫逆矩阵 $(I - B)^{-1}$ 各列之和的平均值,B 为

直接消耗系数矩阵,当影响力系数 $F_j>1$、$F_j=1$、$F_j<1$ 时,分别表示第 j 产业部门对其他产业部门的波及影响程度高于、等于、低于社会平均影响水平。影响力系数越大表明某产业部门对其他产业部门的拉动作用也越大。

④感应度系数。感应度系数是国民经济各产业部门变动后对某一产业部门由此受到的感应能力,其计算公式为:

$$E_i = \frac{某产业逆矩阵横行系数平均值}{全部产业逆矩阵横行系数平均值的平均}$$

$$= \frac{\frac{1}{n}\sum_{j=1}^{n}\bar{z}_{ij}}{\frac{1}{n}\sum_{i=1}^{n}(\frac{1}{n}\sum_{j=1}^{n}\bar{z}_{ij})} = \frac{\sum_{j=1}^{n}\bar{z}_{ij}}{\frac{1}{n}\sum_{i=1}^{n}\sum_{j=1}^{n}\bar{z}_{ij}} (i,j=1,2,\cdots,n)$$

其中,$\sum_{j=1}^{n}\bar{z}_{ij}$ 表示列昂惕夫逆矩阵 $(I-B)^{-1}$ 第 i 行之和,$\frac{1}{n}\sum_{i=1}^{n}\sum_{j=1}^{n}\bar{z}_{ij}$ 表示列昂惕夫逆矩阵 $(I-B)^{-1}$ 行之和的平均值,当感应度系数 $E_i>1$ 时,表示第 i 产业部门所受到的感应程度要高于社会平均感应度。总之,感应度系数越大,表示该产业部门受到的需求感应度越大。后向关联强的产业,由于原材料投入率高,因此,有能力推动其他产业部门的发展,影响力系数会较大;前向关联强的产业,中间产品率高,容易受需求拉动而增长,感应力系数会较大。

2. 关联度产业影响力系数和感应度系数的测算

本书根据《中国投入产出表(2007)》,并结合 2010 年出版的投入产出延长表,利用 Excel 软件对影响力系数和感应度系数进行测算,并把影响力系数和感应度系数相加作为产业的关联度系数①,分别为农林牧渔业,煤炭开采和洗选业,石油和天然气开采业,金属矿采选业,非金属矿采选业及其他矿采选业,食品制造及烟草加工业、纺织业、纺织服装鞋帽皮革羽绒制品业,木材加工及家具制造业,造纸印刷及文教体育用品制造业,石油加工、炼焦及核燃料

---

① 陈明生、康琪雪:《城乡产业结构研究理论框架的构建》,《宁夏社会科学》2009 年第 6 期。

加工业，化学工业，非金属矿物制品业，金属冶炼及压延加工业，金属制品业，通用、专用设备制造业，交通运输设备制造业，电气、机械及器材制造业，通信设备、计算机及其他制造业，仪器仪表文化办公用机械制造业，工艺品及其他制造业，废品废料，电力、热力的生产和供应业，燃气生产和供应业，水的生产和供应业，建筑业，交通运输及仓储业，邮政业，信息运输、计算机服务和软件业，批发和零售贸易业，住宿和餐饮业，金融业，房地产业，租赁和商务服务业，研究与实验发展业，综合技术服务业，水利、环境和公共设施管理业，居民服务和其他服务业，教育，卫生、社会保障和社会福利业，文化、体育和娱乐业，公共管理和社会组织42类产业部门，计算结果如表4-2所示。

表4-2　　　　2007年与2010年各产业部门影响力系数与感应度系数测算

产业部门	2007年			2010年		
	影响力系数	感应度系数	关联度系数	影响力系数	感应度系数	关联度系数
1	0.7047550	1.690853	2.3956075	0.7164413	1.6913823	2.4078236
2	0.9071845	1.6241207	2.5313052	0.8774945	1.8078756	2.6853701
3	0.7848306	2.5636870	3.3485176	0.7755653	2.8692293	3.6447946
4	1.0413636	2.4624484	3.5038120	1.0370410	2.4390309	3.4760719
5	0.9863636	1.2519207	2.2382843	1.0518407	1.2883936	2.3402343
6	0.9828420	0.7218372	1.7046792	1.0044353	0.7421072	1.7465425
7	1.2106219	0.8395671	2.0501890	1.1567962	0.8926331	2.0494293
8	1.2129708	0.5618203	1.7747911	1.2149666	0.5875350	1.8025016
9	1.1407296	0.7944331	1.9351627	1.1939533	0.8568901	2.0508434
10	1.1546061	1.1046067	2.2592128	1.2023597	1.1559110	2.3582707
11	1.0435014	1.4558108	2.4993122	1.0003696	1.4923513	2.4927209
12	1.2251758	1.3310054	2.5561812	1.2125320	1.3277993	2.5403313
13	1.1018888	0.8516506	1.9535394	1.1619659	0.8699506	2.0319165

续表

产业部门	2007年 影响力系数	感应度系数	关联度系数	2010年 影响力系数	感应度系数	关联度系数
14	1.2105378	1.2663759	2.4769137	1.2256932	1.2585991	2.4842923
15	1.2602147	1.0799845	2.3401992	1.2785555	1.0805446	2.3591001
16	1.2455940	0.9273401	2.1729341	1.2580607	0.9182234	2.1762841
17	1.3320129	0.7789731	2.1109860	1.3120536	0.7234892	2.0355428
18	1.0473475	1.0248719	3.1195669	1.3360843	1.0234783	2.3595626
19	1.2244282	3.6060023	4.8304843	1.3938290	3.8041206	5.1979496
20	1.3364202	1.2305707	2.5669909	1.3039151	1.2781330	2.5820481
21	1.1484002	0.6656269	1.8140271	0.9032128	1.1595996	2.0628124
22	0.4725293	1.8422773	2.3148066	0.4928023	0.7240529	1.2168552
23	1.1001638	1.5339389	2.6341027	1.0995962	1.5580386	2.6576348
24	1.0320681	1.0624520	2.0945201	1.0061050	1.1284549	2.1345599
25	0.8915184	1.0561889	1.9477073	0.9082496	0.7770501	1.6852997
26	1.1899404	0.3179288	1.5078692	1.1521149	0.3126968	1.4648117
27	0.8854447	0.9634721	1.8489168	0.9266699	1.0619013	1.9885712
28	0.8568383	0.9618818	1.8187201	0.9320868	1.0200914	1.9521782
29	1.3041728	1.2569843	2.5611571	1.3211910	1.2813478	2.6025388
30	1.3219126	1.1839333	2.5058459	1.3597767	1.2354776	2.5952543
31	1.4230561	1.8034689	3.2265525	1.4313652	1.7911184	3.2224836
32	0.6135108	1.0191363	1.6326471	0.6323929	1.0470773	1.6794702
33	0.5076594	0.5061376	1.0137970	0.5635182	0.4669832	1.0305014
34	1.0853996	0.9597012	2.0451008	1.0048446	0.9468378	1.9516824
35	0.9705839	1.2380783	2.2086622	1.0206668	0.9688399	1.9895067
36	0.8364799	1.0068759	1.8433558	0.8421512	1.0047196	1.8468708
37	0.8436960	0.6009383	1.4446343	0.9558970	0.5649106	1.5208076
38	0.9227749	0.7400733	1.6628482	0.8367123	0.7259926	1.5627049
39	0.7849985	0.3646940	1.1496925	0.5845036	0.3216499	0.9061535
40	1.0883099	0.3897519	1.4780618	1.0646230	0.3609377	1.4255607
41	0.9215403	0.7140466	1.6355869	0.8386950	0.7283360	1.5670310
42	0.7942263	0.3085204	1.1027467	0.6793871	0.3025601	0.9819472

资料来源：依据《中国投入产出表（2007）》，并结合2010年出版的投入产出延长表进行相关计算。

依据测算的2010年各产业的影响力系数和感应度系数,假设社会的平均值为(1,1),可以做出42个产业部门的影响力系数—感应度系数象限分布图(见图4-2),结合赫希曼的判别标准(见表4-3),可以看到我国42产业部门中有15个产业部门的感应度系数和影响力系数都大于1,定义为高关联度产业,分别为:金属矿采选业,非金属矿采选业及其他矿采选业,石油加工、炼焦及核燃料加工业,化学工业,非金属矿物制品业,金属制品业,通用、专用设备制造业,通信设备、计算机及其他制造业,仪器仪表、文化办公用机械制造业,工艺品及其他制造业,燃气生产和供应业,水的生产和供应业建筑业,住宿和餐饮业,金融业,房地产业。高关联度产业可以优先考虑布局在城市,但是这些产业部门的产业布局也不是一成不变的,随着"城市病"问题的出现,集聚的不经济负面影响促使产业的某些环节可以考虑向农村迁移,进而带动农村经济的发展。如对纺织业而言,借助于信息网络化发展,可以将整个产业部门或者某些生产环节选址布局在农村。

表4-3　　　　　　　　　赫希曼判别标准[1]

	$E_i > 1$	$E_i < 1$
$F_j > 1$	第一类是影响力系数和感应度系数均高的产业,以中间制品产业部门为主,称为敏感关联型	第三类是影响力系数高而感应度系数低的产业,以最终制品生产部门为主,称为影响关联型
$F_j < 1$	第二类是感应度系数高而影响力系数低的产业,以中间初级产品生产为主,称为感应关联型	第四类是影响力系数和感应度系数均低的产业,以最终初级产品为主,称为迟钝关联型

[1] 王常健:《河北省产业结构的投入产出分析》,硕士学位论文,河北工业大学,2006年。

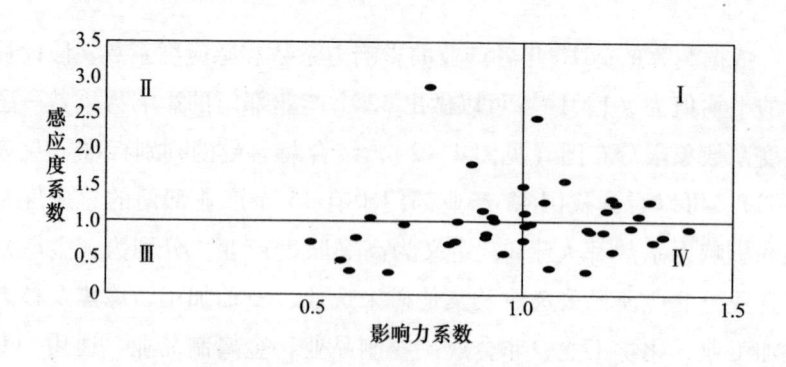

图4-2 2010年影响力系数—感应度系数的象限分布

（三）现代高端服务业

现代服务业主要是依托电子信息技术和现代化发展理念及组织方式发展起来的服务业，包括新兴服务业和对传统服务业的技术改造及升级。与传统服务业相比，现代服务业突出了信息和知识密集的特征。向社会提供劳务的现代服务业广泛存在于城市和乡村两大地域中。城市是现代服务业发展的集聚中心，现代服务业具有强烈的城市指向，其主体应分布在城市地域，空间布局呈现总体集聚驱使下的局部分化的特征。大力发展现代服务业是产业经济发展到一定阶段的产物，也是推动城乡产业发展的客观要求。

1. 城市是现代服务业发展的需求基础

现代服务业在城市的空间布局表现为企业为选择最佳区位而在城乡进行的生产要素、资源的转移和配置过程。随着城市化进程的推进，服务业逐步向高层次发展，对一定的设备和劳动者技能的要求越高，而城市在集聚经济作用下，具有人才、技术、资本、信息、高等院校和大众传媒等方面的优势，有利于现代服务业及时了解和获取市场信息，因而具备发展现代服务业的优势和条件，大大增强创新的可能性。可见，一个城市缺乏现代服务业的发展，意味着城市对信息流、物流和人流等重要因素的支配权的丧失，现代服务业已成为城市产业发展的制高点，要积极发展为知识创新企业和高关联度企业提供服务的现代服务业，把批发零售业、房地产、住宿餐饮业、商务服务业、法律咨询和旅游业等作为今后城市产业发展的重要支撑，同时要不断提升城市金融、贸易、交通、文化和基础设施各种服务功能，不断推动城市功能的提升与产业的升级。

2. 城市要比乡村更具有强大的生产服务和社会服务的需求

城市是经济活动的空间载体，城市化带来了人口的集中，大量人口与企业的高度集聚，因此存在更大的生产服务和社会服务的需求，而且城市又具有人口密度较大、居民收入水平相对较高、消费观念超前等特点，这就需要强大的消费性服务作支撑。鉴于此，支撑知识创新型产业和高关联度产业发展的现代服务业具有强烈的城市指向，应考虑布局在中心城市，城市为现代化服务业发展创造良好的生存条件和发展环境。

3. 在城市现代服务业发展的同时，要实现城市服务业向乡村深入延伸

其原因在于，乡村产业是城市生产性服务业不容忽视的服务领域，传统农业实现现代化的过程就是生产服务业不断注入农业的过程，需要得到城市技术、金融、信息、物流和法律等方面的服务支持。可见，城市服务业与乡村农村间存在以劳务为纽带的经济联系，城市现代服务业有向农村扩展的潜力空间。同时，现代农业只有与城市生产性服务业融合发展，才能为农业注入更优质的生产要素，农业在产前产中产后各环节才能得到全面发展，从而加快农业产业化和市场化进程。因此，为了实现城乡产业一体化发展，带动城市商业、通信设备、金融业、运输业和教育法律等服务业向乡村更深入的延伸显得尤为必要，城乡产业一体化发展就是要强化城市现代服务业与乡村农业之间的经济联系。

综上所述，城市具有集聚经济优势，因此城市布局指向型产业包括知识创新型产业、高关联产业和现代高端服务业等。随着以互联网为主的信息网络化的发展，应加强城市现代服务业向农村地区的辐射与扩散。值得注意的是，城市布局指向型产业随着城市集聚

不经济凸显和信息网络化的完善而向城市外围逐步实现空间渗透与转移。

二 乡村布局指向型企业区位选址与分工布局

人类生产生活空间的稀缺性和资源分布的广阔性决定了分散中有集中，集中中有分散。乡村具有空间分散性的特征，与城市相比，具有独特的优势，拥有优美的田园风光，拥有丰富的自然资源、广阔的土地和富足的劳动力。随着新时代的到来，信息网络化的变革，城乡产业布局出现了集中与分散并存的现象。尤其是信息网络化发展使信息沟通更便捷、贸易成本减少，这就降低了产业集中布局的需要，使企业区位选址更加灵活，在农村地区分散化布局成为可能。

（一）土地密集型产业

土地密集型产业是指在生产要素的投入中需要使用较多的土地资源、土地成本在生产成本中占较大比重的产业。

1. 土地空间布局原理

农业经营的土地空间结构是按照自然条件进行调整的，农业经营者的目标是获得更大的利润。鉴于此，各种投入要素的价格、产品的价格和生产过程中的其他费用对区位选址产生重要影响。伊利·莫尔豪斯曾指出：土地的高价利用有排挤土地低价利用的趋势。由此可见，土地就出现了相应的地价分布形态，土地的空间布局通过竞争达到了最合理的配置。杜能农业区位论认为，决定土地空间利用的主要因素是地租，能够支付最高地租的区位地价也最高，这会排斥其他土地利用方式。美国学者邓恩（Dunn，1954）把生产单一作物的地租收入表示为：

$$R = (p - c - Kt)q$$

式中，R 为单位面积土地的地租；p 为单位农产品的市场价格；c 为单位农产品生产费用；K 为距城市的距离；t 为单位运费率；q 为单位面积产量。在地租收入公式中，R 是因变量，K 是自变量，其他是常数或参数。地租收入函数可用一次函数来表示，其斜率为 $-tq$，截距为

第四章　城乡间产业分工与产业横向一体化 | 117

$(p-c)q$，地租消失的距离为 $K=(p-c)/t$（见图 4-3）。

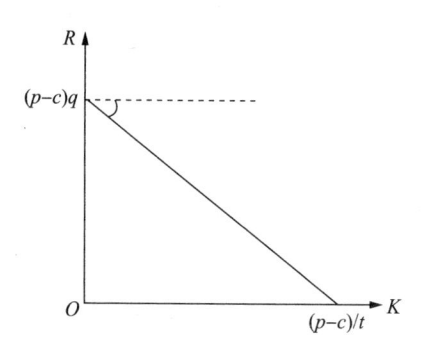

图 4-3　地租收入函数

对于农业而言，实现利润最大化也就是实现地租最大化。当只有一种农产品时，倾斜的地租线为边际地租线，横轴耕作极限称为边际费用线，地租最大解就是边际地租和边际费用相同时得出的，即 $K=(p-c)/t$ 处。当有两种农作物时，利润最大化的寻求和农作物的生产区位选择与只有一种作物的决策具有相似性（见图 4-4）。作物 M 的边际地租用 AB 表示，作物 N 在相同的地区以 CD 边际地租进行生产。在接近市场的附近，作物 M 所获得的地租增加额比作物 N 的地租增加额大，因此，作物 M 在市场附近生产。作物 N 的地租产出的可能性就表示土地的替代利用性，这种替代利用性对于作物 M 而言，可以看作是一种机会费用。此时，CD 对于作物 M 就是新的制约条件，对于作物 M 而言，边际地租、边际费用成为距离的函数，两者相等点（E 点）就是利润最大化点，该点也称为作物 M 生产扩展的边界。对于农作物 N 来说，市场发展到 AB 与 CD 相等处，作物 M 的边际费用为 AB，内侧生产线是 E 点处，外侧生产边界与单一作物均衡情况相同。由此可知，作物 N 在远离市场的区位生产较为有利。①

---

① 当两种以上作物进行区位竞争时，上面分析思路依然成立，边际地租和边际费用的均衡决定了每种作物的生产区位和最大利润。

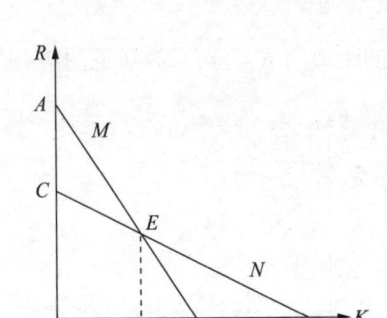

图 4-4　两种农作物的区位选址

2. 乡村农业的产业圈层空间布局

土地的利用与地租有密切的关系，表现为各产业可根据地租的不同进行差别布局。由于土地具有稀缺性的特点，土地位置与中心城区距离远近又存在不同，使土地级差收益的差异客观存在，这必然会吸引着生产要素的空间集聚，城市中心区的土地价格上涨，就会产生排异现象，将低附加值产业推向外围区域，不同类型农业的土地利用布局就呈现出明显的区位特征。根据土地空间布局原理，以实现城乡产业一体化发展为目标，构建不同产业地租支付能力的曲线与乡村土地利用的产业圈层空间布局关系图（见图 4-5）。

（1）都市休闲农业产业圈层。该圈层可支付较高的地租，随着距城区距离的增加，地租支付能力呈下降趋势，表现为地租曲线 A 的斜率为负值，且绝对值最大。都市休闲农业布局在城区的近郊，交通便捷，紧密依托城区的人才、技术、资本、信息等优势，以都市市场需求为导向，以农业高科技为武装为其主要发展手段，利用自然生态、田园景观及环境资源，结合农业生产活动和农家的生活，为消费者感受绿色、享受旅游提供了场所，该产业多以果园、菜地、盆景、花卉等绿色园艺产业为主，重点发展观光农业、休闲农业和旅游农业等。该圈层充当城市的绿化隔离带，防止城市无限扩张和"摊大饼"式连成一片，其休闲娱乐功能远大于提供农产品的功能，实现了城郊合一和农游合一。

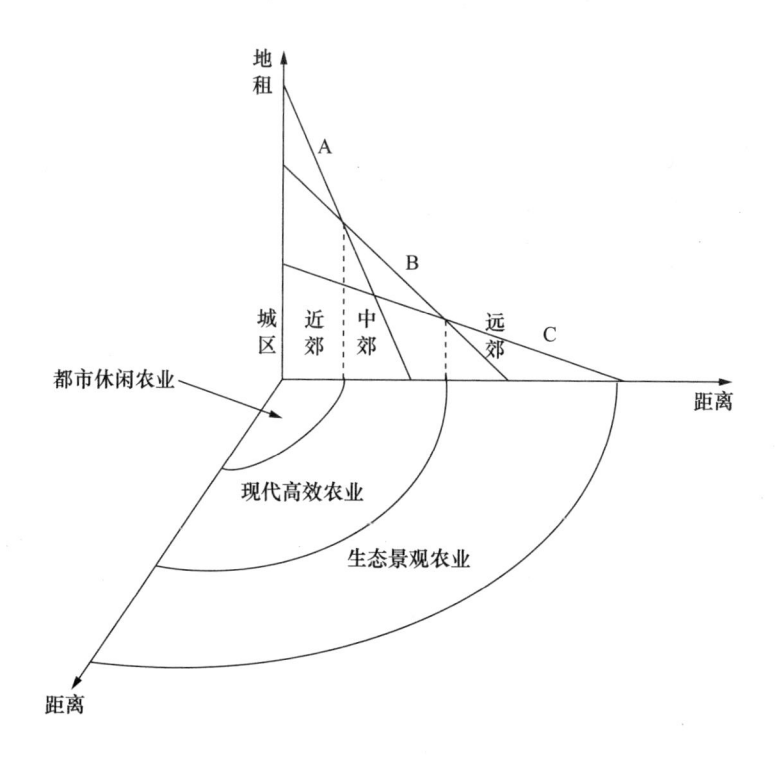

图 4-5 地租与乡村土地利用的产业圈层空间布局

（2）现代高效农业产业圈层。现代农业可以支付较高的地租，其数额比都市农业小，离城区的距离越远，支付地租的能力以较快速度下降，地租曲线 B 的斜率为负值，且绝对值小于都市农业的绝对值。该圈层是传统的农业生产区，以各类种植、养殖场地为基础。要因地制宜利用现代科学技术并与传统农业相结合，建立与城市市场相适应的现代化、集约化和设施化的农业生产体系，合理组织生产，最终实现高产、优质、高效与农业的可持续发展。

（3）生态景观农业产业圈层。该圈层距离城区最远，地租支付能力最小，随着离城区距离的增加，地租下降较平缓，地租曲线 C 的斜率亦为负值且绝对值最小。由于距离城区较远，交通不便捷，可以依托乡村的优美景观、自然环境和建筑文化资源发展乡村旅游业，同时也可以发展特色农业、生态农业和林业，该圈层可成为都市农业和现代农业农产品的补充，实现了对城市生存与发展的生态保障功能。

农业产业圈层布局是农业产业各部门、各生产要素和各价值链在空间地域上的整合与再配置过程，是农业企业为选择最佳区位而形成的空间的流动与转移。随着农村现代农业和信息网络技术的发展，农业与工业关系越来越密切，实现了研发、生产和贸易一体化发展，加快了农业产业化进程。值得一提的是，生态景观农业和都市休闲农业都体现了农业的环境价值，生态景观农业是一种良好的生产性景观，具有其他景观植物无法比拟的生态潜质，一旦都市休闲农业融入城市，城市生态环境问题就找到了突破口，这正是现代城市生态化发展要求下的生存之道，都市休闲农业的发展对于城市环境改善具有非比寻常的作用，只有实现城市与休闲农业的结合才能打造出更具有魅力的城市。

3. 资源型产业的空间布局

资源型产业是以自然资源为基础的，是从自然界直接开采各种原料、燃料的工业部门，其特点是以自然界的天然物质为劳动对象，产品是国民经济各部门重要的矿物原料。据统计，我国 70% 的农业生产资料、80% 的工业原料均来自采掘业产品，也具有建设周期长、产品运输量大的特点，主要有煤炭开采、矿产开采等类型。矿床资源的空间非均衡分布决定了采掘业的乡村布局指向，现实中在矿山周围不乏有城市的出现，无疑矿业的开采作为城市郊区的产业，但是，改变不了采掘业具有乡村产业的性质。由图 4-1 可知，产业部门煤炭开采和洗选业，黑色金属矿采选业，有色金属矿采选业，非金属矿采选业，农副食品加工业，食品制造业，酒、饮料和精制茶制造业，烟草制品业，纺织业，纺织服装、服饰业，皮革、毛皮、羽毛及制品业，木材加工及竹、藤、草制品业，家具制造业，造纸及纸制品业，印刷业和记录媒介的复制业，文教、工体美和娱乐用品制造业，石油加工、炼焦及核燃料加工业，非金属矿物制品业、黑色金属冶炼及压延加工业、有色金属冶炼及压延加工业、金属制品业，工艺品及其他制造业、废弃物和废旧材料回收加工业、燃气生产和供应业均位于图中第三象限，属于非知识劳动密集型行业，分布的非均衡性决定了这些产业应分散布局在乡村进行。

（二）劳动密集型产业

企业为了追求集聚经济选择在城市布局，这些产业一般处于创新与发展前期，随着城市集聚不经济的出现，为了寻求更大的盈利空间，发展较成熟的劳动密集产业就会向乡村地区扩散。随着科学技术的发展和产业分工的细化，一些生产工序已由机器代替，但为了节约成本，一些高科技生产工序仍需要人来完成。特别是近些年来，随着城市人口老龄化进程的加快和"民工荒"现象的出现，城市中发展较成熟的产业面临着严峻的挑战。由此可见，农村无疑会成为劳动密集产业转移的承接地。劳动密集产业向农村转移与扩散的动力与原因主要表现为城市集聚不经济带来的生产要素价格的上涨。随着生产技术的逐渐成熟，行业垄断逐渐被削弱，这时运输成本、劳动力成本、土地价格和当地市场需求等要素被企业所关注；城市土地的稀缺性也是导致企业成本上升的重要原因。随着城市化进程加快，土地利用的空间变得极为有限，空间过度拥挤，土地价格大幅度上升，加之原材料等资源要素价格的不断上涨，以成本竞争为优势的发展较成熟企业负担加重，就会迫使这些企业不得不向发达地区的周边扩散，也就是从发达城市迁移至具有一定的工业基础，交通条件相对便捷、土地和劳动力价格相对便宜的城市周边的工业园区和乡村地区。这样，才能保持原有的成本竞争优势。除考虑成本外，为了在竞争激烈的市场上站稳脚跟，企业还需要在发展中随时调整产品细节不断满足当地市场消费者需求。

当然，发展成熟产业各部门由于使用生产要素的程度不同，同时受土地和劳动力价格上涨的影响程度不同，因此从城市向乡村转移出去的时机和速度也会不同，要在政府政策的引导下遵循规律依次转移。城乡产业向农村扩散客观上推动了劳动力的回流。据统计

(见图4-6),近些年农村从业人员数量逐渐减少,这是农村劳动力外出务工的表现,但是,在农村劳动力中乡镇企业的从业人员有增加的趋势,间接地反映了乡村地区承接产业转移过程中推动了外出劳动力的回流,改变了乡村劳动力不足的局面。劳动力的回流也改变了乡村土地资源与农业劳动力不对称的现状,推动了乡村的现代化发展。总之,产业外迁到农村可以缓解城市集聚不经济问题,可以缓解城市传统产业挤占高端产业发展空间问题,有利于城市要素资源向农村的流入,有利于增加农村劳动力的就业机会和增加投资总量,城市可通过"腾笼换鸟"提升城市的产业结构,有利于农村工业化的快速发展,最终实现城市产业和乡村产业"双赢"的目的。

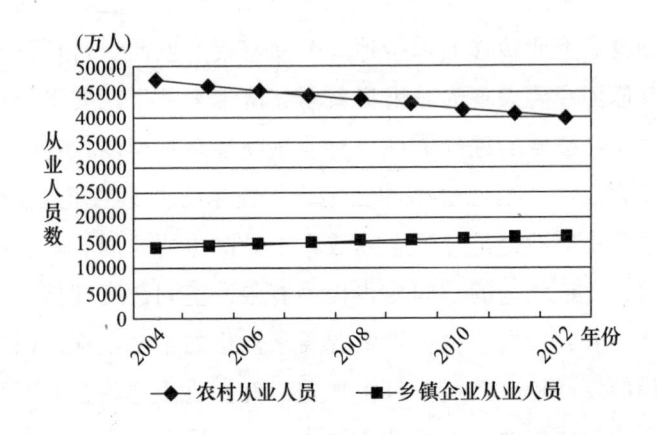

图4-6 2004—2012年农村与乡镇企业从业人员数量及结构

资料来源:《中国农村统计年鉴》(2004—2012),笔者整理得到。

值得一提的是,现代物流产业的区位选址也呈现出新的特点。任何经济活动都是以空间为依托的(李小建,1999),而物流企业需要占用一定的空间面积,地租成本就成为物流企业区位选址的重要影响因素,地租对物流企业的区位选址的影响体现在两个方面:第一,地租差异,企业为了追求集聚经济可能在城市内部或近郊区进行布局，由于土地利用方式的不同，决定了城乡不同区位的土地租金也存在差异，随着城市拥挤成本和集聚不经济的出现，城市土地租金的升高影响着物流企业的利润最大化的实现，为了降低区位成本，物流企业都倾向于较为廉价的乡村地区进行布局。第二，土地占用规模的大小，一般而言，不同类型的物流企业对土地占用规模的需求不同，有的占用需求较大，有的占用需求较小，不同的占用规模引起的土地地租不同，由此决定的物流企业的区位选址倾向也不尽相同。物流信息企业和货运代理企业由于自身的特点，无须占用大面积土地，即使在城市布局，但利润的获取仍可高于土地租金带来的成本，实现企业利润和空间区位选址的最佳组合。不同的是，综合性的物流企业需要占用较大的土地规模，由此土地租金成本较高，所需要的大面积的土地在城市内或近郊很难找到，物流企业一般会在远郊或乡村寻求租金较低的区位空间。

随着城镇一体化进程的加快，城市物流业会向乡村进行扩散，将会极大地改善农村地区人们的消费环境，改变了农村的消费结构，加大了消费者的选择机会，农村消费者足不出户通过快捷的物流就可得到自己满意的物品，农村消费者购买能力的提高促进了城市工业品的需求，在实现农村消费多样化需求的同时促进了城市的发展，而且低碳物流、绿色物流和循环物流在实践中也处于升温之势的发展。物流业在农村的扩散布局需要收集、整理、仓储和配送等环节，而农村信息网络技术的发展，为物流业在农村的空间布局提供可能性和现实性，以互联网为主的信息网络发展大大降低了信息搜寻成本和各环节的协作交易费用，信息化使物流管理环节信息传播和沟通更为及时迅速，从而实现高质量的物流服务。物流业在农村的分散化布局，政府的作用不容忽视，借助于信息网络技术发展，根据物流企业的规模和组织化程度高低等形式，农村物流网络布局模式主要有：第一，大型物流企业为主导网络布局模式。大型物流企业可凭借相对完善的管理经验、丰富的物流资源和完善的信息网络，根据农村基础设施、生活方式和地域环境选择适当的区位构建物流节点、配送中心等，并与城市物流网络相连接，为农村消费者提供便捷和高效的服务。第二，物流企业与商业企业联盟的网络布局模式。物流企业与大型连锁商业企业通过共同出资建设农村物流网络，形成协作互补、共担风险的联盟，物流业凭借先进的管理、专业的运作方式和商业企业对市场信息的把握及完善的销售网络，实现资源的空间整合，商业企业通过物流信息网络的发展向农村地区输出自己的农用生产资料和消费品，降低了农村消费者的时间成本和购买成本。第三，政府主导、物流企业参与的网络教布局模式。政府为主导规划建设农村物流网络，然后由物流企业、商业企业等共同运作，不断整合资源，以实现资源的优化配置。

此外，现代服务业具有高知识含量、高人力资本投入和高劳动附加值等特点，要充分发挥城市现代服务业对乡村的延伸和扩散作用，源于当前乡村在发展过程中，各种生产性服务业发展比较滞后，尤其是信息物流、金融保险和教育培训等现代服务业向乡村延伸节奏相对较慢，随着农村居民收入水平的不断提高，城市现代服务业向乡村延伸的步伐将加快，乡村消费市场的空间发展潜力不容小觑。因此，要积极鼓励城市的金融保险、信息咨询、教育培训等现代服务业企业的经营网点向乡村有计划、有步骤地延伸，企业在不断扩大外围市场规模的同时，也不断地改善着乡村的投资环境和经营环境。目前诸多的企业如中国移动、中国邮政等已开始在农村建立营销网点，为农业发展提供相关的配套服务，"服务外购"在农业生产中耕作、收割等环节的运用频率越来越高，广大农村现在也出现了专门运输车队、建筑装修施工队等专业化服务队伍。与此同时，信息化也是现代服务业向乡村顺利延伸不可或缺的要素，也要加强农村与科研机构和高等院校的合作，为农业服务业的发展注入新的活力。

可见，在城市发展较成熟的产业为了追求利润最大化，其区位选址是寻求劳动力资源富足与低成本的区位，而乡村恰恰符合成本相对较低发展要求，可以担此承接重任，成为城市先进制造业产业链对接的原材料供应基地和配套生产基地。可见，城乡产业一体化进程中产业向农村的扩散与转移，是非常必要的一环。当然，为了保护农村生态环境，在转移过程中也要提高门槛效应，农村可发展高科技产业，提高城乡产业结构的聚合质量，使资源在城乡间合理配置，提高城乡产业间的互补协调关系和相互转换能力，最终促进城乡产业一体化的实现。与此同时，乡村地区是个消费潜力巨大的市场，随着农村产业化和现代化发展，相关服务业在此布局也是必需的。

值得一提的是，现实中有一些对环境要求比较苛刻的产业，从之前分析中可知，精密仪器等产业既是一项知识创新型产业，也是高度关联产业，具有明显的城市布局指向型特征。随着城市化和工业化的推进，城市环境存在严重污染，这种空气的污染可能给仪器带来损坏，为了提高精密仪器的正常使用率和使用寿命，严苛的环境要求是一个重要的影响方面，而乡村的原生态环境会吸引着LED、LCD等光电、绿能、精密仪器等产业向农村转移，将会为农村的现代化发展带来新的契机。

（三）田园式养老与乡村旅游业

随着城市化和工业化进程的加快，产业和人口在城市出现集聚不经济效应，目前城市虽具有扩散功能，但仍处于初级阶段，城市依然是要素的涌入和集聚区，面对城市的拥挤，人们的消费结构、产业发展的环境要求发生了变化，人们更加注重享受休闲、享受健康文化、享受绿色旅游。信息网络化的发展使企业传统区位约束被打破，人们消费理念的变化，也影响着城乡企业区位选址发生了变化。

1. 田园式养老业

随着城镇化和城乡产业一体化的推进，城市人口的不断积聚而产生的老年人的比例在增加，老龄化的问题逐渐显现，对养老机构的需求在逐渐增加，但是，现有的床位数与实际需求缺口较大，养老机构房屋老旧、住宿环境差、样式不够多样化，城市的空间限制制约着养老机构规模的扩大。随着现代生活水平的提升，人们的消费结构和消费方式也发生了相应的变化，消费者更加注重养老的舒适度，需要广阔的活动空间，需要优质的空气环境，需要人性化的生活起居等方面，而城市集聚不经济造成了生态环境的恶化，基于此，追求舒适度的养老机构在农村地区的布局成为可能，在农村地区布局的田园式养老模型实现了消费者对自然和谐环境的向往，也实现了养老产业的多元化发展，在城市存在"拥挤效应"的大背景下，养老产业向农村地区的扩散是适应消费者需求和市场供应关系的必然选择，在遵循适老化、生态性、经济性和文化性等营建原则的基础上，不断满足养老院老年人的多种需求，不断提高养老院老年人的生活质量，在提高舒适度的基础上将老年设施设备及空间设计达到最佳的区位。

2. 乡村旅游业

城市居民体验乡村生活的需求。随着经济的高速发展，城市居民处于激烈的现代竞争中，长期面临着紧张的生活和巨大的工作压力，对现代化的高楼大厦和城市风景产生了审美疲劳，为了释放和缓解压力，人们都渴望回归田园，亲近自然，休闲生活逐渐成为市民生活的重要组成部分。另外，人类本身有探异心理，城市居民对乡村的风土人情和乡村的田园风景产生浓厚的兴趣，就会产生去乡村体验生活、去旅游的动力。城市居民去乡村的休闲，不仅提高了城市居民的生活质量，也为经济发展注入了新的活力，体验游、生态游和度假游等向深度发展是今后发展的方向。

城市旅游空间发展受限和城市居民休闲需求扩大是农村旅游业得以发展的推动力。图4-7显示，近些年城镇旅游人数与总花费剧增，而长期对城市旅游功能的忽视，城市旅游空间严重缺失，城市旅游承载力的有限性和人们日趋旺盛的旅游需求矛盾突出，城市旅游产业的空间扩展难以为继，加之城市集聚不经济等问题的凸显，随着人们假期的增多，短途旅游受到青睐，成本的降低和交通时间的缩短增加了人们出游的动力，这种需求对乡村旅游的开发起到了促进作用。由此可见，在城市郊区和广大农村拓展旅游产业是今后努力的方向。因此，城乡产业要实现一体化发展就必须将旅游业向农村延伸，城乡联合开发旅游资源，实现资源的最优化配置。旅游产业的发展也存在从集聚到扩散的发展过程，为了更具有竞争力，降低旅游成本最主要的途径是在乡村寻求资源禀赋好、客源稳定的地区，近郊由于紧邻中心城市而具有交通便利的优势。随着基础设施的进一步完善，近郊旅游业将更具有发展的潜力。

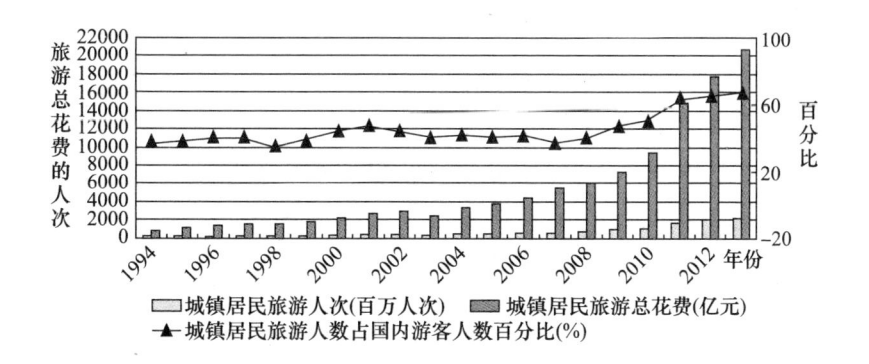

图4-7　2013年城镇居民旅游人次、总花费及占国内旅客人数比值

资料来源：根据《中国统计年鉴》（2014）整理得到。

农业具有休闲功能和农村具有优美的自然景观是农业旅游发展的拉动力。随着信息网络化的发展，农业机械化、自动化的运用释放了大量的农村劳动力，再加之农业的收益相对较低、较慢，农业为实现更大的收益就会寻求新的发展途径，由此农业的休闲功能被挖掘出来。另外，乡村悠然的生活环境和优美的自然景观是乡村休闲产业发展的基础，区域旅游资源的差异是构成旅游吸引力的重要原因之一，城乡休闲产业的差异性正是城乡旅游产业互动发展的本源。因此，农业休闲功能的自身特点和城市人们强烈的休闲需求构成了城乡旅游产业的供求关系（见图4-8），产业融合广泛存在城乡间，乡村旅游产业是城市需求驱动下的产业融合，城乡休闲产业的融合使城乡劳动力、资源和资金等要素发生自由流动,要素在城乡间进行合理配置,产业间功能的延伸与互动,促进了城乡旅游业的有效协调互动。

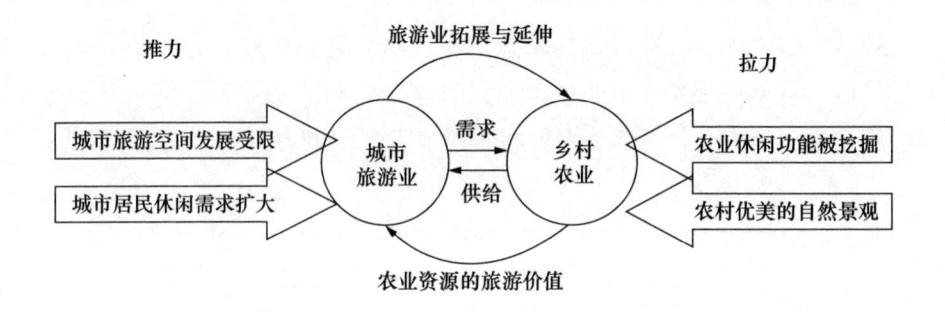

图 4-8　农村休闲旅游业形成的推拉力作用

第三节　城乡产业联动与城乡产业横向一体化

　　城乡产业一体化就是要打破传统的"城乡产业分割"状态,把城市经济和乡村经济看成是一个相互依存、相互作用的系统,城乡产业合理分工与布局将会对"城市"和"乡村"两大空间系统的经济联动与发展产生重要的影响。城乡应根据各自的资源优势和产业自身的特性,将各产业部门合理布局在城乡两大空间系统中,实现城乡之间在农业与非农业及工业内各行业之间的合理分工,甚至在同一行业内不同的生产工序也可以合理分工,这将有利于城乡产业的关联互动和分工协作,有助于建立"以工促农,以城带乡"的市场化推进机制,否则只能造成城乡产业的低效率和产业趋同发展。

　　之前分析可看到知识创新型产业、高度关联产业和高端服务业应考虑布局在城市,而休闲与景观农业、资源指向与劳动密集产业、田园式养老与乡村旅游业及相关服务业等可考虑布局在农村。城乡产业一体化的是城乡产业分工的必然产物，就像手工业从农业中分离出来，从而产生了交易需求。具体而言，农村可为城市提供生产所需的能源、原材料以及中间产品等，城市为乡村提供生产资料和先进技术等。城乡产业的合理分工促进了城乡产业的联动，城乡产业的良性联动又促进了城乡产业一体化的实现，城乡产业良性联动是随着城乡产业分工与布局的深化而不断发展的。城乡产业联动发展不仅包括城乡在产品市场和要素市场形成的技术经济的互动，而且也包括城乡两种不同特质的聚落形态和社会单元所形成的空间依赖的联动，前者表现为城乡产业以各种要素投入和产出品为纽带的产业联动，后者重在表现为乡村为城市产业的扩张和结构的优化提供了广阔的空间。如图4-9所示，具体表现为：

一 城乡在产品市场的联动表现

（一）城市为乡村现代化发展提供了生产、生活资料

表现在重工业和轻工业方面，生产资料的提供会使农机等机械化生产工具在农村得以运用，城市向农村提供的轻工业服务，会使农村居民的生活需要得以满足，从图4-10中可以看出，近些年来，农业机械总动力和化肥施用量呈逐年上升趋势，机械的运用使农村劳动生产力得到了极大的提高。城市工业为乡村农业提供了先进的生产资料，即乡村农业的发展受制于城市工业发展规模和发展水平，可见，乡村农业是城乡产业联动的波及源，城市工业和乡村农业间是密不可分的，城乡产业联动的实质就是促进和强化城乡产业间技术经济联系。城市在集聚经济作用下，要素的不断集中本身就构成一个巨大的生活消费市场。据统计，随着城市居民生活水平的提高，对日常消费品的需求变得相对稳定，而人数较多的乡村居民，日常的生活消费和社会服务都需要城市来提供，尤其随着乡村居民收入水平和消费水平的不断提高，对城市生产生活资料的需求还有相当的上升空间。高群体的乡村居民，随着收入水平的提高，将会促进城市产业的消费性需求的上升。由此可见，农村居民为城

市产业提供了巨大的消费市场,城市产业的扩张离不开乡村消费市场的支撑。

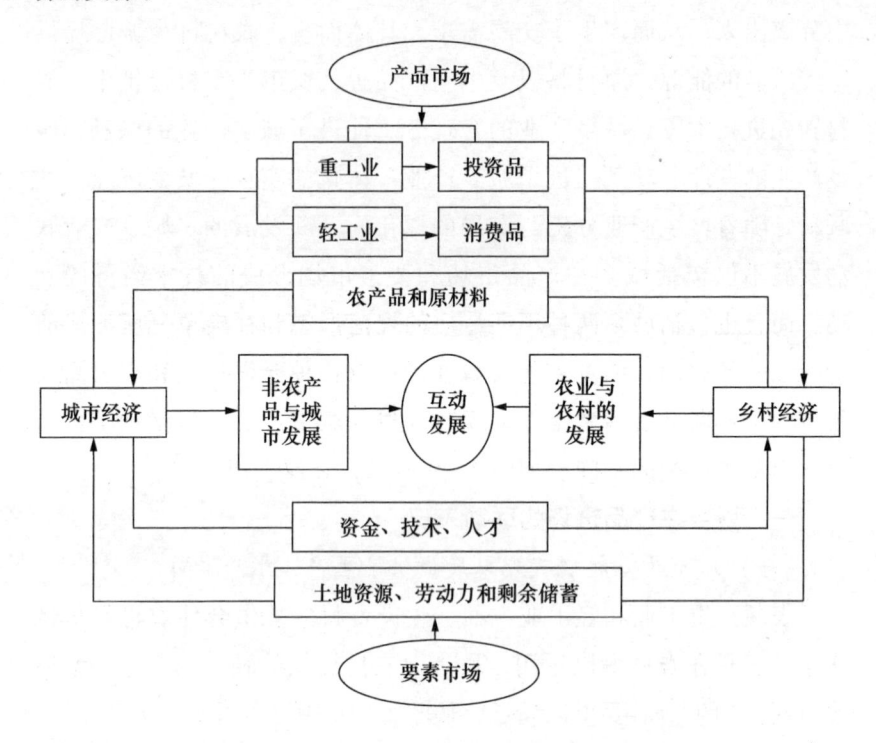

图4-9 城乡产业在产品市场和要素市场的联动表现

(二)乡村可以为城市提供农产品和原材料

乡村农业与城市工业间具有直接的"投入—产出"关系,乡村农业和城市工业是产业链条上的上下游关系,城乡可以形成纵向的分工关系。2010年城乡产业关联度系数为1.6913823,其前向关联程度高于平均水平,可见,乡村产业起到了对城市工业推动的作用。具体来说,城市集聚着大量的人口,需要的粮食和农副产品主要由乡村农业提供。目前,随着城市居民收入的增加,消费者偏好和方式的变化,对农副产品的种类和质量提出更高的要求,以城市生产和生活消费为导向的近郊都市农业的布局也正充分体现了城乡产业之间的联动关系。可见,城乡产业可以实现良性联动,城市工业为乡村的发展提供了生产、生活资料，而城市产业的扩张需要农村原材料和农产品的支持。

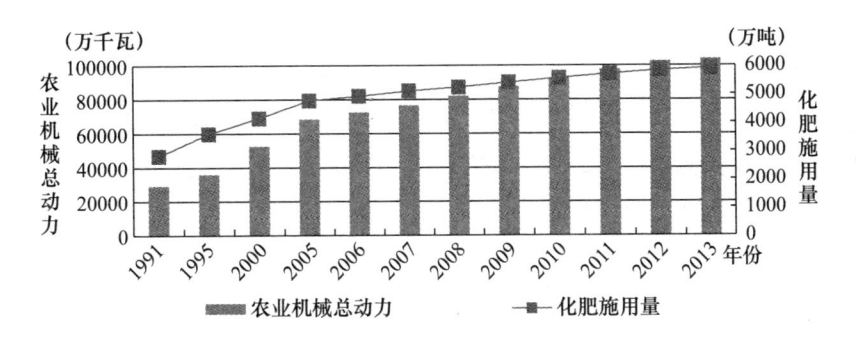

图 4-10　农业机械总动力和化肥施用量趋势

二　城乡在要素市场的联动表现

城乡产业联动除了以产品为纽带的技术经济联系外，联动还表现为城乡生产要素间的自由流动。

（一）乡村产业为城市产业的发展提供了土地资源、劳动力和剩余储蓄

众所周知，农产品的市场需求弹性较小，随着时间的推移人们对农产品的需求就会不断下降，随着乡村农业劳动生产率的提高，其结果农业部门必然会释放出大量的剩余劳动力，农村劳动力向城市的流动保证了城市工业和服务业大规模的扩张，促使城市化进程得以快速发展。2012年，全国农民工总量为26261万人，流向城市以从事建筑业、制造业和服务业为主，农村剩余劳动力的流动优化了乡村的资源配置格局，否则大量劳动力会滞留在乡村，带来一系列经济和社会问题。另外，以土地为基础，乡村为城市产业发展提供了扩张的空间，随着城市集聚不经济的出现，城市为需求更大的扩张空间，为了避免城市难以承担的要素成本和环境成本，随着信息网络化的快速发展，促使城市产业向乡村地域转移，城市产业的转移实现了城市主导产业的更迭，实现了城市产业结构的优化，土地和劳动密集部分产业或部分环节向城郊和农村的迁移，促进了农

村地区产业结构的优化与升级,通过城乡产业间的良性联动实现了城乡产业融合发展。

(二)城市产业为乡村产业的发展提供了资金、技术、人才的支持

城市是经济、政治和文化的中心,拥有丰富的人力资本、高度发达的信息网络、先进的科学技术和准确的商业信息,城市人才、信息技术等要素向乡村的流动,各种现代科学技术和先进设施运用到农业生产中,使乡村产业结构得到了优化与提升。同时,乡村产业也对城市产业进行延伸和渗透,如社区支持农业和观光休闲农业正好体现了农业和服务业的交叉融合。

三 城乡产业在空间上的联动表现

城乡产业空间优化是产业为了实现利润最大化而进行了区位选址的过程。城乡产业间只有形成合理的分工与布局,城乡企业与企业间才能聚合形成具有竞争力的产业链,城乡产业才能互动互融发展,才能实现产业的空间优化,才能逐步消除城乡发展的界限和落差。城乡产业在空间上的联动重在表现为城乡产业在空间上的转移与承接。

(一)产业转移与承接的内涵及动因分析

城乡产业转移与承接是企业或产业寻求新的最有布局区位的过程,是城乡动态比较优势和要素流动的结果。本书认为,产业转移与承接是指城乡空间范围内以企业为载体,产业从转移地向承接地转移的动态过程,从而实现生产要素在城乡间的优化配置,达到双方共赢的局面,是城乡产业优化升级的要求,是市场经济发展的必然结果,是产业向外围扩散的重要体现。广义上讲,城乡产业转移的路径不仅包括产业从城市到农村的转移路径,也包括产业从乡村向城市的转移过程,不认识到这一点,就不能全面把握城乡产业转移的规律。具体来讲,一方面是指在市场经济条件下,把在城市中失去比较优势的衰退产业转移到乡村,由乡村承接进行发展,从而

在产业空间分布上表现为城市向乡村转移的现象[①]，进而推动了乡村工业化的进程，实现了乡村产业结构的优化与升级，同时也为城市发展知识密集型产业、高关联度产业和现代服务业腾出了充足的发展空间。另一方面是指乡村相对比较发达的第一产业向城市周边的转移，为产业的发展提供了更为广阔的发展空间，都市农业的发展优化了城市的环境，提高了城市的卫生质量，城乡产业的转移与承接是实现城乡产业的良性互动的重要途径。随着信息网络化的发展，知识、信息和技术等密集型产业成为城市经济发展的主体架构，传统产业竞争优势的丧失形成的结构调整压力[②]，加之承接地新区位优势所形成的拉力，企业为实现利润最大化主动进行转移与承接。其动因主要表现为以下几方面：

1. 生产要素自由流动是其基础

城乡产业空间联动发展的实质是城乡产业结构升级和优化的过程，由于城乡比较优势和主导产业发展的不同，存在明显的产业成长差，正如水从高处向低处的流动，产业级差的存在是产业发生转移的基础。但产业级差的存在一定会引起产业的转移，其原因在于产业转移一般会是向阻力最小方向的移动。[③] 产业转移的主要形式是企业通过直接投资实现资本、劳动力和技术信息等要素向承接地的流动，进而生产要素进行重新配置形成新的产业规模和生产能力。由此可见，生产要素的自由流动是实现城乡产业转移和承接的必要条件。

2. 城乡产业利益差是其动力

城乡间存在产业成长差，区域间也实现了生产要素的自由流动，那么城乡产业的转移就一定存在吗？不一定，其原因在于作为载体

---

① 李坚：《城乡统筹新视角下乡村旅游发展战略的构想》，《企业经济》2007 年第 5 期。

② 杨善林：《产业转移中的主导产业选择与承接模式研究》，博士学位论文，合肥工业大学，2013 年。

③ 宋哲：《我国产业转移的动因与效应分析》，博士学位论文，武汉大学，2013 年。

的企业会进行区位选择，到底会将产业转移到哪里主要取决于利益导向，取决于产业转移带来的利益差。企业作为"理性的经济人"，作为产业转移的主体，产业转移的根本动力是在市场机制的驱动下，企业为实现利润最大化而寻求的发展途径。企业通过产业的转移，实现生产要素跨区域的合理配置，促进了城乡产业的联动，优化了城乡产业布局，是推动转出地和承接地产业结构的优化和升级的重要途径。

3. 成本压力和产业生态化是其诱因

城乡由于资源禀赋的不同，要素价格存在差异，企业生产经营成本的不同是推动产业进行转移的主要诱因，随着城市化进程的加快，要素价格上升、生活成本增加、交通拥堵和环境恶化等集聚不经济的出现，使城市一些产业的竞争优势逐渐丧失并向乡村转移。同时，随着乡村信息网络化发展，承接地乡村的基础设施的完善为产业的转移提供了重要的保障。为适应城市产业生态发展的要求，乡村比较发达的第一产业也可向城市周边转移，在城市周边发展景观农业、休闲农业等，进一步优化城市的生态环境，充分发挥都市农业的经济效应、社会效应和生态效应。

此外，政府政策、环境保护也是产业转移的重要影响因素，总之，城市集聚经济引起的要素供给量和要素价格变化以及城市产业生态化发展要求是产业转移的根本原因。产业转移与承接的过程是城乡各自优势资源重新配置以寻求利润最大化的过程，对于产业移出地和承接地而言，产业的转移与承接都能有力地实现产业结构的优化与升级，是实现城乡产业良性互动的必由之路。

(二) 产业转移与承接的效应分析

1. 要素注入效应

城市战略性资源较丰富，而乡村常规性资源占优势，产业的转移与承接实现了知识、技术、信息与自然资源等要素的有机结合，也实现了管理经验和先进生产工艺的转移，进而乡村能迅速积累起相对稀缺的生产要素，要素的注入盘活了乡村产业的发展，为经济的腾飞创造了良好条件。城市由于要素价格的上升,产业为寻找更加适合的生存空间,促使部分产业或产业的某个环节向乡村转移,尤其是劳动密集型产业的转移,尽管在一定程度上是一种被迫式迁移,但客观上推动了劳动力的回流,改变了乡村劳动力不足的局面。劳动力的回流改变了乡村土地资源与农业劳动力不对称的现状,推动了乡村的现代化发展。

2. 技术溢出效应

城乡产业联动中常常伴随着城市产业向乡村的转移,技术溢出效应是经济梯度较高的城市向梯度较低的乡村进行的,这种梯度性决定了乡村区域在产业联动过程中,可能承接城市的一部分第二、第三产业,这些产业的技术知识水平一般要高于乡村地区的平均生产技术水平,这样,移入乡村地区的这些产业的溢出效应将会发挥作用,一方面移入产业所具有的较高技术被乡村产业模仿和消化吸收,导致了承接地产业的技术进步;另一方面同时对承接地的相关产业也具有技术拉动的作用,带动相关产业的发展,促使移入产业得以在关联产业中溢出。可见,溢出效应促进了乡村产业的技术进步,提高了乡村经济生产效率。除此之外,转入产业已经具备成熟的发展模式和技术条件,为农村地区的产业带来新的技术经验和管理模式,促进原有乡镇企业吸收并改进技术和经营方式,实现更高的经济效益。

3. 工业化效应

城乡产业的转移加快了乡村工业化进程,产业转移是产业发展过程中的重要阶段,城市衰退产业在丧失优势后就会转移到乡村,乡村具有广阔的潜在市场,有丰富的常规性资源优势,但是乡村地区工业化发展水平低,潜在的资源得不到很好的利用和配置,城市产业的转入,能够整合城乡的资源优势,促进了城乡产业的联动发展。据统计,近些年乡镇企业的增加值呈日益上升的趋势(见图 4-11)。城市装备制造和化工企业的移入,为农业的生产提供了机械化和农药化肥,同时企业职工的日常消费需求也为农产品提供了市场,实现了农业的机械化和规模化生产。此外,作为承接地的乡村而言,随着转入产业对生产要素的集聚要求,使乡村地区的基础设施逐渐完善,带动了第三产业的发展。

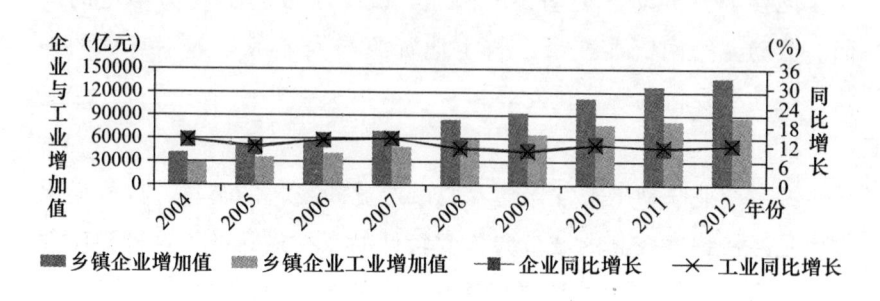

图 4-11 2004—2012 年乡镇企业增加值与工业增加值趋势

资料来源:《中国乡镇企业统计年鉴》和《中国统计年鉴》(2004—2012),笔者整理得到。

此外,还产生了优势升级效应,城乡通过产业转移路径,实现了城乡产业的良性联动,为传统产业结构升级与优化创造了条件,技术与信息等稀缺要素的迅速积累,促进了城市和乡村新的主导产业或支柱产业的形成,都市农业的发展改善了城市周边的环境。在竞争的压力下,移入产业要在竞争中求生存,将会采用先进技术、新工艺,不断进行技术创新,提高企业的竞争力。产业的转移与承接在为城市产业升级腾出空间的同时,也提高了乡村在区域分工中的地位。

(三) 产业转移与承接的主要模式

企业作为产业的微观主体,产业转移的实质就是企业在城乡间进行区位选址的过程。产业转移的过程伴随着生产要素的流动,除传统的土地和劳动力等生产要素外,如今知识技术、信息网络等作为重要生产要素也参与了经济活动,在产业转移中成为不容忽视的环节。乡村作为产业转移的承接地,应根据自身发展的实际情况,选择更为贴切的产业转移方式。从产业转移的规模或程度来看,城乡产业转移的基本形式如图 4-12 所示。

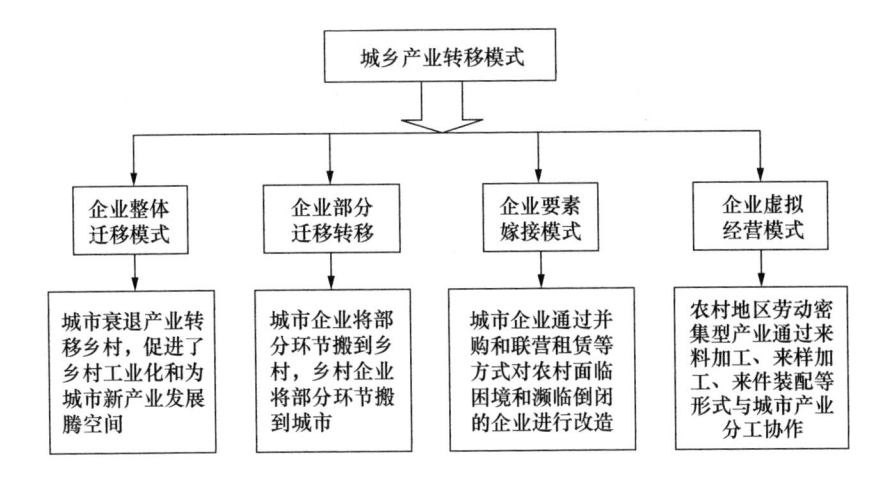

第四章　城乡间产业分工与产业横向一体化

```
                    ┌─────────────────┐
                    │  城乡产业转移模式  │
                    └────────┬────────┘
         ┌───────────┬───────┴───────┬───────────┐
    ┌────┴────┐ ┌────┴────┐     ┌────┴────┐ ┌────┴────┐
    │企业整体 │ │企业部分 │     │企业要素 │ │企业虚拟 │
    │迁移模式 │ │迁移转移 │     │嫁接模式 │ │经营模式 │
    └────┬────┘ └────┬────┘     └────┬────┘ └────┬────┘
    ┌────┴────┐ ┌────┴────┐     ┌────┴────┐ ┌────┴────┐
    │城市衰退 │ │城市企业 │     │城市企业 │ │农村地区 │
    │产业转移 │ │将部分环 │     │通过并购 │ │劳动密集 │
    │乡村，促 │ │节搬到乡 │     │和联营租 │ │型产业通 │
    │进了乡村 │ │村，乡村 │     │赁等方式 │ │过来料加 │
    │工业化和 │ │企业将部 │     │对农村面 │ │工、来样 │
    │为城市新 │ │分环节搬 │     │临困境和 │ │加工、来 │
    │产业发展 │ │到城市   │     │濒临倒闭 │ │件装配等 │
    │腾空间   │ │         │     │的企业进 │ │形式与城 │
    │         │ │         │     │行改造   │ │市产业分 │
    │         │ │         │     │         │ │工协作   │
    └─────────┘ └─────────┘     └─────────┘ └─────────┘
```

图 4-12　城乡产业转移的基本模式

1. 企业整体迁移模式

该模式是城市衰退性产业将资金、技术、人才、管理等要素整体迁移到乡村，一方面在乡村建立新的企业，促进了乡村非农业产业的发展，推动了农业工业化进程；另一方面，城市衰退性产业的退出，为城市的产业转型提供了更广阔的发展空间，有利于城市产业的优化与升级。

2. 企业部分迁移模式

该模式具体包括企业总部或核心部门迁移、生产基地或生产设施的转移、企业研发机构迁移、工序型产业转移等形式。既包括城市的企业将部分生产环节或生产部门搬迁到乡村，也包括乡村企业将研发、销售等部门和环节搬迁到城市，主要是通过建立扩建分厂或建立子公司来完成的。部分迁移模式实现了生产要素在城乡的自由流动，城乡在各自比较优势的基础上实现了资源的配置，有利于企业在市场机制作用下实现利润最大化原则，当然，在这个过程中，政府政策的引导是不容忽视的。从某种程度上说，总部经济模式属于部分迁移模式的范畴。

3. 企业要素嫁接模式

该模式是针对乡村地区经营状况不善或者是濒临倒闭的企业而

言的，通过要素嫁接实现存量激活的方式，主要途径是城市企业通过并购或联营租赁等方式对其进行改造，通过强化管理和提高技术信息水平，增强企业的竞争能力。

4. 企业虚拟经营模式

该模式是指原本分散在农村的乡镇企业，如纺织、服装、家用电器等劳动密集型产业，通过来样加工、来料加工和来件装配等外包加工的方式进行经营发展，进而与城市第二产业实现合理分工和形成良好的配套。

总之，产业转移可以是企业的全部转移，也可以是企业的部分转移，在城乡产业转移中，承接地的产业通常与原先的产业有着密不可分的关系，图4-13至图4-16具体描述了城乡产业联动中的产业关系。

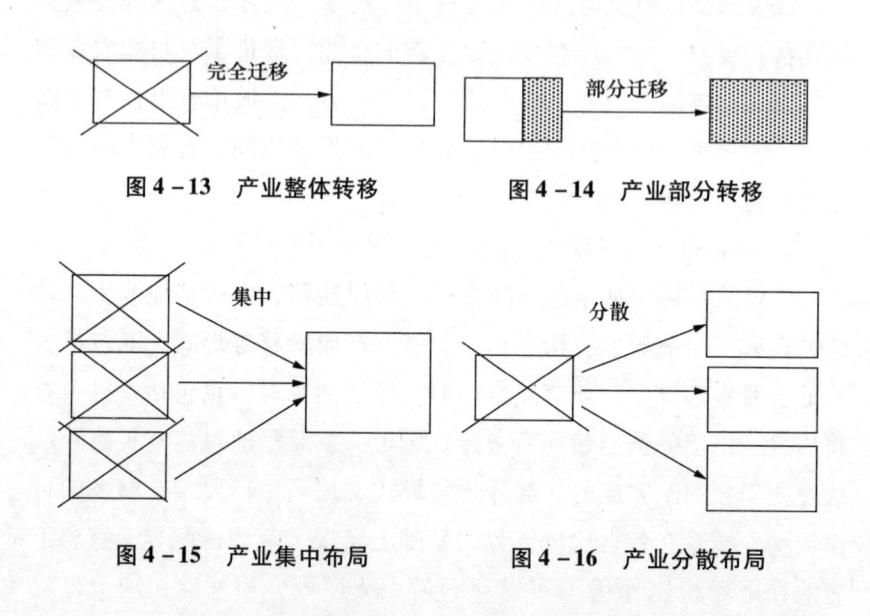

图4-13　产业整体转移

图4-14　产业部分转移

图4-15　产业集中布局

图4-16　产业分散布局

因此，乡村产业要根据产业发展的生命周期和环境承载能力，营造承接产业转移的环境，将劳动密集型产业、低附加值产业等有序向乡村转移，要完善农村服务业对产业承接的支持，着力形成城乡产业合理分工、资源合理配置的产业发展格局。在发展基础较差的乡村要积极引进发展较成熟的产业，为产业结构升级奠定基础；对有一定发展基础的乡村，有选择地承接产业转移，适当发展知识密集—劳动密集型产业和知识密集—资本密集型产业；对于发展条件较好的乡村要按照城市对于产业结构的要求来定位相关产业，建立承接产业转移的基础配套设施，不断引进人才与技术。乡村作为城市产业的承接地，一方面，城市产业的扩展腾出了空间，为产业结构的优化和升级提供了条件，促进了知识密集型产业和高关联度产业的进一步发展；另一方面，城市给承接地乡村提供了技术和资本支持，在竞争的压力下，移入产业要在竞争中求生存，将会采用先进技术、新工艺，不断进行技术创新，提高企业的竞争力。在延长劳动密集型产业生命周期的同时，也促进了乡村产业结构的转型和优化。

此外，城市服务业与乡村农业存在着技术经济联系。农业的产业化经营和现代化经营就是将生产性服务不断注入乡村传统农业的过程，城市服务业与乡村农业间存在着密切的经济技术联系，具体表现为：第一，农业产业化和现代化发展离不开城市生产性服务强有力的支撑，城市先进的生产要素技术、人才和信息的注入，才能为乡村农业产前、产中和产后各环节提供更全面的服务，进一步提高劳动者素质，实现城市对乡村产业的带动作用；第二，随着要素在城市的过度集聚，城市的市场扩展空间极其有限，而乡村消费者市场发展潜力巨大，乡村又是城市生产性服务业不容忽视的对象，城市服务业向乡村服务业的延伸具有巨大的市场空间。因此，城市服务业可为乡村农业的发展提供相关的服务配置支撑，两者之间存在密不可分的关系，城乡产业互动就是要强化城市生产性服务业和乡村农业间的技术经济联系。

值得一提的是，城市和乡村在生态方面存在必然的联系，城市从乡村获取能源、原材料的同时，又把废物运送回乡村，如果索取过度或者废物得不到及时处理，城乡的生态平衡将会遭到破坏。乡村虽在劳动力和土地等方面占据优势，但是，在产业转移过程中环境标准往往处于劣势，乡村为了吸引城市产业进入，环境资源的价值往往被低估了，之前城乡产业的非良性互动是以牺牲农村的环境为代价的。因此，城乡产业的转移造成了城市污染生产向乡村的转移，也可能以"分包"和"外包"的形式将污染密集生产环节外迁。今后在政府的引导下要实施严格的生态保护政策，要使资源环境承载力与经济活动发展相匹配。

由此可见，虽然城乡产业有别，但是基于城乡两种人类聚落空间的城乡经济间存在多维互动关系，要实现城乡产业的良性联动，就要形成合理的分工与布局，既包括乡村劳动力、原材料、资金和土地等要素向城市的流动，也包括城市先进技术、信息等要素向乡村的辐射和渗透；既包括乡村对城市的促进作用，也包括城市对乡村发展的拉动作用；既是城市对乡村的作用，也是乡村对城市的影响；既是乡村产业的繁荣，也是城市产业自身发展的过程，未来的城乡关系是经过互动整合后的新型城乡关系。

第五章 城乡间企业分工与产业纵向一体化

城乡产业合理分工与空间布局是对产业集聚力和分散力作用权衡的结果，不同类型的产业和企业区位选址决定了分工与空间布局模式在城乡间的差异。本章将从不同类型企业分工与空间布局来探讨城乡产业纵向一体化的实现。随着企业专业化水平的提高，城乡产业链条不断延长，将原本同属于一个企业的生产环节、原材料采购、研发、销售和管理等环节分散到城乡不同的地理位置去完成，并利用城乡要素密集程度的差异和生产规模经济的特征，在存在禀赋差异的城乡间寻求最优的企业区位。简单地说，就是通过产业链的构建，实现企业总部与生产加工等环节在城乡空间实现再配置，实现了企业价值链与区域资源优势的最优空间耦合，进而产生"1+1>2"的倍增效应，在确保企业长期发展活力的同时，推动城乡产业纵向一体化的实现。

第一节 研究的基本命题

一 信息网络化与城乡产业空间结构关系

（一）信息网络化发展态势

工业空间集聚加强，城市规模集聚扩大，信息网络化的强劲推进，城市已成为空间结构的发展核心，需求发展的同时也造成了城市集聚不经济问题凸显，这一切都对区域空间结构提出了创新需求。就像工业化给经济发展带来根本性变革一样，信息网络化也必将给经济发展转变带来深刻的影响，谁占有了信息，谁就能获得发展的主动权。进入互联网时代，伴随着计算机远程通信技术的出现，市场化和网络化的方式提高了社会生产力。

从基础设施上来看，基于互联网的城乡信息基础设施主要包括：固定电话网络的铺入、移动电话网络的覆盖、家用电脑和电视机的拥有，图5-1表明，2015—2012年，中国城乡信息基础设施拥有量的变化趋势，除固定电话呈递减趋势外，源于移动电话对固定电话的替代效应，其余的基础设施拥有量都呈上升的趋势，而且家用电脑增加的幅度最大，从2005年2.1台/百户居民上升到2012年21.36台/百户居民，虽然与城市居民拥有量存在较大差距，但是农村家用电脑拥有量也取得长足的发展，乡村居民可通过电脑网络拓宽有效信息的获取，通过自学提高农民素质。

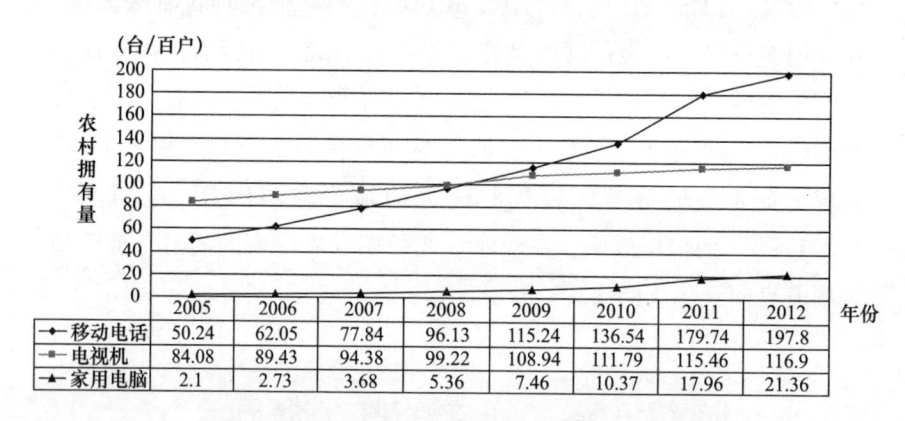

年份	2005	2006	2007	2008	2009	2010	2011	2012
移动电话	50.24	62.05	77.84	96.13	115.24	136.54	179.74	197.8
电视机	84.08	89.43	94.38	99.22	108.94	111.79	115.46	116.9
家用电脑	2.1	2.73	3.68	5.36	7.46	10.37	17.96	21.36

图5-1 2005—2012年中国农村通信网络拥有量

资料来源：历年《中国统计年鉴》，笔者整理得到。

从网民规模上来看，信息化网络技术发展中，乡村农民对信息化发展起着支撑作用，乡村农民既是重要参与者，也是重要执行者和受益者。农村网民的数量和质量是农村信息化需求的决定性力量，也是信息化水平重要的影响因素。随着互联网的迅猛发展，进而加快了向农村扩散的进程,主要表现为农村网民规模的扩大(见图5-2和图5-3),2005年年底,农村网民数量已经达到1931万人,年增长率达127.7%,2013年12月底,农村网民规模达17662万人,比上年增长2096万人,增长率为13.5%,农村网民占28.6%,是近年来占比最高的一次。2012年以来,农村网民的增速超越了城镇网民,城乡网民规模差距继续缩小。可见,农村网民规模的扩大体现了农村信息化推进的极大需求,成为中国互联网的重要增长动力。据统计,农民对互联网的涉农、农业技能培训和就业等方面尤为感兴趣,当然,信息化需求也存在着区域差异,发达农村地区的需求程度远大于传统落后的农村地区,农村信息化推进存在着巨大的空间和发展潜力。

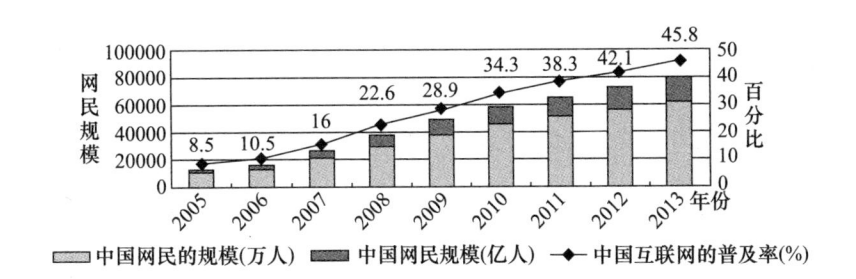

图5-2 农村网民规模与互联网普及率趋势

资料来源:《中国农村互联网发展状况调查报告》(2013),笔者整理得到。

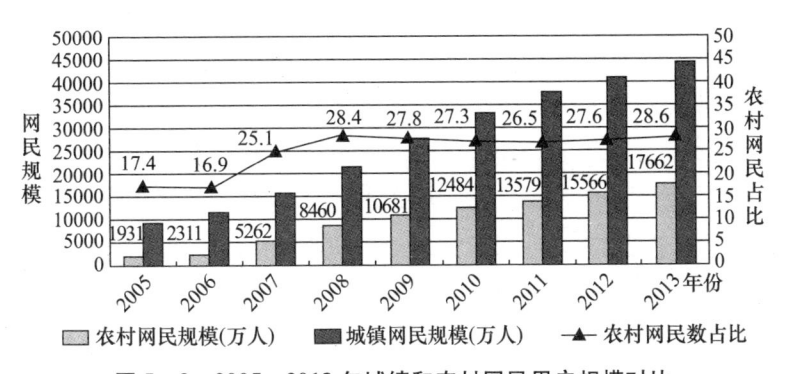

图5-3 2005—2013年城镇和农村网民用户规模对比

资料来源:《中国农村互联网发展状况调查报告》(2013),笔者整理得到。

从互联网普及率来看，随着农村网民规模的进一步扩大，农村互联网的普及率也在不断增加，从图 5-4 中可以看到，截至 2013 年 12 月，中国农村互联网普及率达到 27.5%，比 2012 年 23.7% 提升了近 4 个百分点，城乡互联网普及差距进一步缩小。近年来，随着城市化进程的加快，农村人口在总体人口中的占比持续下降，据统计，2013 年年底，乡村人口占比已降至 47.4%，但农民网民规模仍保持上升趋势，成为中国网民规模增长的重要动力。由此可见，农村互联网普及工作已取得成效。

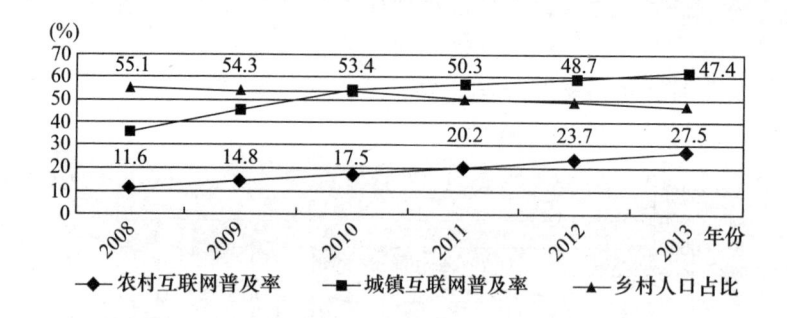

图 5-4 2008—2013 年城镇与农村互联网普及率对比

资料来源：《中国农村互联网发展状况调查报告》(2008—2013)，笔者整理得到。

从城乡上网设备来看，台式电脑、笔记本电脑、手机和平板电脑四种上网设备中，如图 5-5 所示，截至 2013 年 12 月，农村网民使用手机上网的比例为 84.6%，城镇居民为 79.4%，高出城镇 5 个多百分点，其余设备的使用比例均低于城镇网民，可以看到，手机上网成本低、易操作，使农村地区居民随时随地上网成为可能，成为农村居民上网的主流设备。据统计，2013 年，农村网民手机上网已达到 1.49 亿人，较 2012 年年底增加了 3220 万人，增长率为 27.5%，远高于城镇 19.4% 的增长率，与 2012 年相比，提高了近 7 个百分点，随着 4G 网络的推进，网络资费的进一步下调，手机在农村网民中的渗透将进一步增大。

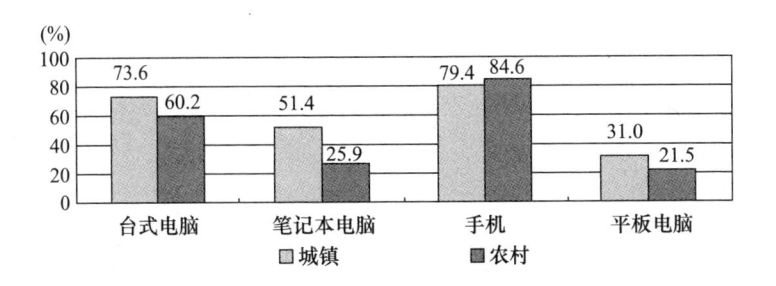

第五章 城乡间企业分工与产业纵向一体化 | 145

图 5-5 2013 年城镇和农村上网设备比较

设备	城镇	农村
台式电脑	73.6	60.2
笔记本电脑	51.4	25.9
手机	79.4	84.6
平板电脑	31.0	21.5

资料来源：《中国农村互联网发展状况调查报告》(2008—2013)，笔者整理得到。

总体来看，虽然我国城乡信息网络发展水平仍存在较大的差距，但经过多年的努力，以互联网、广播电视网和电信网为主体的"三网"信息化基础设施建设不断得以夯实，农村居民通信网络拥有量呈现逐年递增的趋势。信息网络化发展使城乡产业空间"大分散，小集中"布局成为可能。加之政府政策的推进与支持，城乡形成了一种空间关联的地域关系，已重新塑造了城乡产业的空间结构。

（二）信息网络化实现了城乡产业空间结构的优化

信息网络化与城乡区域空间的互动过程中，城乡产业空间结构将呈现显著的变化，具体表现如图 5-6 所示。

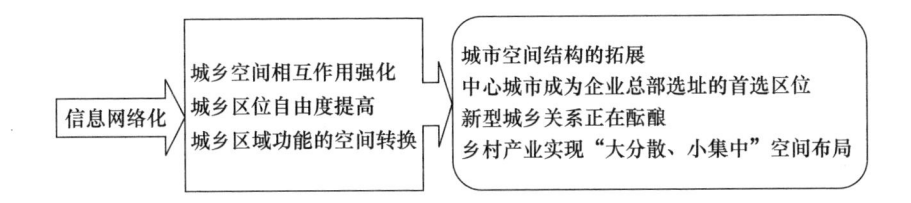

信息网络化 → 城乡空间相互作用强化 / 城乡区位自由度提高 / 城乡区域功能的空间转换 → 城市空间结构的拓展 / 中心城市成为企业总部选址的首选区位 / 新型城乡关系正在酝酿 / 乡村产业实现"大分散、小集中"空间布局

图 5-6 信息网络化对城乡产业空间结构优化

1. 城市空间结构的拓展

信息网络化对城乡空间相互作用和城乡自由度的影响，将导致城乡经济运行对空间依赖程度的降低。城市化的发展要以空间扩散

为依托，城市空间结构是城市形态的重要方面，城市空间结构的演变是城市经济发展的必然要求。为了追求生产的规模经济，企业在靠近原材料和市场的地域集聚，企业的集聚带动了人口的集聚及各种配套服务设施的集聚，造就了城市的产生。随着城市化的推进，城市成为城乡空间结构的发展极核，成为巨量信息的复合载体，但城市发展到了一定程度，就会出现交通拥挤、人口密集、地价上涨和环境污染等集聚的负效应，为了寻求更大的经济效益，借助信息网络化技术，城市产业空间就会向外拓展，城市向外扩展使城乡产业空间相互作用得以强化，企业在乡村的分散化布局成为可能，城市产业或者产业的某环节就会职能外迁。但城市仍是社会经济活动的集聚地，传统的物质因素、企业的研发与高层管理、人类的情感因素仍需要在城市适度聚集，集中化趋势促使城市中枢功能进一步加强，因此相当长的一段时间内城市空间结构将表现为聚集与扩散共存的特征，集聚与分散的作用也反映在城乡产业的互动和空间格局的演变上。目前，信息网络对城市空间的拓展与扩散为其主要途径，信息化延展了人们在城乡行为发生的空间，缩短了技术创新，方便了远程交流和合作，虽然城市信息网络化发展不能完全取代现代化交通网络的发展，但是其作用的发挥也大大拓宽了城市的活动空间，实现企业与产业的分散化布局。总之，信息网络化发展为城乡产业的良性互动创造了条件，乡村不再单纯地仅仅支持城市的发展，其经济和生态价值被重新评估，信息网络化促使城市产业的外迁和技术含量较高的服务业逐渐向乡村延伸，城乡产业空间组合形态也由此发生了改变。信息化促进了城市产业结构由生产型向多功能型转变，由传统制造业为主向现代服务业为主转变；以信息化为纽带，构建城乡产业链拓展了城市空间的同时，也为农村剩余劳动力的"自我消化"提供了空间；城市信息化向乡村的扩散与渗透，数字化、智能化和网络化平台的建立，有效地将城市先进的生产生活方式和传向乡村地区，有利于缩小了城乡的差距；在城乡信息完全化和自由流动的前提下，农村农民可根据提供的有效信息对生产和就业做出理性的选择，避免了城乡人口盲目性流动，可利用技术提高农业资源的利用效率，降低农民生产的风险，信息化注入使得农村地域景观改变的"显性"城市化和农村生活方式改变的"隐形"城市化交相辉映。[①] 信息化实现了乡村技术和管理上的跨越，实现了城乡产业的依存度和关联度，实现了城乡产业的空间融合，为城乡产业良性互动创造了条件。当然，城乡信息化互动发展也需要政府进行驱动，依靠农村的各项服务机制和流通机制配合完成。

2. 中心城市成为企业总部选址的首选区位

信息网络化的发展可以使城乡空间各个组成部分之间的可达性最大化，这意味着城乡区位自由度得以不断的提高。"点—轴"理论认为，"点"是指能带动各级区域发展的中心城市，点点间以线状的基础设施为轴线联系在一起，因此城市形成了自己特有的区位优势。近些年来，随着市场化进程的加快，一方面人才、信息和技术等战略资源不断向大城市涌现，高度集中的生产导致城市空间资源日益紧张，生产成本日趋上升，当企业的生产成本超过跨地区的交易费用时，企业就会选择从城市向外迁移；另一方面，城市周边或乡村由于经济发展水平较低，难以吸引高端人才，其发展处于战略资源获取"瓶颈"期。为了适应市场需求的变化，企业可依据城乡不同的区位资源优势，借助信息网络技术，可将企业的总部与生产制造基地进行分离。城市具有集聚优势，可凭借独特优势成为公司总部的首选区位，获取知识溢出效应或技术外部性，着重发展企业管理、产品研发和销售等知识密集型产业高端环节，生产环节布局在级差地租和劳动力成本较低的乡村地区，以实现资源的优化配置。由此可见，实现企业各环节的分离，在城乡间形成分工合理、空间集约和功能错位的产业布局，走"总部—生产基地—资源产业化"的发展模式是实现城乡产业良性互动的必由之路。

---

① 方维慰：《区域信息化的空间差异与发展模式研究》，博士学位论文，西北大学，2007年。

3. 新型城乡关系正在酝酿

借助信息网络化的发展，城市和乡村之间的联系更为密切，发展的空间更为广阔，新型城乡关系正在酝酿，城市和乡村由先前单纯的地域空间逐步向复杂的网络式互动转变，由城乡地域群体空间的"独善其身"逐步向"共同繁荣"转变，无疑，信息网络和交通网络是实现城乡区域功能空间转换的重要力量。随着城乡间信息网络的畅通，信息要素向乡村的注入，乡村以此为契机，实现乡村产业的跨越式发展，城市的"金字塔"等级结构也会向新的扁平化城市体系演变。所有镶嵌在网络信息空间中的城市和乡村，都将突破传统的空间发展模式，随着城乡产业链的延伸与扩展，对城市和乡村的职能提出了新的分工与互动。可以说，未来的城市地位不仅取决于良好的地理区位，更重要的是取决于知识创新能力和人力资本的积累，也取决于信息网络发展的程度。总之，信息网络与生产要素的结合，加快了要素在城乡间的流动性，信息网络引起了一系列的空间效应，实现了城乡区域功能的空间转换。

4. 乡村产业实现"大分散，小集中"空间布局

目前城市产业空间扩展主要停留在传统工业向郊区迁移的层面上，随着信息网络化的发展，城市和乡村的联系日益加强。近些年来，随着乡镇企业的崛起，改变了乡村单纯从事农业生产的局面，虽然未完全实现乡村城镇化发展，但是，对乡村产业结构调整也产生了一定作用。信息网络化的发展逐渐改变了乡村农民传统的生产生活方式，先进的通信网络、电子商务等新型交易手段改变了城乡产业过去的选择空间。信息化的注入截留了一部分乡村要素向城市的转移，使这些要素就地发生转化，土地密集型和劳动密集型产业开始向成本较低的乡村转移，为城镇企业的发展注入了新的活力。可见，城乡农工贸产业链的构建、城市衰退产业或产业生产环节的外迁对于城乡产业空间结构的优化意义重大。随着信息网络化发展，农民在生产中可获得充足的信息，促进农业产业化和现代化经营的实现，有效地实现了城乡产业链中产前产中产后的衔接，处理

了企业生产、销售和消费的动态关系。乡村在信息化发展的背景下，形成适合其功能需要的特殊地带，如以满足城市居民短期游憩需求的休闲风光带。信息网络推进了城乡要素的优势互补，实现了要素的优化配置，郊区和乡村可成为未来城市空间向外延伸区域，乡村在园区小集中的基础上实现分散化布局成为可能。

二 企业区位选址行为及结果呈现分散化

CICP 模型的构建说明了城乡产业一体化推进过程中，企业区位选址行为呈现"分散—集聚—再分散"的发展趋势，再分散不是分散的简单回归与重复，而是分散的优化与升级。企业区位选址行为及结果趋于分散化，并不是否定集聚经济的作用，而是在分散化过程中实现的"大分散，小集中"空间布局。从时间维度上看，企业区位选址呈分散化布局，并不是所有的企业同时由城市向乡村的转移与扩散，而是一个逐渐形成的过程；在空间维度上，企业在城乡实现集聚与扩散并存的局面。

企业区位选址行为的分散化改变了传统企业区位理论中企业区位选址倾向，传统企业区位选择一般倾向于市场发育程度高、技术人才集中的大中城市，或者是接近于大城市的地区。随着城市集聚不经济和信息网络化发展，分散化使部分企业由城市向乡村扩散与转移成为可能。CICP 模型分析框架下的承认企业区位选址行为的分散化，很好地解释了企业区位选址的现实，并且在理论上给予深度的支撑。

由此可见，在 CICP 模型分析框架下研究企业在城乡区位选址问题，是结合我国推进城乡产业一体化展开的。面对城市集聚不经济的凸显，企业为了寻求更大的利润空间，就会将企业生产和装配等环节外迁，信息网络化的发展，使企业总部与生产基地等环节实现空间分离成为可能。不同环节的企业在空间的分离实现了企业区位选址行为和结果的分散化，实现了要素的优化配置，使企业在城乡分工与空间布局表现出新的发展模式。

第二节 基于企业区位选址的城乡双向迁移总部经济模式

随着城市化进程的加快，城市规模快速扩张，企业要素成本急剧上升、空间资源日益紧张，制造业"空心化"日趋严重，城市产业发展面临着培育新增长点的巨大压力。与此同时，乡村在吸引技术、人才等战略资源方面处于劣势，其发展面临着战略资源"瓶颈"。那么，如何借助信息网络化发展推动城乡产业一体化发展，企业组织结构扁平化催生了总部经济模式的形成，促进资源在城乡间的最优化配置。

一 城乡双向迁移总部经济的分工与空间特征

（一）分工与空间布局：总部＋生产基地＋资源产业化

从产业分工历程看，产业分工经历了不同产业间的分工到产业内部企业间的分工，再到产业链分工的发展趋势。目前，各区域按照产业链不同模块和不同环节进行专业化分工生产是新型产业链分工模式下的发展新趋势。一个企业的价值链包含着诸多的环节，从总部管理、产品设计与生产、产品的营销，每一环节均可依据集聚与扩散的特征在城乡不同区位进行选址，实现各环节空间的分离。由于城市中心区CBD拥有先进的技术和丰富的人才资源等战略性资源，可以采取企业总部向城市中心区CBD集中，生产基地等环节向城市周边郊区或农村地区扩散的双向迁移总部经济发展模式（见图5－7）。

具体而言，就是利用城市特有的优势把首脑机关和与外界有密切联系的环节集中在城市发展，负责产品的研发、设计和销售等；把生产制造基地等环节放到城市之外具有比较优势的郊区或乡村来发展，实现"你中有我，我中有你"一体化发展。总部经济模式客观上是利用各自区位优势寻求成本最小化的必然结果，是城乡产业

第五章　城乡间企业分工与产业纵向一体化 | 151

一体化发展到一定阶段的产物，是连接城市和乡村发展的必由之路，实现了企业价值链与区域资源优势的最优空间耦合。

如果企业按照传统的产业布局模式，将企业的总部和生产基地无论布局在城市，还是布局在农村，都无法实现资源的最优化配置。如果企业布局在城市，常规资源稀缺成本较高，战略资源密集成本较低；如果布局在农村，情形正好相反，企业战略资源稀缺，获取的成本要比城市高很多（见图5-8）。企业如果按照"总部+生产基地+资源产业化"空间布局模式，即在大城市发展高技术核心产业和相关的服务配套产业等，在小城市或小城镇发展一般制造业和劳动密集型产业，在广大周边地区形成各具特色的产业化基地的区域空间格局。企业则可以较低的成本取得乡村的常规资源和城市的战略性资源，从而实现了城乡两区域比较优势在一个企业的集中优化配置，企业的价值链实现总部和生产加工基地的空间分离的同时，实现了产业链条上城乡成本的降低，推动了城乡互利共赢。

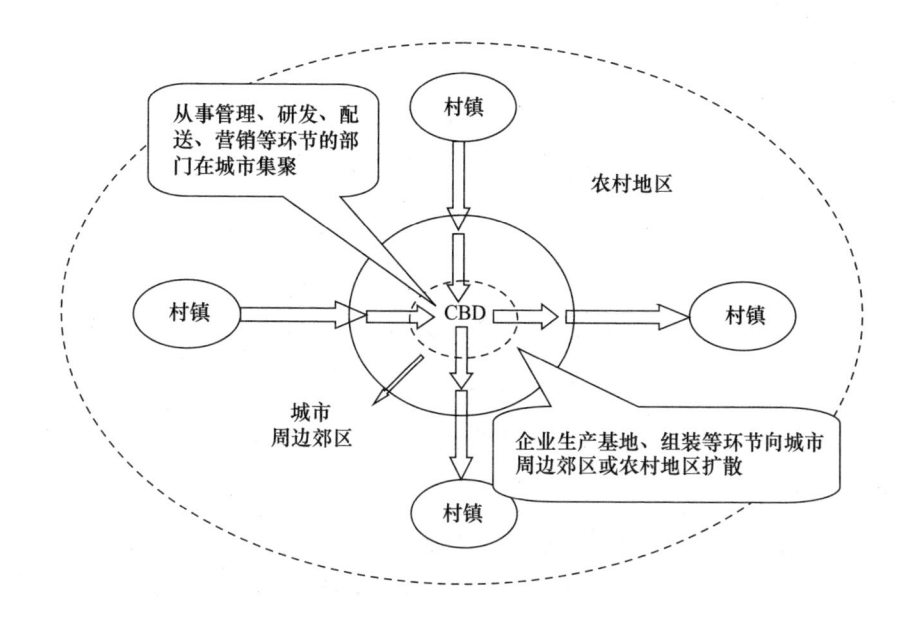

图5-7　城乡双向迁移总部经济发展模式

具体表现为：一方面，城乡双向迁移的总部经济发展模式推动了以技术创新为基础的总部环节或部门在城市中心区 CBD 集聚，从而促进了城市生产性服务业的发展，优化了城市经济结构，使城市职能得以改善；另一方面，企业生产制造环节向小城市、小城镇或村镇的扩散，使企业避免了城市高地租和高工资，避免了城市集聚不经济出现的同时，也带动了农村工业化的发展，实现了农村经济结构的优化与升级。

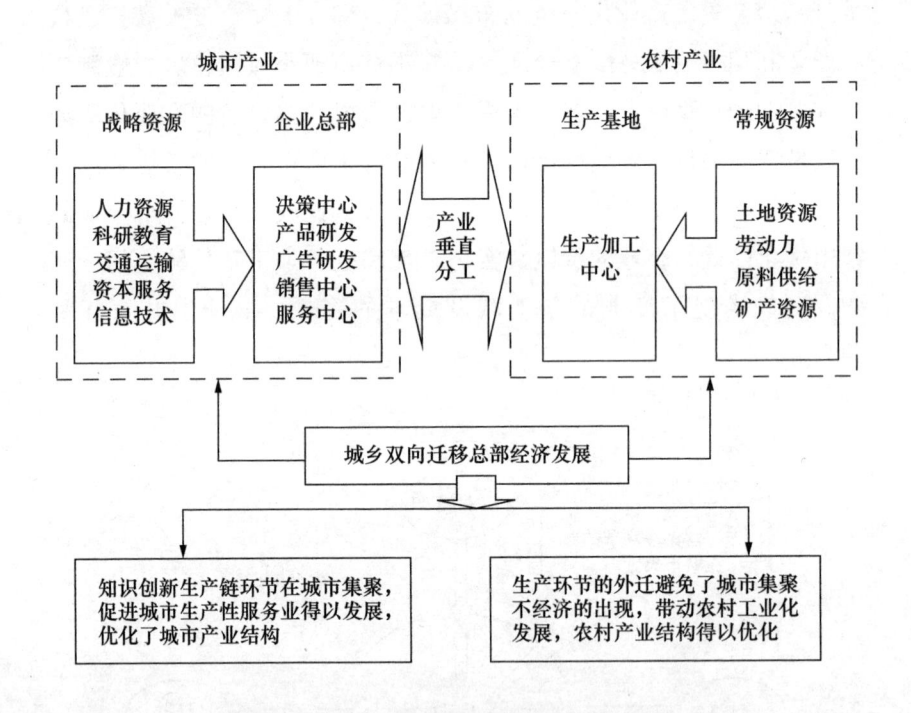

图 5-8 产业分工与城乡双向迁移总部经济发展

（二）空间特征：城乡产业体系、产业组织与城镇等级一体化

城乡产业分工的演进一般伴随产业的组织形式和城镇等级体系的演进。18 世纪工业革命初期，产业分工主要体现为企业各部门间的分工，"单体企业"成为企业组织的主要表现形式；随着分工的进一步细化，企业为了追求规模经济，共享城市的经济设施和信息

资源,将企业生产和管理等环节集聚在城市,多单位、多功能的纵向一体化大型企业为企业组织的基本形式;直到20世纪80年代,在全球化信息发展的背景下,纵向一体化的传统企业难以适应市场需求的变化,为了追求利润最大化迫使企业专注于核心业务,将非核心业务纷纷剥离出去,纵向分离的网络组织成为企业组织形式的表现形式。

计划经济时期,我国产业分工的发展趋势与国际演进历程是不吻合的,条块分割的体制使城市成为居民的居住区和企业生产基地,交易职能被弱化。同时,为了实现超前的工业化发展,实现了"城市偏向"发展战略,限制了人口等生产要素的自由流动,城乡壁垒难以逾越。改革开放后,城市化滞后于工业化的局面虽得以改善,但城乡经济体系、产业组织体系和城镇等级体系不协调发展仍然存在。可见,在城市集聚不经济和信息网络化快速发展的大背景下,城乡双向迁移总部经济模式实现了城乡产业链的合理布局,如图5-9所示。

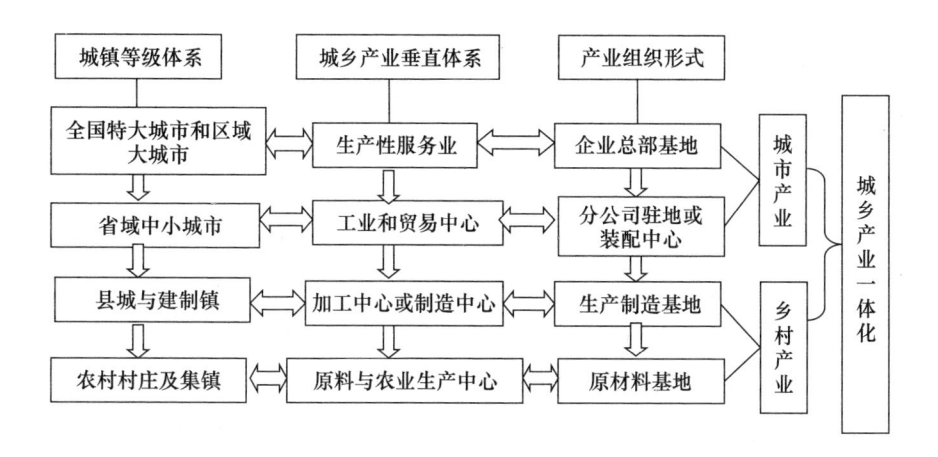

图5-9 城乡产业体系、企业组织形式与城镇等级体系一体化发展

第一,作为全国特大城市和区域大城市,产业发展集中在生产性服务业,如信托、会计、银行、法律、市场营销和管理咨询服务，通过发挥集聚经济成为技术创新中心、信息服务中心等企业总部基地，"北上广"顶尖城市应放眼于经济全球化，吸引跨国公司总部、管理中心和研发部门进入，增强我国与全球经济的联系。

第二，作为省域中小城市，在产业体系中的定位应是突出制造业，成为全国的工业和贸易中心。同时，在产业组织体系中主要是成为企业分公司驻地或装配中心。

第三，作为县域与建制镇，在产业体系中的定位主要是农产品加工中心、原料或半成品制造中心。产业组织形式主要是生产制造基地。

第四，作为农村村庄及集镇，在产业体系中的定位应是原料与农业生产中心。产业组织形式则定位为原材料基地。县城与建制镇可以利用土地和劳动力相对便宜的优势，吸引关联产业的制造环节和生产基地进入，通过地域专业化生产，大幅度降低产品生产成本，最终形成有特色的产业集群。

二 城乡双向迁移总部经济模式的形成机制及解析

假定企业将总部设在城市 A，把生产制造基地设在乡村 B，企业的生产经营活动是由两部分构成的，一部分是企业生产制造出产品的过程，用 X 表示产出；另一部分是企业的研发、管理、销售等总部活动，总部活动主要为产品提供其服务，用 Y 表示。假设产出 X 需要的生产要素投入分别为原材料 M、劳动力 L、土地 S、资本 K；而总部提供的服务 Y 需要高素质的人力资本 H。基于以上假设，可知 X 和 Y 的生产函数分别为：

$$X = f(M, L, S, K), Y = g(H)$$

各要素的价格分别用 η_M、w_L、r_S、p_K、p_H 表示，企业的生产成本函数可表示为：

$$TC = \eta_M M + w_L L + r_S S + p_K K + p_H H$$

企业的收益函数表示为：

$$TR = P_X X = P_X f(M, L, S, K)$$

由此可得，利润函数：

第五章 城乡间企业分工与产业纵向一体化

$$\prod = TR - TC = P_X f(M, L, S, K) - \eta_M M - w_L L - r_S S - p_K K - p_H H$$

在城市可以以相对较低的成本获取战略资源，而常规资源成本相对较高，在乡村恰好相反，根据城乡各自的禀赋优势，在乡村的原材料 M、劳动力 L、土地 S 的成本价格较城市要低，由于资本在城乡可自由流动，受城乡发展水平的影响较小，在模型中不考虑资本要素，即有 $w_{AL} > w_{BL}$，$\eta_{AM} > \eta_{BM}$，$r_{AS} > r_{BS}$。

考虑到企业努力的凸显性质，在边际收益递减规律的作用下，收益曲线随企业规模增幅递减，投入要素的价格和相应的生产函数决定了成本曲线形状，生产函数具有规模收益递减性质，投入要素的价格是由一个递增的机会成本确定的，由此可知收益函数随产量增加而增幅递减，成本函数随产量增加而增幅递增，可看成是线性的，企业追求的是利润最大化，即 $\prod = TR - TC$，如果不考虑企业总部和生产制造基地空间分离产生的贸易成本 τ，在一定产量下，企业选址在农村能获得的利润要比布局在城市多，如图 5-10 所示，利润增加值是由乡村要素成本的节约而产生的，可表示为：

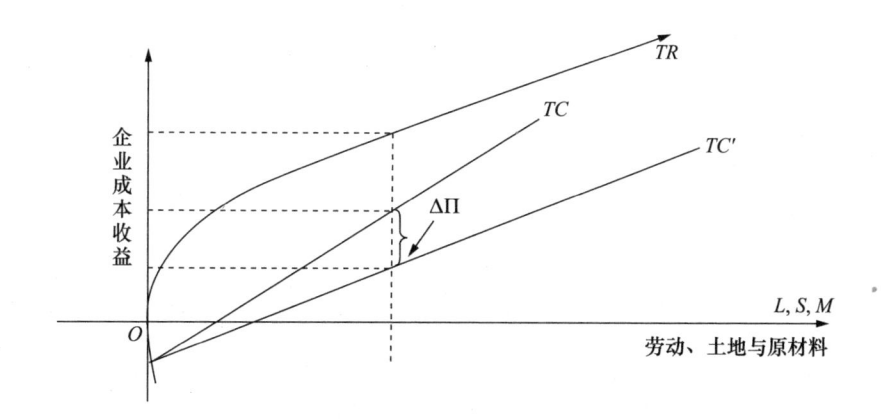

图 5-10 生产基地向外围扩散的企业成本收益

$$\Delta\prod = \prod_B - \prod_A = (\eta_{AM} - \eta_{BM})M + (w_{AL} - w_{BL})L + (r_{AS} - r_{BS})S > 0$$

如果考虑企业两部门空间分离后的贸易成本 τ，当企业将生产基地进行迁移所获得的利润 $\Delta\Pi$（即要素成本的节约）的增加额大于迁移过程中的贸易成本：

$$(\eta_{AM} - \eta_{BM})M + (w_{AL} - w_{BL})L + (r_{AS} - r_{BS})S > \tau$$

此时，企业会采取在乡村的分散化布局模式。

实际上，企业总部与生产基地空间分离的贸易成本的大小主要取决于信息传输方式。在信息网络技术尚未普及的情况下，城乡贸易成本相对较高。而进入互联网时代，特别是随着农村信息网络技术水平的发展，大大降低了城乡贸易成本（τ^* 曲线呈下降趋势），表现为企业转移过程中利用信息网络技术的发展，不需要面对面交流就可以完成协商带来的经济成本和时间成本的节约。如图 5-11 所示，当农村信息网络技术水平大于或等于临界值 u_0 时，有 $\tau - \tau^* > 0$ 时，即 $\tau^* < \tau$，即：

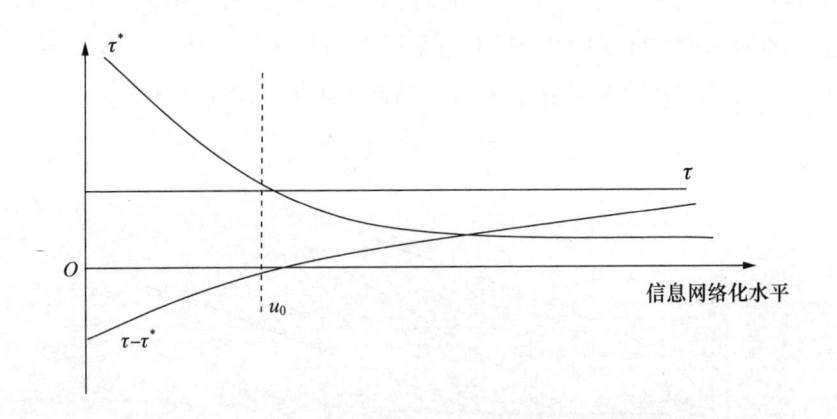

图 5-11 信息网络化对企业生产基地向外扩散的影响

$$(\eta_{AM} - \eta_{BM})M + (w_{AL} - w_{BL})L + (r_{AS} - r_{BS})S > \tau > \tau^*$$

此时意味着只有信息网络技术水平达到临界值时，企业总部与生产基地空间分离的交易成本 τ 才会低于为了避免城市拥挤成本而实现空间分离后，由于原材料、劳动力和土地等要素下降所产生的成本节约，企业就会选择总部与生产基地空间分散布局模式来推动城乡产业一体化发展。

三 城乡双向迁移的总部经济模式表现形式

众所周知，通过模式创新的推动能极大地带动城乡双向迁移总部经济的发展，由于我国城乡具有的独特特征为采取生产性总部经济模式，总部经济集聚区模式和农村沃尔玛模式创造了得天独厚的发展契机。

（一）生产性总部经济模式

随着工业化和城镇化的推进，我国城市在资本密集型工业和加工制造业方面取得了长足发展，在城市拥有较强的技术创新能力、较强的产业综合配套能力、良好的基础设施建设和庞大的人力资本队伍，这些都为生产性总部经济模式的推进奠定了良好的基础。随着城市集聚不经济凸显和信息网络化发展，企业为寻求更低的成本和更高的利润，将企业的总部设在城市，负责企业的管理、研发、采购和营销等环节，而将生产性企业的生产加工环节外迁到小城市、小城镇或乡村地区。以不同类型的生产制造设计企业为例，模具设计、玩具设计、广告设计和印刷包装设计等在城市形成设计总部，各设计总部间形成优势互补之势，促使企业不断创新，提高运作效率。随着生产制造企业总部和生产制造基地的空间分离，极大地推动了生产性总部经济的发展，生产基地的外迁不仅促进了农村工业化的发展，也为城市经济发展腾出了更广阔的空间，实现了城乡产业的结构优化，推动了城乡产业一体化发展。

（二）总部经济集聚区模式

当经济发展到一定阶段，集聚区模式会由单一的 CBD 模式向若干个微型 CBD 多极化模式演变，称为总部经济集聚区模式。为缓解中心城市集聚不经济，20 世纪 60 年代，纽约、伦敦等世界级城市都经历了由单一向多极演变的历程。总部经济集聚区模式是在顺应历史发展的基础上提出的全新概念，强调的是城乡依托交通和信息网络化的发展，将相关的总部管理和生产性服务有效地集中在城市或城市近郊，形成资源共享和生态协调，形成的多极微型 CBD 要依托城市内部不同位置所具有的特色功能，形成不同类型的总部经济错位竞争，基于产业关联效应形成的集聚区，实现了资源共享，为总部经济的发展提供了良好的发展环境，总部经济在城市集聚区的竞争和合作，提高了服务产品的有效供给，借鉴国际经验的基础上，不断提高总部经济的等级。

（三）农村"沃尔玛"总部经济模式

零售业巨头的沃尔玛是依靠"农村包围城市"市场战略成为世界的神话，其策略由两部分构成，前期坚持"小镇开店"和后期"进军城市"。在成立前20年，沃尔玛为了避免大城市的残酷竞争坚持在万人左右的小城镇开店，在满足小镇对零售业需求的基础上也在不为人所注意的乡村悄然成长，在小城镇取得成功后开始向大城市扩展，首选是"城乡接合部"，随着城市化的发展，城乡结合部成为城市发展的主要区域，以低成本占据了市场优势，最后发展壮大成为美国零售业巨头。随着农民人均收入的增加，农村消费市场具有巨大的发展空间。零售业在占领城市市场的同时，也要重视对农村市场的开拓。

沃尔玛零售业采取的基本模式：选择供应商—采购—配送—销售—服务，在经营过程中不仅是超市的运营，更是一个"一站式"服务终端，是农村老百姓的生活综合体。除保持传统的经营策略外，其成功之处在于投入资金建立了强大的信息系统和物流系统，使其采购成本和物流成本大大降低。1969年沃尔玛成为最早使用计算机进行库存管理的企业，之后又用信息化发展实现了条形码管理，节约了顾客结账时间，企业经营能力的提升击败了众多竞争对手。沃尔玛利用最先进的数字化技术和管理将零售商、供应商和顾客紧密联系在一起，通过全球联网实现了完善的企业管理体系。就我国城乡而言，城市内部的服务发展已相对饱和了，而农村服务体系还很匮乏，因此，城市服务业向农村的延伸和扩展，对于实现以城带乡具有重要的意义，采取"小超市，大连锁"的发展模式，在城市建立直营中心店或配送中心，农村可以入网加盟，把优质的日用消费品输送到农村,把优质农副产品带进城市,形成城乡结合、上下贯通的连锁运营网络。随着农村信息网络化的发展,不久的将来零售业在农村将会有广阔的发展空间。

四 城乡双向迁移总部经济模式与城乡产业纵向一体化耦合

双向迁移的总部经济模式对于城市而言,并不是拉几个企业的办公机构到一个地方集中办公,而是要明确找到其产业的支撑点是什么,明确找到总部经济模式如何与城乡产业一体化实现耦合。

(一)发展总部经济必须重视城市生产性服务业的发展

规定城市应集聚什么样的企业总部是不可能的,但探讨总部经济中城市基础产业的共性发展是切合实际的。卡斯特指出,先进服务业集中于核心城市,给城市带来了高的投资率和就业增长,同时又将其触角延伸到最大服务范围。詹姆斯·C. 戴维斯和 J. 弗农·亨德森(James C. Davis and J. Vernon Henderson)指出,发展总部经济主要是围绕先进制造业的现代服务业展开的,企业总部是为了实现规模收益递增追求利润最大化的过程,企业总部为生产基地提供的服务为 Z,因此企业总部生产函数和成本函数分别为:[1]

$$Z = A(HQ,.)L_1^{\alpha_1} \prod_{i=2}^{n} \left(\sum_{j=1}^{m_i} X_{ij}^{p_i} \right)^{\frac{\alpha_i}{p_i}}$$

$$C = wL_1 + \sum_{i=2}^{n} \sum_{j=1}^{m_i} q_{ij} X_{ij}$$

式中,$A(HQ,.)$ 表示企业总部产出的技术水平,HQ 表示企业总部,i 表示 $n-1$ 个不同的服务产业,L_1 表示企业总部雇用劳动力的直接投入,m_i 表示服务业 i 中的企业个数,X_{ij} 表示 j 企业总部从服务业 i 的采购量,q_{ij} 表示服务价格,w 表示劳动力工资报酬,p_i 表示企业总部对服务业 i 多样性的技术需求。企业总部生产函数表示企业的产出与企业总部的技术水平、总部雇用劳动力的投入和总

---

[1] J. C. Davis, J. V. Henderson, "The Agglomeration of Headquarters", *Regional Science & Urban Economics*, Vol. 38, No. 5, 2004, p. 452.

部企业对关联产业的带动密切相关。也就是说，企业总部只有发展现代服务业，才能促进总部经济得以快速发展。而且总部企业在城市的空间集聚可通过叠加效应吸引更多的公司入驻，城市先进生产性服务业实现快速发展。企业总部围绕先进制造业重点发展的现代服务业包括基础设施和基础产业、金融服务业、信息资信产业、人力资源管理、交通运输业、中介服务业、现代物流业和商业等服务业。

（二）与新型城镇化形成耦合发展

双向迁移总部经济模式是城市演进过程中的伴生物，是劳动深化和细化在空间的具体响应。由此可见，总部经济是推动城乡一体化发展的有效途径，总部经济的发展与城乡产业发展存在着许多可以完美耦合的地方。

1. 城乡统筹机制

城乡统筹是在一定的时代背景下，实现联动发展，以实现城乡发展"双赢"为目的的发展格局，其中关键是城市带动乡村。按总部经济配置资源，企业不仅能获取传统布局模式下的资源优势，也能使总部所具有的战略性资源得到充分的效能释放，是企业、城市和乡村三方利益都能得到增进的经济形态，是实现"以工促农，以城带乡，城乡协调"的重要保障。总部经济模式的出现得益于信息网络化的发展，目前随着信息交通网络的发展，城乡的联系更便捷，城乡的空间距离被高速发展的信息交通网络所改变，信息网络的发展使企业空间选址的范围大大增加了，企业可将生产加工等部分环节移入乡村实现外溢效应，充分地发挥工业对农业的支持和反哺，城市对乡村辐射和带动，最终实现城乡产业一体化发展。

2. 城乡产业一体化耦合机制

信息网络化发展是总部经济模式发展的重要前提，信息网络的发展有效地降低了企业的贸易成本，这就大大放松了企业各环节相分离的约束条件。从成本—收益角度来看，企业通过现代信息网络运用和企业组织的变革，企业增加的贸易成本小于企业将不同的价值链环节布局在不同区域获取的收益，收益与成本之差正是实现总部经济发展模式的重要原因。双向迁移总部经济模式一方面促进了城市产业结构的优化和升级，另一方面生产制造部门布局在农村，保证了"以工促农，以城带乡"的实现，推动了城乡一体化发展，具体表现为：

第一，总部经济模式实现了城市产业升级与功能转型。双向迁移总部经济发展是城市实现产业升级和城市功能提升的强大动力，就是要让城乡找准自己的位置，在各自发挥比较优势的同时，实现了城乡产业的良性联动和形成了城乡产业合理布局与协同带动。要充分发挥总部经济为城市带来的产业乘数效应、消费带动效应、劳动就业效应、信息集中与扩散效应、城市文明度提高效应等多种叠加贡献，加快中心城市带动周边乡村的经济发展。对城市而言，总部经济模式就是将传统制造业生产分离出来让位于广大乡村地区，突破各自的资源发展"瓶颈"，自身实现产业的升级与功能的转型，也就是从物质中心转向先进的服务业中心，总部经济模式是城市产业升级的关键，表现为经济服务化和知识集约化，是城市未来发展的制高点，同时总部经济模式中企业总部在城市的集聚实质是对知识和信息的空间控制，促进了城市职能由生产性向控制性职能的转变。

第二，总部经济模式推动了乡村产业结构的优化和乡村产业的发展。城乡产业一体化建设重点在广大农村地区，企业将"总部"布局在科技、知识、人才和信息等具有优质资源的城市，生产制造部门布局在农村地区，实现总部与生产加工环节的空间再配置，使二者结合起来产生"1+1>2"的倍增效应，加强了城乡产业良性联动，进而为实现"以工促农，以城带乡"的战略提供了保障。总部经济模式可以充分发挥城市的资源辐射力，发挥引擎作用，将丰富的人力资本、技术和信息等资源通过总部控制、技术服务和信息传播等方式向周边乡村地区辐射，实现城乡资源比较优势的最大化，代表先进生产力的生产制造基地在乡村的空间布局，促进乡村地区非农产业的发展，企业和职工的入驻刺激农村消费需求，实现了乡村产业结构的转型升级。

3. 信息网络化对链条各环节成本的影响

信息网络化的兴起对降低农工贸产业链各环节的成本具有重要影响，农村信息化的推广提高了乡村土地利用效率，降低了单位农产品的生产成本；计算机装备加工生产线的出现使企业针对消费者多样化需求进行生产，企业规模相对缩小了，链条的各环节企业可通过互联网发展直接协商对话，企业的管理层通过网络在外地就能听取员工的建议，使之前的垂直式管理向扁平化管理转变，从而减少了管理成本；信息化使链条上涉及的城乡两地域的空间距离缩短，克服了城乡要素流动的空间障碍，从而降低了城乡要素的流动成本；信息技术在机器设备中的应用，推动着传统制造业的智能化、自动化进程，提高了劳动生产率，大大降低了劳动力成本、原料成本和库存成本；信息网络化的发展使产品交易双方直接进行联系，可以减少时间成本和经济成本，从而使农业产业化组织获得更大的收益。此外，信息网络推进除了使传统农业获得长足发展外，也会促进以计算机和网络为平台的服务业等新兴产业的兴起，大大促进城市服务业向乡村地区的延伸和带动作用。

第三节 基于企业区位选址的城乡农工贸产业链模式

城乡无障碍关联发展是城乡产业一体化发展的内在要求，也是城市产业向乡村渗透和扩散的重要渠道，然而我国城乡间农业与非农业部门长期以来处于脱节状态，农业生产效率较低且抵御风险的能力较弱。那么如何打破农业生产、加工和销售环节的分割状态，农工贸产业链的构建无疑是我国当前实现城乡产业良性联动的重大战略问题之一。农工贸产业链的构建实现了城乡要素的连接和地域的连接，整合了农业生产、加工和销售等环节，实现了订单农业、农业加工和商贸流通的协调互动，也是实现"以工促农，以城带乡"机制的连接纽带。

一 城乡农工贸产业链的分工与空间特征

农工贸产业链是以农户和乡村合作经济组织为基础，以城市市场为导向，是乡村凝聚内力、借助外力，把农业的生产、加工和销售等环节整合起来，实现产供销和农工商相结合的现代农业产业化经营，达到城乡产业效益互补、风险共担的良性互动发展。农工贸产业链是城乡间链接农业、涉农加工业和涉农服务业三次产业的产业链，是实现农业产业化经营和规模化经营的有效途径。如图 5-12 所示，信息网络化对农工贸产业链的各环节具有紧密结合作用，信息要素的注入对农工贸产业链实现产业现代化起到了关键的支持作用。

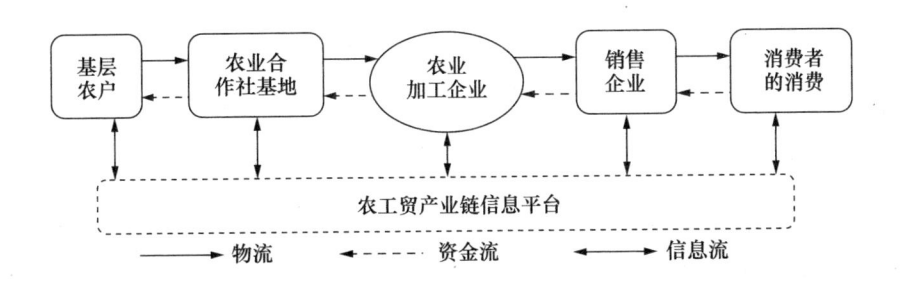

图 5-12 信息网络化与农工贸产业链空间布局[①]

"城市病"问题的警醒，农村产业化发展中实行经济与生态"双赢"的发展策略。城乡是一个统一的系统，在资源、经济和生态环境上具有相互依存性。在资源方面，乡村具有资源和劳动力要素优势而城市具有知识技术信息优势；在经济方面，乡村为城市提供农业原材料和低附加值的初级产品和半成品，城市为乡村提供机

---

① 朱毅华：《农产品供应链物流整合实证研究》，博士学位论文，南京农业大学，2004 年。

械化产品、工业消费品及服务；在生态方面，农村为城市提供了天然氧吧和空气净化空间。城乡产业联动一般包含要素联动、产品联动和地域空间联动，城乡产业联动和通道建设可以通过构建农工贸产业链的方式来实现，产业链的构建能够从垂直分工角度实现城乡产业一体化发展。具体表现如下：

第一，从产业链结构上看，产业链是在各企业、各部门形成分工合理、优势鲜明和产业结构协调发展的产业链，实现了城乡的资源与市场的有效对接与组合，完善了城乡三次产业的布局，强化了三次产业间的内在联系。农工贸产业链可以抽象为"点—轴"的空间结构，乡村、小城镇和城市构成了产业的"点"，"轴"是由城乡通道建设实现的。一般而言，乡村受城市辐射的影响力随距离的增加呈衰减趋势，城市辐射作用一般被局限在小城镇或城郊区域，如果借助于农工贸产业链的传递，衰减的影响力在下一个产业"点"上就会被加强，辐射作用就尽可能得到延伸，"点—轴"的空间结构有利于实现城乡产业一体化发展。

第二，从产业链构成上看，城乡农工贸产业链条拥有农业生产、农业加工制造业和商业贸易业三个主要环节。农工贸产业链互动是链条上的各部分相互协作并不断延伸的过程，产业链互动是城乡产业一体化的重要表现。在产业链互动中，乡村在资源开采和原材料简单加工环节具有优势，主要发展产业链条上游产业，为农业加工制造环节提供原材料和半成品；小城镇农业加工制造环节主要以农产品和农副产品为主，主要从事生产、物流、仓储等活动，此环节是链条上承上启下的环节；而城市在知识技术等方面具备一定的优势，主要从事研发、营销、品牌、商贸等链条中上端活动，为农产品的外销提供了通畅渠道，此环节是整个链条的"风向标"。因此，农工贸产业链作为承载要素自由流动的载体打通了城乡产业互动的通道。

第三，从产业链空间布局上看，依据城乡区位布局指向和区域分工原理，如图5-13所示，城市应重视第二、第三产业，主要布局商贸、金融等服务产业,城市作为销售终端和信息收集点;小城镇重点布局农副产品加工产业;乡村布局订单农业和大农业生产环节。这样,农工贸产业链借助产业互动实现了城市、小城镇和乡村三大区域的地域关联。城乡的空间布局属于同一生产链的不同环节,能在企业内部形成一个由终端服务到基地生产的信息通道,使城市的市场需求信息、资源信息和知识技术信息快速向乡村传递与扩散。农工贸产业链的构建实现了城乡要素关联和地域关联,在链条延伸的辐射带动下,城乡产业互动的通道就会被打通。

由此可见,城乡要素、产品和地域空间关联的依存性,为城乡农工贸产业链的构建奠定了基础。产业链的构建是涉农经济活动在广大农村、小城镇或城市郊区、城市三大区域合理的空间配置,是城乡产业活动通过城乡地域空间的传递中形成联动的模式,是城市产业向外围空间拓展的组织载体和纽带,也是乡村农业产业化向城市扩展的地域空间呈现,是"以工促农,以城带乡"实现机制之一。

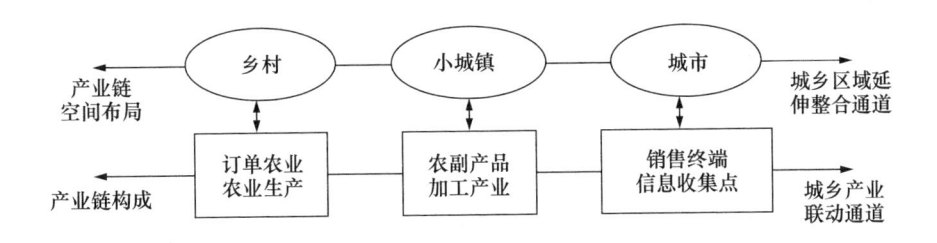

图 5-13 农工贸产业链区域延伸与联动通道原理

二 信息网络化激活城乡农工贸产业链联动发展

农工贸产业链的构建符合了农业现代化发展的要求,能够促进农业产业化经营。所谓农业现代化就是利用现代科学技术装备农业和管理农业,把传统落后的农业改造为生产力水平较高的现代农业。农业现代化的本质就是引入高科技水平,信息化的植入,最显著的变化就是"以时间换空间",实现时空合一,信息化发展为乡村的发展提供了更广阔的发展空间。信息网络化与农工贸产业链的结合，加速了农业产业化和现代化进程。

（一）信息网络化发展促使农村生产要素实现紧密结合

农工贸产业链的构建激活了城乡生产要素的流动，传统农业过分依赖土地、劳动力和资本有形生产要素，生产要素都具有边际报酬递减规律，农业产业发展一直处于低效率状态。现代农业是用科学技术武装的农业，信息网络化的发展使信息作为新的要素投入到产业链的各个环节，凭借"信息高速公路"促使城乡生产要素的实现紧密结合和最优空间配置，实现城乡信息双向交流和信息资源共享，这样就会减少农业生产经营不确定性因素的出现，从而增强了农业生产经营能力，获取了单位生产要素的边际收入。从图5-14可以看到，随着信息化及其伴随网络化的发展，农村土地、劳动力和资本实现了生产要素紧密结合，图5-15显示了大三角形内含一个小三角形，信息化要素的融入使要素间形成了超稳定性结构，这将会产生"1+1+1＞3"的效应，在产业链构建和延伸基础上实现农业产业化和现代化发展。

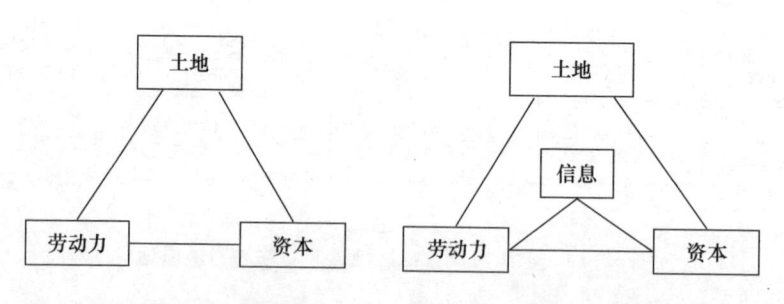

图5-14 传统农业中要素间关系　　图5-15 信息网络化下要素间关系

（二）信息网络化发展拓展了产业链条的活动空间

信息产业是高渗透产业，以网络化、智能化、自动化为其特点，与传统农业相比，具有低成本、高效率的特点。信息网络发展推进了电子政务和电子商务的发展，促使产业链条各企业和政府实现扁平化、高效化管理，如果信息服务缺位，会导致农业经营者只能凭直觉和经验进行决策，造成社会资源浪费和生产的盲目性，现如今以互联网为主的信息网络化发展，信息作为全新的投入要素渗透到农工贸产业链条中的每一个环节中，使各环节的科技知识含量显著提高，伴随着各环节的及时沟通和处理，大大缩短生产周期，从而能增强农业生产抵御风险的能力。从图 5-16 中可以看到，信息化对链条中农业生产、加工和销售环节具有重要的影响，具体表现在：

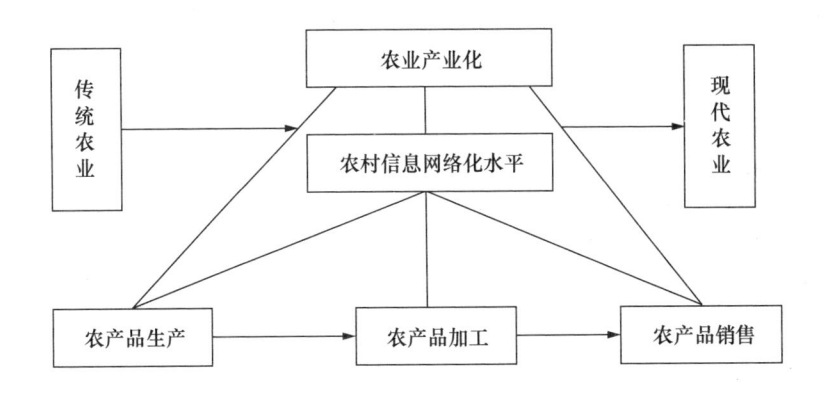

图 5-16　信息化、农业产业化和现代化的关系

在生产加工环节中，信息基础设施的完善推动了农民面向市场需求决策生产，使农民增收、农业增效；信息网络培训和远程教育的推广，提高了农民运用科学技术创收的本领，促进了传统粗放的农业生产经营方式向科技含量较高的集约方式转变；计算机网络化的发展使链条上各环节可根据人们的需求进行在线调整和修改，由于信息发展多样化和生产过程智能化，链条上的各环节不需要集中布局，分散化布局成为一种很好的发展模式。在销售管理环节中，电子商务的使用，使城市的研发、销售等环节能及时了解市场变化和消费者需求信息，产业链中的采购、销售等服务环节都将通过互联网实现，信息化的冲击可实现订单农业、农产品网上交易和网上结算等，信息化发展可以打破传统地域约束，广泛的渗透性促使产业从传统农业向现代农业发展。可见，城乡产业链构建要以知识信息技术为纽带，密切信息网络与产业链的关系，促进产业链中各环节的良性联动发展。

（三）信息网络化发展对链条各环节成本的影响

信息网络化的兴起对降低农工贸产业链各环节的成本具有重要影响，信息化的推广提高了乡村土地利用效率，降低了单位农产品的生产成本；计算机装备的加工生产线的出现使企业针对消费者多样化需求进行生产，企业规模相对缩小了，链条的各环节企业可通过互联网发展直接协商对话，企业的管理层通过网络在外地就能听取员工的建议，使之前的垂直式管理向扁平化管理转变，从而减少了管理成本；信息化使链条上涉及的城乡两地域的空间距离缩短，克服了城乡要素流动的空间障碍，从而降低了城乡要素的流动成本；信息技术在机器设备中的应用，推动着传统制造业的智能化、自动化进程，提高了劳动生产率，大大降低了劳动力成本、原料成本和库存成本；信息网络化的发展使产品交易双方直接进行联系，降低了城乡贸易成本，从而使农业产业化组织获得更大的收益。此外，信息化推进除了使传统农业获得长足发展外，也会促进以计算机和网络为平台的服务业等新兴产业的兴起，大大促进城市服务业向乡村地区的延伸和带动作用。

三 城乡农工贸产业链模式联动发展表现形式

当前，我国城乡农工贸产业链各环节互动的模式有"公司+市场+农户""公司+基地+农户"和"公司+合作社+农户"等互动模式，逐渐呈现出互动模式多样化的特点。当然，依托信息网络化发展，各地依据自身条件选取不同的发展模式。概括起来，主要由龙头企业主导型模式、合作专业组织联动型模式和合作社一体化经营型模式，具体表现为：

（一）龙头企业主导型模式："公司+信息网络+基地+农户"模式

是以农产品加工或销售企业为龙头，以契约方式将小规模的分散农户结合起来,与农户结成"利益共享、风险共担"的经济共同体,利用龙头企业具有的资金、信息技术等方面的优势带动组织农民进行生产,将农业生产、加工和销售实现有机结合的农工贸产业链生产体系,农户处于原料供给方。龙头企业对农产品进行加工或销售,实现产业链各环节一体化经营模式,此模式有利于发挥龙头企业对分散农户的带动作用,比传统的"公司+农户"模式更具有优势,可提高农业生产的专业化程度。

"公司+信息网络+基地+农户"发展模式是在"公司(+基地)+农户"产业链中加入了信息网络环节,信息网络作为全新要素增加了农工贸产业链的紧密性。这种模式中龙头企业和信息企业作为信息服务的主体,从图5-17中可以看到,龙头企业通过科研单位、市场调查和信息网络服务平台等渠道获取信息,了解产品订单信息和销售信息,形成判断并据此做出生产加工决策,同时将技术信息与生产信息传递给生产基地,并选派技术人员到基地进行技术指导和生产管理,生产基地根据实际需要,进一步为农户提供生产信息与技术服务,确保从基层农户得到有效的原材料供应,信息化的注入使龙头企业和基层农户、龙头企业和市场间的衔接更为紧密。信息企业的投入主要表现在信息基础设施建设、信息资源的收集和信息队伍建设等方面。

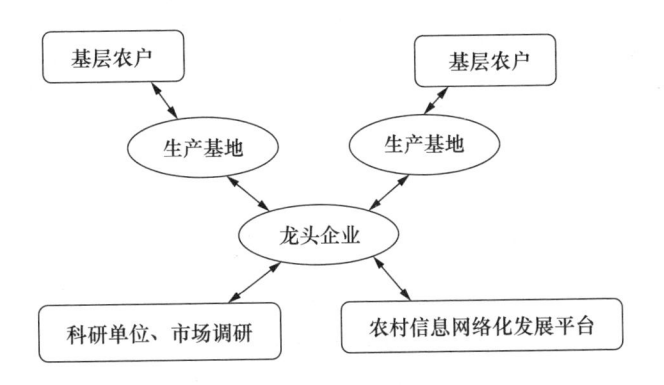

图5-17 "公司+信息网络+基地+农户"模式运行

这种模式满足了基层农户的信息需求，信息网络激活了产业链条的联动性，使产业链各环节的投入主体获得了预期的收益。但是，这种模式也有一定弊端，农户相对于龙头企业而言是弱势群体，力量的失衡会使这种模式存在风险，合同契约具有不稳定性，当农户与龙头企业出现利益冲突时，面对市场价和合同价格的差异，龙头企业和农户双方都存在毁约的可能，农户的利益会受到伤害。

（二）合作专业组织联动型模式："公司+信息网络+中介组织+农户"模式

农工贸产业链强调各主体通过构建链条实现利益最大化，合作专业组织联动型是农工贸产业链有效组织运作模式。该模式是将分散且小规模的生产经营者联合起来，带动农户从事专业化生产，是以合作专业组织为纽带，将链条上农业生产、农业加工和销售各环节连接起来实现互动的模式，这种模式在合同契约的基础上引入合作组织，形成较为稳定的三角形联动，合作专业组织两头分别连着市场和农户，避免了力量悬殊引起的差距，合作组织为公司和基层农户间架起了桥梁，对公司、农户甚至整个市场都有好处，有效解决了生产和市场脱节问题。其中，基层农户负责生产管理，自愿加入中介组织，希望中介组织能够代表他们的利益并为农户谋福利；公司为农户和合作专业组织提供信息技术服务，并根据产品成本和市场行情与合作社共同确定加工、基准价格等标准，产品销售后提取的一部分利润与合作社共同成立基金会管理，农户遇到损失时对其进行补偿。

"公司+信息网络+中介组织+农户"发展模式中也加入了信息网络环节，信息网络化的注入使链条的各环节更加稳固。这种模式中龙头企业和专业组织作为信息服务的主体，从图5-18中可看到，农户向公司反馈需求信息和反馈农业生产情况，根据农户的反馈公司通过农业科研机构、教学院校和信息网络平台等为合作中介组织和农户提供了科技信息技术服务、搭建了公共信息平台；合作专业组织也为农产品提供了技术性服务和技术指导，帮助农户进行农资物品的采购，并组织统一销售，在保证农产品高质量的同时也为农户提供了政策服务，为他们争取适当的政府支持、风险控制和融资贷款等。其实，信息服务主体所具有的优势是不同的，发挥的作用也不同，各主体应实行多方联动，分工协作，共同推进农村的整体信息网络水平。

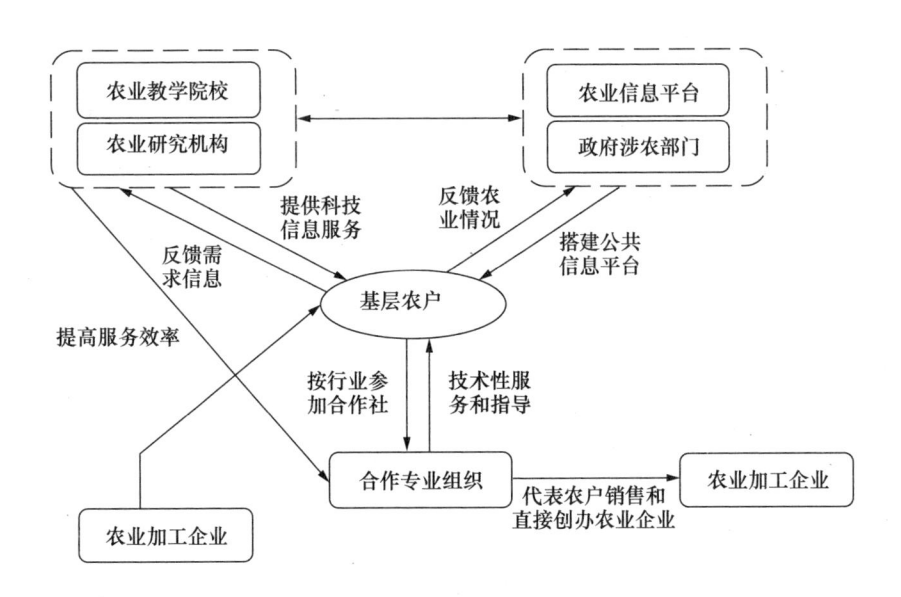

图 5-18 "公司+信息网络+中介组织+农户"模式运行

合作专业组织联动的目的在于做基层农户的代言人，但由于企业与合作组织间、农户与合作组织间存在代理关系，这种双重代理的特殊身份，增加了企业和农户进行"寻租"的可能性和两者博弈关系的复杂性。此外，有些合作专业组织是由政府发起的，政府主导的专业组织有可能发生越位行为，也会损害农户的利益。"农超对接"是该模式的实践运用，成为超市生鲜采购的重要组成部分，家乐福、沃尔玛、麦德龙和华润万家为典型代表，"农超对接"减少中间流通环节，节约的流通成本一部分以降价形式返还给消费者，另一部分用于提高对农产品的收购价，实现了消费者、农户和超市的利益共赢。

（三）合作社一体化经营型模式："公司+信息网络+公司"模式

合作社一体化经营模式是合作社提升到独立投资层面的一种模式。一种是由基层农户共同自愿成立合作社，另一种是由中介组织发展为农民合作社，在合作社发展成熟后成立实体企业加工、销售合作社内部成员的产品，实现农业生产、加工和销售相结合的农工商一体化链条生产经营的模式。当然，这种模式也可以是龙头企业通过吸纳农户参股的方式来实现，中介组织逐渐退出经营，基层农民以土地经营权作价入股，农民摇身变成了股东，股权可以变现、量化和进行交易。公司的组建也可形式多样化，可以由龙头企业组建而吸引农户入股，也可以由入股的基层农民自发形成，农户参与的合作社可以帮农户采购价格合理的农资产品、提供农产品加工和销售的服务，还可以将农产品在各环节实现的增值部分返还给农户，农户也能获得社会平均利润，保证收入的提高和收入的稳定性。

"公司+信息网络+公司"模式中，农户合作社、信息企业和政府均是信息服务的主体，农村服务业发展是一项市场行为，但是政府需要为农村信息服务搭建平台，支持农民合作社的建立和发展，市场和政府协同服务可以解决农户对信息的全方位需求，产业链构建的前期信息化必须以政府输血为主，政府要进行信息基础设施等方面的建设，需用公共财政对农民应用信息网络进行补贴；农户合作社要用所获利润的一部分开展信息化建设，利用信息设备收集农业信息，开展自助式的信息服务，提高股东农户的生产经营能力，吸引更多的农民参股，加快农村信息化建设；农户合作社作为产业链连接的纽带，把信息企业对分散农户的服务转化为对合作社的服务，建立信息企业让利和政府补贴结合的运行机制，为减轻农户负担政府要引导电信企业降低农村信息服务的通信资费等，逐步打造农村信息服务市场，为了扩大网络辐射范围和使信息设备最快最多入户，信息企业要降低农户的通信资费，提高农户的通信热情，让各种信息终端成为日常的交流工具。

该模式中合作社并不是与农户简单地联合，而是将农户和企业之间的成本内部化，在内部实现纵向一体化的经营模式，农户耕地的规划、农资品的购买、农产品的生产、加工和销售都由合作社统一经营与管理，农户作为合作社股东，降低了公司向合作社"寻租"的可能性，即使合作社内部是由经济实力较强的大户组成，博弈能力也不会过分悬殊，这种模式优点在于产权清晰，合作社成员之间、合作社与企业间都有明晰的产权关系，能有效节约交易成本，获得规模经济效益，稳定的博弈关系形成更高的经济效率。但是该模式有很高的进入门槛，对合作社能力的要求较高，同时也需要强劲的龙头企业的带动，还需要资金、技术和销售渠道畅通等方面的要求，随着合作社经营规模的扩大，内部纵向一体化发展使交易成业升高。因此，该模式适应农业合作组织较成熟阶段采用，在韩国和日本等较为普及，我国这种模式相对较小，主要集中在东部沿海地区。

第六章 实证分析：中国城乡产业一体化发展水平综合评价

前面章节是在城市集聚不经济凸显和信息网络化快速发展新形势下，以企业区位选址为切入点，对中国城乡产业一体化发展进行了理论阐释。本章从实证角度对城乡产业一体化发展进行研究：一方面分析了中国企业在城乡区位选址中的影响因素，目的是验证与第二章提出的企业区位选址影响因素框架是否相吻合。另一方面通过构建城乡产业一体化发展水平综合评价指标体系，分析了中国各地区城乡产业一体化发展水平程度和空间分布态势，进而分析并验证东中西部地区在空间上集聚与扩散是否存在并存局面。与此同时，笔者分析了地区经济发展水平和城镇化发展水平与城乡产业一体化发展水平是否具有相关性。

第一节 中国企业在城乡区位选址中的影响因素

企业区位选址活动是城乡产业一体化发展的微观基础，第二章分析中我们重点探讨了影响企业区位选址活动的影响因素，构建了包括"传统时期影响因素—新形势下影响因素—政府制度影响因素"的企业区位选址影响因素的分析框架。为了验证此分析框架的合理性，本章从中国现实出发，分析了企业在城乡区位选址中的影响因素，目的是验证第二章企业区位选址影响因素理论分析框架的提出是否具有合理性。

一 研究方法与变量选取

（一）研究方法：主成分分析模型

一般而言，综合评价的方法很多，可分为主观赋权法和客观赋权法两大类，本章所用的主观分析法属于客观赋权法的范畴，卡尔和皮尔逊（Karl and Pearson）是主成分分析法的创始人。1933年，霍特林对该方法进行改进，是通过降维技术实现"删繁就简"的统计分析方法，该方法具有简化工作量，科学优化指标体系等优点。

假设有 n 个年份，每个年份中城乡产业一体化的评价指标数为 m 个，则初始数据构成的矩阵为：

$$X = \begin{bmatrix} X_1^T \\ X_2^T \\ \vdots \\ X_n^T \end{bmatrix} = \begin{bmatrix} x_{11} & x_{12} & \cdots & x_{1m} \\ x_{21} & x_{22} & \cdots & x_{2m} \\ \vdots & \vdots & & \vdots \\ x_{n1} & x_{n2} & \cdots & x_{nm} \end{bmatrix}$$

步骤一：对原始数据进行标准化处理。为了消除指标的正逆性影响以及消除评价指标的不同量纲和数量级的差异，为了数据具有可比性，要对原始数据进行标准化处理，其计算公式：

$$y_{ij} = \frac{x_{ij} - \bar{x}_j}{\sigma_j}, 其中 \bar{x}_j = \frac{1}{n}\sum_{i=1}^{n} x_{ij}, \sigma_j = \sqrt{\frac{1}{n-1}\sum_{i=1}^{n}(x_{ij} - \bar{x}_j)^2}$$

步骤二：计算样本的相关系数矩阵 $R = (r_{ij})_{n \times m}$。$(r_{ij})_{n \times m}$ 表示第 i 个指标与第 j 个指标的相关系数。

步骤三：计算特征值和特征向量。根据步骤二中得到的 R，可求出相关系数矩阵的特征根 $\lambda_m(m=1, 2, \cdots, m)$，即有 $\lambda_1 \geq \lambda_2 \geq \cdots \geq \lambda_m \geq 0$，用特征值大于1作为纳入标准，并求出对应的单位正交化特征向量 $u_i(i=1, 2, \cdots, m)$。

步骤四：计算主成分贡献率及累计贡献率。主成分的贡献率为 $\lambda_i / \sum_{i=1}^{m} \lambda_i$，此值越大表明主成分对原指标信息的综合能力越强。前 k 个主成分的累计贡献率为 $\sum_{i=1}^{k} \lambda_i / \sum_{i=1}^{m} \lambda_i$，一般提取累计贡献率达到

80%—85%的前 m 个主成分向量，这样就可以使变量的个数大为减少。

步骤五：进行综合评价。先求每一个主成分的线性加权值，表达式为：$F_i = u_{i1}x_1 + u_{i2}x_2 + \cdots + u_{ip}x_p (i = 1, 2, \cdots, m)$，把累计贡献率达到 85% 的 m 个主成分做线性组合，每个主成分 F_i 的方差贡献率 a_i 作为权数，最终评价函数为：$e = a_1F_1 + a_2F_2 + \cdots + a_KF_K$，e 越高表明评价对象的水平越高；反之亦然。

（二）变量选取

城乡产业一体化发展中城市产业对农村的带动为重点发展与建设部分，如果企业按照传统模式进行布局，企业布局在城市和乡村都无法实现资源的最优化配置。本节在企业区位选址影响因素框架的基础上，使用 1990—2013 年相关数据，对企业的区位选址主要影响因素进行了实证检验。本书从企业区位选址微观角度对城乡产业一体化发展进行探讨。通过理论分析可知，随着信息网络化发展，城乡贸易成本趋于下降，企业区位选址呈现分散化布局，分散化带来的城乡区域差距的缩小有利于推动城乡产业一体化的发展。因此选取城乡区域发展差距为因变量，选取城乡居民收入之比作为量化指标。自变量从传统时期区位选址影响因素、新形势下企业选址影响因素和政府制度因素进行设定，构建企业选址影响因素指标体系（见表 6-1）。

表 6-1　　　　　　　解释变量的相关说明

目标层	准则层	代码	指标层	指标含义
传统区位选址影响因素	基本层面	x_1	公路网密度	交通便捷性
	运输成本	x_2	铁路网密度	交通便捷性
	劳动费用	x_3	城乡工资差异	城乡工资差异
	规模经济	x_4	城乡投入产出比	规模大小
	市场层面 市场规模	x_5	城乡人口密度比值	人口密度
	市场关联	x_6	城乡滞后期企业数与当期企业数比	企业关联度
	市场需求	x_7	城乡人均消费支出比	消费支出水平

续表

目标层	准则层	代码	指标层	指标含义
新形势下企业选址影响因素	信息网络技术	x_8	城乡固话普及率	信息化水平
		x_9	城乡计算机普及率	信息化水平
	知识创新	x_{10}	农村劳动力高中程度以上人数所占比重	农村人力资本
	生态环境	—	x_{11}	农村有效灌溉面积占耕地面积比重	农村生态环境
制度因素	—	虚拟变量	D	D=0（2003年之前） D=1（2003年之后）	城乡统筹政策提出

资料来源：数据根据历年《中国统计年鉴》和《中国农村统计年鉴》整理所得。

二 模型设定及实证检验

（一）模型设定

设定模型为：

$$\ln Y = c + \beta_1 \ln x_1 + \beta_2 \ln x_2 + \cdots \beta_i \ln x_i + D + \varepsilon_i (i=1, 2, 3, \cdots, 11)$$

式中，c 为常数，表示未观察变量；$\ln Y$ 表示被解释变量，表示城乡产业一体化发展状态；$\ln x_i$ 表示传统时期和新形势下两个层面的自变量；D 为虚拟变量，表示政策因素；ε_i 为随机扰动项。

根据构建的影响因素的指标体系，通过收集1990—2013年的24个相关数据，采用统计软件 SPSS 18.0 对影响因素进行因子分析，采取主成分分析法确定因子变量。

由表6-2给出相关系数矩阵 R 的特征根与方差贡献率，根据特征根大于1的原则，提取2个因子作为公共因子，这2个因子包含了原始变量89.673%以上的信息量，很显然能够充分地解释原始数据所表达的信息。由于因子荷载矩阵是不唯一的，为了使因子变量更具有可解释性，对初始因子荷载矩阵进行方差最大旋转，目的是使因子荷载矩阵结构简化，使荷载矩阵每列或行的元素向0或1两极分化，可得到如下旋转后的因子荷载矩阵（见表6-3），充分实现了原始变量和主成分因子之间的相关程度。第一个公因子（F_1）

包含城乡居民人均工资化、城乡人均消费支出比、公路网密度、城乡人口密度比值、城乡投入产出比、铁路网密度和城乡滞后期企业数与当期企业数比 7 个自变量指标，可把该公因子命名为传统时期企业区位选址影响因素。第二个公因子（F2）包含城乡固话普及率、农村劳动力高中程度以上人数所占比重、农村有效灌溉面积所占耕地比重和城乡计算机普及率 4 个自变量指标，把该因子命名为新形势下企业区位选址影响因素。制度因素由于很难量化，可归为第三类影响因子，此实证结果与先前理论部分的阐释是相一致的，说明理论部分的阐释具有合理性。

表 6-2　　　　　　　　　　特征根与方差贡献率

成分	初始特征值 合计	方差的百分比（%）	累计百分比（%）	提取平方和载入 合计	方差的百分比（%）	累计百分比（%）	旋转平方和载入 合计	方差的百分比（%）	累计百分比（%）
1	8.978	74.818	74.818	8.978	74.818	74.818	8.128	67.733	67.733
2	1.783	14.855	89.673	1.783	14.855	89.673	2.633	21.940	89.673
3	0.705	5.872	95.545						
4	0.218	1.816	97.361						
5	0.131	1.094	98.455						
6	0.118	0.981	99.436						
7	0.033	0.277	99.713						
8	0.019	0.162	99.875						
9	0.010	0.081	99.956						
10	0.003	0.024	99.980						
11	0.002	0.018	99.998						
12	0.000	0.002	100.000						

注：提取方法为主成分分析方法。

表 6-3　　　　　　　　　旋转后的因子荷载矩阵

	成分	
	因子 F_1	因子 F_2
x_3：城乡居民人均工资比	-0.977	
x_7：城乡人均消费支出比	-0.958	
x_1：公路网密度	0.954	
x_5：城乡人口密度比值	0.911	
x_4：城乡投入产出比	0.896	
x_2：铁路网密度	0.825	
x_6：城乡滞后期企业数与当期企业数比	0.642	
x_8：城乡固话普及率		0.973
x_{10}：农村劳动力高中程度以上人数所占比重		-0.873
x_{11}：农村有效灌溉面积占耕地比重		0.817
x_9：城乡计算机普及率		0.653

注：旋转法是具有 Kaiser 标准化的正交旋转法。

（二）实证检验

在因子分析基础上，将两类公因子作为自变量，同时引入虚拟变量，将所有变量进行单位根检验，确定均为一阶单整序列，即一阶差分后为平稳序列。首先以 $\ln Y$ 为因变量，对传统区位影响因素 $\ln x_1$ 到 $\ln x_7$ 变量进行回归，剔除不显著变量，所得结果如表 6-4 所示。

表 6-4　　　　　　　　传统影响因素下的回归结果

影响因素	系数	标准差	t 值	p 值
$\ln x_1$	-0.44	0.12	-3.63***	0.002
$\ln x_2$	-0.11	0.04	-2.80**	0.011
$\ln x_3$	0.26	0.07	3.85***	0.001
$\ln x_7$	0.80	0.09	9.25***	0.000
c	-3.20	0.46	-6.91***	0.000
可决系数 R^2			0.946	
调整的 R^2			0.935	
F 值			83.08	

注：***、**和*分别表示在1%、5%和10%的显著性水平下拒绝原假设（即自变量对因变量的影响显著）。

其次,将新形势下选址的影响因素和虚拟变量 D(包括加法模型和乘法模型)同时引入,剔除不显著的变量,其最终回归结果为表6-5。

表6-5　　　　　　　　　模型最终回归结果

影响因素	系数	标准差	t值	p值
$\ln x_3$	0.38	0.06	6.85***	0.000
$\ln x_7$	0.49	0.12	4.07***	0.000
$\ln x_9$	-0.03	0.01	-2.38**	0.029
$\ln x_{10}$	-0.09	0.02	-4.41***	0.000
$\ln x_{11}$	-4.44	0.47	-9.39***	0.000
D	-2.59	0.51	-5.08***	0.000
$\ln x_{11} \times D$	-2.45	0.48	-5.07***	0.000
C	4.23	0.52	8.14***	0.000
可决系数 R^2			0.985	
调整的 R^2			0.980	
F值			191.94	

注:***、**和*分别表示在1%、5%和10%的显著性水平下拒绝原假设(即自变量对因变量的影响显著)。

三　模型估计结果及结论

(一)模型估计结果

通过 OLS 回归结果可得:

$$\ln \hat{Y}_1 = 4.23 + 0.38\ln x_3 + 0.49\ln x_7 - 0.03\ln x_9 - 0.09\ln x_{10} -$$
$$t = (8.14) \quad (6.85) \quad (4.07) \quad (-2.38) \quad (-4.41)$$
$$4.44\ln x_{11} - 2.59D - 2.45\ln x_{11} \times D$$
$$(-9.39) \quad (-5.08) \quad (-5.07)$$

结果表明,截距差异系数和 $\ln x_{11}$ 的斜率差异系数在统计意义上均为显著的,说明2003年的政策对城乡区域发展差距有影响,即政策在2003年前后表现出差异。具体表达式如下:

2003 年以前：

$\ln \hat{Y}_1 = 4.23 + 0.38\ln x_3 + 0.49\ln x_7 - 0.03\ln x_9 - 0.09\ln x_{10} - 4.44\ln x_{11}$

2003 年以后：

$\ln \hat{Y}_1 = 1.64 + 0.38\ln x_3 + 0.49\ln x_7 - 0.03\ln x_9 - 0.09\ln x_{10} + 1.99\ln x_{11}$

由表 6-5 可知，通过最终回归结果可以看出，在 5% 的显著性水平下，可决系数为 0.985，调整后的可决系数 0.980，模型 F 值为 191.94，说明模型拟合度较好。在传统时期，企业区位选址影响因素回归分析中，传统变量 x_1、x_3、x_5、x_7 对企业区位选址有影响，说明了交通的便捷性会使城乡区域发展差距缩小，有利于推进城乡产业一体化，城乡工资和城乡人均消费支出差异扩大会拉大城乡区域差距，不利于实现城乡产业一体化，而其他变量没有表现出显著性。

由表 6-5 可知，在引入新形势下影响因素和虚拟变量情况下，从实证回归结果可以看出，也证实了企业区位选址影响因素分析框架构建中阐述的合理性。在所有因素分析中表现出显著性的是 x_3、x_7、x_9、x_{10}、x_{11} 和 D，其弹性系数分别为 0.38、0.49、-0.03、-0.09、-4.44 和 -2.59。在其他情况不变的情况下，表明了城乡工资和城乡消费支出差异缩小有利于降低城乡区域差距水平，有利于实现城乡产业一体化；城乡信息化水平农村人力资本提高和农村生态环境改善都有利于城乡区域经济差距的缩小，都有利于企业向农村的分散化布局；在传统时期变量回归分析中具有显著影响的 x_1、x_2 并没有表现出显著性，这说明随着新形势下企业区位选址影响因素的新变化，传统时期区位影响因素已经因新形势下的信息网络技术的快速发展逐渐弱化，这与理论部分的探讨是相吻合的。对于虚拟变量，对比 2003 年前后的两个模型可知，2003 年城乡统筹发展政策提出后，城乡区域发展差距要比 2003 年之前降低 2.59 个单位，即 2003 年制度方面的措施有利于缩小城乡区域差距，制度和政策的支撑有利于更好地实现城乡产业一体化发展。同时通过虚拟变量与农村生态环境的交互影响 $\ln x_{11} \times D$ 来看，政策措施对农村生态环境也有影响。

(二) 模型结论

城乡企业区位选址是一个艰难又复杂的决策过程，实际上影响企业区位选择的因素是很多的。传统时期企业区位理论对现实企业选址提供了一些指导意见，而在现实中不同企业在具体选址时也会有所侧重，书中提出的是一些相对影响比较大的因素。以互联网为主的新业态下，特别是农村信息网络技术的发展，传统时期区位因子的重要程度有所弱化，与一些新出现的因子共同影响着现代企业的区位选址，信息化发展改变了企业的"实体"约束，影响着企业的空间分布，城市企业空间组织在农村会出现"分散的集中"，企业区位选址的结果呈现分散化布局。

通过传统时期和以互联网为主的新形势下影响因素两个模型对比，我们可以得出：在仅有传统时期选址因素的影响下，其对城乡区域差距的解释度为94.6%；随后引入新形势下的选址影响因素，部分变量间存在多重共线性，剔除不显著的变量，最终所得的影响因素中，传统时期的影响因素仅有城乡工资差异和城乡人均消费支出比的影响显著，新形势下的选址影响因素有城乡信息化水平、农村人力资本、农村生态环境、虚拟变量与农村生态环境交互影响、虚拟变量均对因变量有显著影响，且最终模型的拟合优度达到98.5%，表明模型拟合较优。综上所述，以互联网为主的新形势下选址影响因素和虚拟变量的引入均对城乡产业一体化发展有显著的影响。由此可见，随着信息网络的发展，企业可选取农工贸产业链和双向迁移总部经济等模式的空间布局，将总部布局在城市，负责产品的研发、销售等环节；将生产基地布局农村，负责产品的生产加工。信息要素的植入能够实现城乡各自的资源优势与市场的耦合和最优化空间配置，企业的分散化布局推动着城乡产业一体化的实现。

第二节 城乡产业一体化发展综合评价指标体系的构建

构建科学、准确、合理的综合评价指标体系是对不同区域城乡产业一体化发展水平做出准确判断的前提和基础。通过对综合评价指标体系原则的探讨，从一体化发展的状态、一体化发展动力和一体化发展的保障三方面构建城乡产业一体化发展水平的评价指标体系。

一 评价指标体系设计的原则

对各区域城乡产业一体化发展水平进行评价时，可设计的指标有很多，一般而言，指标越多结果会越准确，但是，如果指标太多，就无法突出关键性影响因素的重要作用。因此，在指标设计中要尽可能较为合理的设计来体现城乡产业一体化发展水平的本质特征，指标选取应遵循的原则如下：

（一）科学性和实用性兼顾的原则

城乡产业一体化发展综合评价指标体系的设计一定要坚持科学的原则，使构建的指标体系要能充分体现城乡产业一体化的内涵和发展规律，力求保证评价的客观、真实与准确性。所谓实用性原则就是要求所设计的综合评价指标体系具有现实性，能客观地反映并能对城乡经济统筹发展实践起到指导作用，即使某项指标很重要，如果难以量化，难以获取数据支撑，那么这项指标也就不具有实用性。

（二）系统性和完备性兼顾的原则

城乡产业一体化发展是一项复杂的系统工程，产业一体化受到了生产要素流动水平的制约，城乡生产要素的双向流动形成了一个复杂的体系。为此，指标体系的设定要遵循系统性原则，尽可能全面地反映城乡产业一体化的内涵，当然这并不是说要面面俱到，一味追求指标体系的完备性，选取的指标一定要具有代表性，否则指标体系会由于过于庞大，难以量化而失去存在的价值和意义。

（三）可比性与可操作性兼顾的原则

城乡产业一体化发展评价指标体系设计要用于各区域间的一体化发展水平的横向比较，因此在设计时要注意各指标之间的可比性，选取指标所运用的统计口径和计算方法要科学规范。通过区域比较分析，识别出各区域的城乡产业一体化水平状况，从而为城乡产业结构的优化升级提供科学依据；指标体系设计在遵循可比性的基础上，也应考虑数据的可获性和量化的可行性，所需要的数据需通过调查、监测和统计获取。

二 评价指标体系的基本框架

依据上述指标体系设计的原则，按照城乡产业一体化的内涵和发展特征或城乡要素之间的相互关系，从城乡产业一体化发展状态、城乡产业一体化发展动力和城乡产业一体化发展保障三个层面选取30个指标，设计出了城乡产业一体化发展的综合评价指标体系（见表6-6）。

表6-6　城乡产业一体化发展水平综合评价指标体系

一层	二层	代码	具体指标	计算方法及含义	性质
城乡产业一体化发展水平	城乡产业一体化发展状态	城乡产业结构优化升级及成果分配状况			
		C_1	城乡人均国内生产总值（元/人）	地区生产总值/总人口数	正
		C_2	城乡人均收入相对水平（%）	城镇人均可支配收入/农村人均纯收入	逆
		C_3	城乡恩格尔系数（%）	城镇居民恩格尔系数/农村居民恩格尔系数	逆
		C_4	城乡二元结构系数（%）	（第二、第三产业产值比重/就业比重）/（第一产业产值比重/就业比重）	逆
		C_5	农村工业化水平（%）	乡镇企业增加值/（乡镇企业增加值+第一产业增加值）	正

续表

一层	二层	代码	具体指标	计算方法及含义	性质
城乡产业一体化发展状态	城乡产业结构优化升级及成果分配状况	C_6	农村劳动生产率（元/人）	第一产业增加值/第一产业就业人数	正
		C_7	城乡"剪刀差"（%）	农产品价格指数/工业品价格指数	正
		C_8	农村居民非农收入比重（%）	（工资性收入+财产性收入+转移性收入）/农村人均纯收入	正
		C_9	城镇化水平（%）	城镇人口数/城乡总人口数	正
城乡产业一体化发展水平	城乡产业一体化发展动力	C_{10}	城乡固定资产投入比重（%）	城镇固定资产投入比重/农村固定资产投入比重	逆
		C_{11}	农村劳动力转移人数比重（%）	[（城镇从业人员－城镇职工人数）+（乡村从业人员－农业就业人数）]/总人口数	正
		C_{12}	农村非农就业比重（%）	农村非农就业人数/总就业人数	正
		C_{13}	农业机械拥有总动力（万千瓦）	反映了城市制造业对农业的支持	正
		C_{14}	农药与化肥施用量（万吨）	反映了城市涉农产业对农业的支持	正
		C_{15}	城乡R&D人员（万人年）	反映了城乡科技水平	正
		C_{16}	财政支农比重（%）	农林水事物财政支出/财政预算总支出	正
	信息网络技术发展水平	C_{17}	城乡固话普及率（部/百户）	信息化水平发展程度	正
		C_{18}	城乡移动电话普及率（部/百户）	信息化水平发展程度	正
		C_{19}	城乡计算机普及率（台/百户）	信息化水平发展程度	正
		C_{20}	互联网普及率（%）	信息化水平发展状况	正

续表

一层	二层	代码	具体指标	计算方法及含义	性质
城乡产业一体化发展水平	城乡产业一体化发展保障	C_{21}	铁路网密度（千米/百平方千米）	铁路营业里程/区域土地面积	正
	基础设施	C_{22}	公路网密度（千米/百平方千米）	公路线路年末里程/区域土地面积	正
		C_{23}	城乡用水普及率（%）	城镇自来水普及率/农村自来水普及率	逆
		C_{24}	城乡排水管道密度比（%）	城市排水管道密度/乡村排水管道密度	逆
		C_{25}	城乡每千人医疗机构床位数比（%）	城镇每千人医疗机构床位数/农村每千人医疗机构床位数	逆
	资源生态承载力	C_{26}	农村人均用电量（千瓦时/人）	农村用电量/农村人口数	正
		C_{27}	农村水库库容量（亿立方米）	反映农村资源环境状况	正
		C_{28}	农村沼气池产气总量（万立方米）	反映农村资源环境状况	正
		C_{29}	农村有效灌溉面积（千公顷）	农村灌溉面积/耕地面积	正
		C_{30}	农村水土流失治理面积（千公顷）	反映农村生态环境状况	正

城乡产业一体化发展状态含有9个指标，既包括通过城乡产业一体化实现的产业结构优化升级，也包括通过一体化使城乡居民能够公平的分享经济带来的成果。城乡产业结构优化升级主要通过城乡人均国内生产总值（C_1）、城乡二元结构系数（C_4）、农村工业化水平（C_5）、农村劳动生产率（C_6）和城镇化水平（C_9）5个指标进行衡量；城乡居民享受经济一体化带来的成果分配头部主要通过城乡人均收入水平（C_2）、城乡恩格尔系数（C_3）、城乡"剪刀差"

(C_7) 和农村居民非农收入比重（C_8）4 个指标进行衡量。

城乡产业一体化发展动力含有 11 个指标，由要素与产品的联动发展和信息网络技术发展水平两个分目标层构成，城乡要素和产品的联动发展指标反映了城乡产业分工引起的城乡劳动力、资本和技术等要素和城乡产品之间的联动发展，主要通过城乡固定资产投入比重（C_{10}）、农村劳动力转移人数比重（C_{11}）、农村非农就业比重（C_{12}）、农业机械拥有总动力（C_{13}）、农药与化肥施用量（C_{14}）、城乡 R&D 人员（C_{15}）、财政支农比重（C_{16}）7 个指标进行衡量；信息网络技术发展水平主要由城乡固话普及率（C_{17}）、城乡移动电话普及率（C_{18}）、城乡计算机普及率（C_{19}）和互联网普及率（C_{20}）4 个指标进行衡量。

城乡产业一体化发展保障含有 10 个指标，由基础设施和资源生态承载力两个分目标构成，良好的基础设施和公共服务对城乡产业一体化发展起着支撑与保障的作用，有利于城乡集聚与扩散效应的发挥，有利于城乡生产要素的自由流动，主要由铁路网密度（C_{21}）、公路网密度（C_{22}）、城乡用水普及率（C_{23}）、城乡排水管道密度比（C_{24}）、城乡每千人医疗机构床位数比（C_{25}）5 个指标衡量；城乡产业一体化过程中要考虑资源环境承载力，最终实现经济和环境"双赢"的局面，资源生态承载力，衡量的指标分别为农村人均用电量（C_{26}）、农村水库库容量（C_{27}）、农村沼气池产气总量（C_{28}）、农村有效灌溉面积（C_{29}）和农村水土流失治理面积（C_{30}）。

三 数据来源及标准化处理

城乡产业一体化综合评价指标体系共有 30 个具体指标，指标数据来源于《中国统计年鉴》（2014）、《中国农村统计年鉴》（2014）、《中国城市统计年鉴》《中国科技统计年鉴》《中国劳动统计年鉴》（2014）、《中国人口和就业统计年鉴》（2014）、《中国农村互联网发展状况调查报告》（2013）、EPS 数据库和各省 2014 年国民经济和社会发展统计公报，等等。

在城乡产业一体化发展综合评价指标体系确定后，由于各指标数据量纲不同,不能直接用于指标之间的比较,否则会给计算结果带来很多"噪声"。可见,对数据进行无量纲标准化处理成为开展定量评价研究的重要内容。而城乡产业一体化指标符号分为正向指标系数和逆向指标系数,正向指标一般是越大越好,即数值越大,评价值越高,而逆向指标一般是越小越好,即指标数值越大,评价值越低,其计算公式为:

逆向指标系数 = 城镇指标数值/农村指标数值

由于本书是考虑同一年度不同区域的城乡产业一体化发展水平的比较。因此,为了消除量纲的差异和指标间数量级的差异,首先对逆向指标进行取对数处理,而后对数据采取 Z – score 标准化处理,其计算公式为:

$$c'_{ij} = \frac{c_{ij} - \bar{c}_{ij}}{s_j}$$

式中,$\bar{c}_{ij}$表示样本均值;s_j表示样本标准差。数据标准化处理后,各指标值围绕零上下波动,正值说明高于平均水平,负值说明低于平均水平。

第三节 中国区域城乡产业一体化发展水平测度

一 研究方法的选取

目前,多指标综合评价方法总体上可归为两大类:主观赋权评价法和客观赋权评价法。主观赋权评价法多是采取定性的方法,由专家根据经验进行主观判断而得到权数,如层次分析法、模糊综合评价法等;客观赋权评价法根据指标之间的相关或各项的变异系数来确定权数,如主成分分析法、因子分析法、聚类分析法等。考虑到评价指标体系包括的指标较多,而各指标不可避免地存在一定相关性,因此拟采用客观赋权评价法。利用因子分析法对各地区城乡

第六章 实证分析：中国城乡产业一体化发展水平综合评价

产业一体化发展进行综合评价，以便找出影响城乡产业一体化发展的关键因子。在因子分析的基础上，运用聚类分析法对各地区的城乡产业一体化发展水平进行分类研究。

因子分析法是一种寻找公共因子的分析方法，是对主成分分析法的拓展，以构建的公共因子为框架对原变量的分解，具体考察原变量间的关系，由于可使用旋转技术来解释因子而具有优势。根据样本数据的选择，建立因子分析的数学模型，表示为：

$$c_i = r_{i1}F_1 + r_{i2}F_2 + \cdots + r_{im}F_m + \varepsilon_i, \quad (i=1, 2, \cdots, 30, \ m \leq 30)$$

式中，F_1，F_2，$\cdots$，F_m 为公共因子，r_{ij}（i，$j = 1, 2, \cdots, 30$，i，$j \leq 30$）为因子荷载，反映了第 i 个变量在第 j 个公共因子上的重要性，ε_i 为 x_i 的特殊因子，该模型用矩阵表示为：$C = AF + \varepsilon$，其中，

$$C = \begin{bmatrix} c_1 \\ c_2 \\ \vdots \\ c_{30} \end{bmatrix}, \quad A = \begin{bmatrix} r_{11} & r_{12} & \cdots & r_{1m} \\ r_{21} & r_{22} & \cdots & r_{2m} \\ \vdots & \vdots & & \vdots \\ r_{301} & r_{302} & \cdots & r_{30m} \end{bmatrix}, \quad F = \begin{bmatrix} F_1 \\ F_2 \\ \vdots \\ F_m \end{bmatrix}, \quad \varepsilon = \begin{bmatrix} \varepsilon_1 \\ \varepsilon_2 \\ \vdots \\ \varepsilon_{30} \end{bmatrix}$$

因子数学模型满足以下条件：

（1）$m \leq 30$；

（2）cov（F，ε）= 0，即公共因子 F 和特殊因子 ε 不相关；

（3）$D(F) = \begin{bmatrix} 1 & 0 & \cdots & 0 \\ 0 & 1 & \cdots & 0 \\ \vdots & \vdots & & \vdots \\ 0 & 0 & \cdots & 1 \end{bmatrix} = I_m$，即公因子 F_1，F_2，$\cdots$，F_m 相关且方差为 1；

（4）$D(\varepsilon) = \begin{bmatrix} \delta_1^2 & 0 & \cdots & 0 \\ 0 & \delta_2^2 & \cdots & 0 \\ \cdots & \cdots & & \cdots \\ 0 & 0 & \cdots & \delta_{30}^2 \end{bmatrix}$，即特殊因子 ε_1，ε_2，$\cdots$，

ε_m 不相关且方差不同。

二 实证检验及测度

采用上述综合评价指标体系和因子分析模型，在借鉴李存贵（2009）对城乡产业协调发展评价研究方法的基础上，收集2013年中国省域层面的相关数据，采用SPSS 18.0统计软件对中国31个省（市、区）城乡产业一体化发展水平进行因子实证分析。

（一）计算所选原始变量的相关系数矩阵和前提性检验

在进行因子分析之前，需要对所选变量进行 KMO 和 Bartlett 检验，以确定其是否可以进行后续的因子分析。本书通过 SPSS 软件所得到的 Bartlett 球形度检验的近似卡方值为1062.24，显著性 Sig. 为 0.00（小于5%的显著性水平），以上结果表明，适合用因子分析对其进行研究。

（二）计算特征根和累计贡献率

实证分析选取主成分方法对其进行因子提取，通过分析表6-7给出了各因子的特征值、各因子特征值占总方差的百分比以及累计百分比。按照特征值大于1和累计方差贡献率为80%—85%的原则提取公因子，从表6-7和图6-1中可以看出，共得到7个公因子，累计百分比为80.195%，即前7个公因子包含了原始变量80.195%以上的信息量，表明这7个公因子对原始指标的代表性较高，能较为充分地解释原始变量所能表达的信息。

表6-7　　　　　　　　　方差贡献率

成分	初始特征值			提取平方和载入			旋转平方和载入		
	合计	方差的百分比（%）	累计百分比（%）	合计	方差的百分比（%）	累计百分比（%）	合计	方差的百分比（%）	累计百分比（%）
C_1	9.719	32.396	32.396	9.719	32.396	32.396	9.419	31.397	31.397
C_2	4.647	15.491	47.887	4.647	15.491	47.887	4.271	14.236	45.633
C_3	2.779	9.263	57.150	2.779	9.263	57.150	2.606	8.686	54.318

续表

成分	初始特征值 合计	初始特征值 方差的百分比(%)	初始特征值 累计百分比(%)	提取平方和载入 合计	提取平方和载入 方差的百分比(%)	提取平方和载入 累计百分比(%)	旋转平方和载入 合计	旋转平方和载入 方差的百分比(%)	旋转平方和载入 累计百分比(%)
C_4	2.299	7.663	64.814	2.299	7.663	64.814	2.275	7.584	61.903
C_5	1.771	5.903	70.717	1.771	5.903	70.717	1.911	6.369	68.272
C_6	1.483	4.942	75.659	1.483	4.942	75.659	1.802	6.008	74.280
C_7	1.361	4.536	80.195	1.361	4.536	80.195	1.775	5.915	80.195
C_8	0.979	3.264	83.459						
C_9	0.824	2.747	86.206						
C_{10}	0.730	2.435	88.641						
C_{11}	0.667	2.225	90.866						
C_{12}	0.584	1.947	92.812						
C_{13}	0.459	1.531	94.343						
C_{14}	0.399	1.330	95.674						
C_{15}	0.304	1.015	96.689						
C_{16}	0.241	0.803	97.491						
C_{17}	0.184	0.613	98.105						
C_{18}	0.140	0.468	98.573						
C_{19}	0.120	0.399	98.972						
C_{20}	0.086	0.286	99.257						
C_{21}	0.063	0.209	99.466						
C_{22}	0.047	0.157	99.623						
C_{23}	0.042	0.142	99.764						
C_{24}	0.029	0.096	99.860						
C_{25}	0.024	0.079	99.939						
C_{26}	0.013	0.045	99.983						
C_{27}	0.002	0.007	99.991						
C_{28}	0.002	0.006	99.997						
C_{29}	0.001	0.002	99.999						
C_{30}	0.000	0.001	100.000						

注：提取方法为主成分方法。

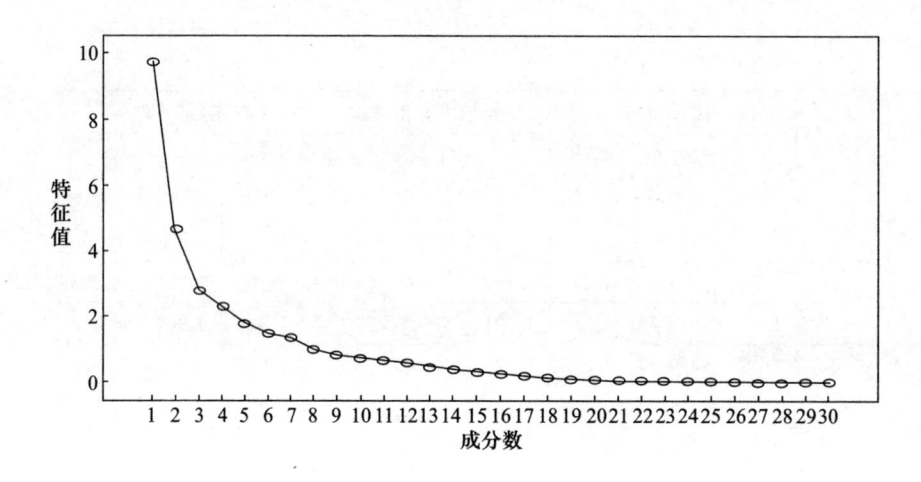

图 6-1 碎石图

(三) 旋转因子载荷矩阵

由于所得因子载荷矩阵不唯一，无法准确地对公因子进行命名，因此考虑使用方差最大法对因子载荷矩阵进行旋转，以使其更好地命名。具体见表 6-8。通过表 6-8 可看到 7 个因子各自所代表的变量的重要性，根据表 6-8 的结果，我们尝试对 7 个公因子进行命名。

表 6-8　　　　　　旋转后的因子载荷矩阵

	成分						
	F_1	F_2	F_3	F_4	F_5	F_6	F_7
Z—score：城镇化水平（C_9）	0.899						
Z—score：城乡计算机普及率（C_{19}）	0.894						
Z—score：城乡人均国内生产总值（C_1）	0.886						
Z—score：农村非农就业比重（C_{12}）	0.873						

续表

	成分						
	F_1	F_2	F_3	F_4	F_5	F_6	F_7
Z—score：财政支农比重（C_{16}）	−0.834						
Z—score：农村居民非农收入比（C_8）	0.814						
Z—score：城乡固话普及率（C_{17}）	0.803						
Z—score：农村工业化水平（C_5）	0.775						
Z—score：公路网密度（C_{22}）	0.752						
Z—score：城乡R&D人员（C_{15}）	0.661						
Z—score：农村人均用电量（C_{26}）	0.653						
Z—score：城乡人均收入水平（C_2）	0.571						
Z—score：农业机械拥有总动力（C_{13}）		0.917					
Z—score：农药与化肥施用量（C_{14}）		0.912					
Z—score：农村有效灌溉面积（C_{29}）		0.836					
Z—score：互联网普及率（C_{20}）		0.727					
Z—score：城乡排水管道密度比（C_{24}）			0.810				
Z—sxore：铁路网密度（C_{21}）			0.736				
Z—score：城乡"剪刀差"（C_7）				−0.791			

续表

	成分						
	F_1	F_2	F_3	F_4	F_5	F_6	F_7
Z—score：城乡二元结构系数（C_4）				0.782			
Z—score：农村劳动生产率（C_6）				−0.590			
Z—score：城乡用水普及率（C_{23}）					−0.713		
Z—score：城乡移动电话普及率（C_{18}）					0.684		
Z—score：城乡恩格尔系数（C_3）					−0.628		
Z—score：城乡固定资产投入比（C_{10}）						−0.811	
Z—score：城乡每千人医疗机构床位数比（C_{25}）						−0.791	
Z—score：农村劳动力转移人数比重（C_{11}）						0.580	
Z—score：农村水土流失治理面积（C_{30}）							−0.855
Z—score：农村水库库容量（C_{27}）							0.660

注：删除了影响较小的数值。

（1）因子1（F_1）：主要包括城镇化水平（%）、城乡计算机普及率（台/百户）、城乡人均国内生产总值（元）、农村非农就业比重（%）、财政支农比重（%）、农村居民非农收入比（%）、城乡固定资产投入比（%）、城乡固话普及率（台/百户）、农村工业化水平（%）、公路网密度（千米/百平方千米）、城乡 R&D 人员（万人年）、农村人均用电量（千瓦时/人）和城乡人均收入水平

(%)，因子1涵盖了综合指标中的各个分目标层，故命名为城乡产业一体化发展因子。

（2）因子2（F_2）：主要包括农业机械拥有总动力（万千瓦）、农药与化肥施用量（万吨）、农村有效灌溉面积（千公顷）、互联网普及率（%），故命名为农业现代化发展因子。

（3）因子3（F_3）：主要包括城乡排水管道密度比（%）、铁路网密度（千米/百平方千米），故命名为城乡网络体系发展因子。

（4）因子4（F_4）：主要包括城乡"剪刀差"（%）、城乡二元结构系数（%）、农村劳动生产率（元/人），故命名为城乡产业劳动生产率差异因子。

（5）因子5（F_5）：主要包括城乡用水普及率（%）、城乡移动电话普及率（部/百户）、城乡恩格尔系数（%），故命名为城乡基础设施发展水平因子。

（6）因子6（F_6）：主要包括城乡固定资产投比（%）、城乡每千人医疗机构床位数比（%）、农村劳动力转移人数比重（%），故命名为城乡要素联系因子。

（7）因子7（F_7）：主要包括农村水土流失治理面积（千公顷）、农村沼气池产气总量（万立方米）、农村水库库容量（亿立方米），故命名为资源环境承载力因子。

（四）因子得分矩阵以及总评价

通过以上步骤，而后我们得到因子得分系数矩阵（见表6-9），从而根据以下公式得到各因子得分。

表6-9　　　　　　　　因子得分系数矩阵

	成分						
	F_1	F_2	F_3	F_4	F_5	F_6	F_7
城乡人均国内生产总值（C_1）	0.099	-0.024	-0.099	-0.034	-0.010	0.031	-0.022
城乡人均收入水平（C_2）	0.044	0.035	-0.205	0.053	-0.047	0.026	0.103
城乡恩格尔系数（C_3）	0.009	-0.043	0.177	0.081	-0.313	0.040	-0.179

续表

	成分						
	F_1	F_2	F_3	F_4	F_5	F_6	F_7
城乡二元结构系数（C_4）	-0.023	-0.024	-0.047	0.352	0.099	0.003	0.018
农村工业化水平（C_5）	0.115	0.047	0.073	-0.030	0.025	-0.078	-0.219
农村劳动生产率（C_6）	0.036	-0.038	-0.201	0.190	0.049	0.061	0.000
城乡"剪刀差"（C_7）	-0.007	0.048	-0.028	-0.382	0.191	0.072	0.079
农村居民非农收入比（C_8）	0.087	0.005	0.105	-0.106	0.027	-0.006	0.022
城镇化水平（C_9）	0.093	-0.059	-0.058	0.029	0.088	-0.028	-0.019
城乡固定资产投入比（C_{10}）	-0.123	0.066	0.098	0.016	0.009	0.042	0.242
农村劳动力转移人数比重（C_{11}）	0.071	-0.063	-0.005	0.095	-0.132	0.303	-0.107
农村非农就业比重（C_{12}）	0.095	0.007	0.100	0.020	0.021	-0.037	-0.021
农业机械拥有总动力（C_{13}）	-0.014	0.246	-0.058	-0.120	-0.026	-0.023	0.044
农药与化肥施用量（C_{14}）	-0.025	0.218	-0.015	-0.014	0.019	-0.042	0.050
城乡 R&D 人员（C_{15}）	0.067	0.110	0.093	-0.011	-0.035	0.209	0.011
财政支农比重（C_{16}）	-0.090	-0.001	0.004	-0.010	0.041	0.166	-0.018
城乡固话普及率（C_{17}）	0.079	-0.021	0.011	0.022	-0.009	0.065	0.032
城乡移动电话普及率（C_{18}）	0.006	-0.075	0.196	0.062	0.397	0.155	0.051
城乡计算机普及率（C_{19}）	0.085	0.037	-0.031	-0.079	0.027	0.092	0.073
互联网普及率（C_{20}））	0.047	0.165	0.113	0.009	-0.026	0.119	-0.045
铁路网密度（C_{21}）	-0.020	-0.027	0.081	0.046	0.118	-0.261	0.345
公路网密度（C_{22}）	0.082	0.089	0.047	0.009	-0.084	-0.157	0.019
城乡用水普及率（C_{23}）	0.000	0.035	0.038	-0.063	-0.365	0.045	0.240
城乡排水管道密度比（C_{24}）	0.000	-0.005	0.323	0.039	0.031	0.027	0.102
城乡每千人医疗机构床位数比（C_{25}）	0.047	-0.033	-0.025	0.091	-0.076	-0.458	-0.077

续表

	成分						
	F_1	F_2	F_3	F_4	F_5	F_6	F_7
农村人均用电量（C_{26}）	0.075	-0.024	-0.031	-0.006	-0.116	-0.048	0.011
农村水库库容量（C_{27}）	-0.044	-0.032	0.145	0.351	0.180	-0.152	-0.003
农村沼气池产气总量（C_{28}）	0.020	0.173	0.046	0.016	-0.089	0.038	-0.053
农村有效灌溉面积（C_{29}）	-0.027	0.220	-0.155	-0.063	-0.033	0.020	0.043
农村水土流失治理面积（C_{30}）	0.053	-0.026	-0.005	0.044	0.024	-0.056	-0.529

$$F_1 = 0.099C_1 + 0.044C_2 + \cdots + 0.053C_{30}$$

$$F_2 = -0.024C_1 + 0.035C_2 + \cdots - 0.026C_{30}$$

……

$$F_7 = -0.022C_1 + 0.103C_2 + \cdots - 0.529C_{30}$$

为进行综合评价，以7个因子的方差贡献率作为权数，构建F，使其作为31个省（市、区）的综合评价指标，计算结果如下式，其中各因子前的系数是各因子的特征值占总方差的比重。由此我们可以得到31个省（市、区）的排名，具体见表6-10和图6-2。

$$F = 0.324F_1 + 0.1549F_2 + 0.0926F_3 + 0.0766F_4 + 0.059F_5 + 0.0494F_6 + 0.0454F_7$$

表6-10　　　城乡产业一体化发展水平的各因子排名和综合排名

地区	各因子排名							综合排名
	F_1	F_2	F_3	F_4	F_5	F_6	F_7	F
北京	2	26	16	22	9	8	6	4
天津	3	25	28	30	18	29	4	9
河北	11	3	25	24	6	13	16	10
山西	12	13	9	31	19	14	23	21
内蒙古	15	19	29	20	10	12	31	22
辽宁	8	18	27	3	21	28	27	12

续表

地区	各因子排名							综合排名
	F_1	F_2	F_3	F_4	F_5	F_6	F_7	F
吉林	21	21	26	5	8	6	17	17
黑龙江	25	9	31	7	14	10	11	15
上海	1	29	21	17	29	27	8	2
江苏	4	4	24	10	26	2	13	1
浙江	5	12	13	4	11	5	18	5
安徽	19	7	20	16	15	24	12	13
福建	7	20	7	8	12	9	21	11
江西	17	14	8	9	17	16	25	18
山东	9	2	19	25	25	22	14	6
河南	20	1	14	19	20	20	9	8
湖北	13	10	17	1	4	26	20	7
湖南	18	8	10	13	16	19	19	14
广东	6	5	1	12	13	1	15	3
广西	29	16	2	6	5	30	1	24
海南	26	31	23	2	23	11	5	25
重庆	10	23	6	15	27	31	22	20
四川	16	6	12	11	28	25	30	16
贵州	23	22	5	14	30	18	28	27
云南	27	17	3	18	22	15	26	30
西藏	31	27	11	21	31	3	3	31
陕西	14	15	15	29	3	21	24	19
甘肃	24	24	18	26	7	23	29	29
青海	28	30	22	28	1	7	10	26
宁夏	22	28	4	27	2	4	7	23
新疆	30	11	30	23	24	17	2	28

三 测度的结果及解释

通过聚类分析，可进行城乡产业一体化发展水平的空间结构分析。基于因子分析的最终综合评价得分 F，我们将其作为聚类分析的变量，使用系统聚类法分析。

第六章 实证分析：中国城乡产业一体化发展水平综合评价 | 199

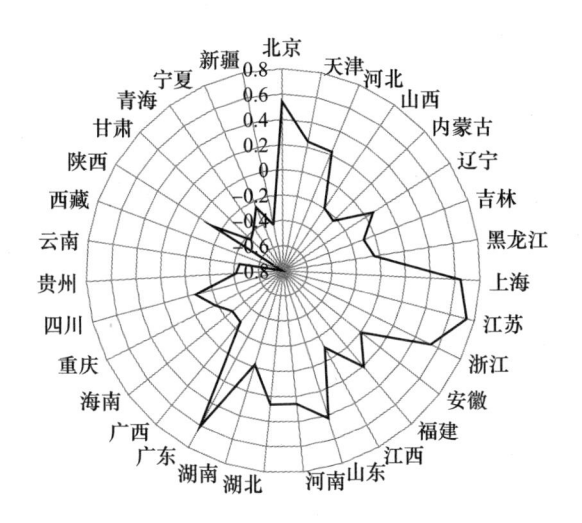

图6-2 中国各地区城乡产业一体化发展水平雷达图

所谓系统聚类是将样品分成若干类的方法，先将各样品看成一类，规定类与类之间的距离，选择距离最小的一对合并成新的一类。同理，再计算新类与其他类间的距离，将距离最近的再合并，每次减少一类，直到所有样本合为一类为止，本节中聚类方法选择组间连接法，设定将样品分为2类、3类和4类，最终得到图6-3系统聚类的树状图。根据系统聚类的结果，同时结合我们的研究不同地区间的差异，最终选取4类，具体结果如下：

第一类可归结为城乡产业一体化发展高水平地区，包括北京、上海、江苏、浙江和广东5个省（市）份，主要集中在沿海城市。这些地区的因子F_1排名靠前，区域城市化水平较高，城乡产业发展的基础设施也较完备，辐射带动农村周边地区的能力也较强。

第二类可归结为城乡产业一体化发展水平较高地区，包括天津、河北、山东、福建、河南和湖北6个省（市）份，主要集中在中部和部分西部地区。这些区域在7个公因子中各方面表现均较好，且有部分因子排名靠前，这些区域经济发展较发达，交通便捷、区位优势明显，农业的工业化水平较高，相应的城乡产业一体化发展水平也较高。

重新调整距离聚类合并

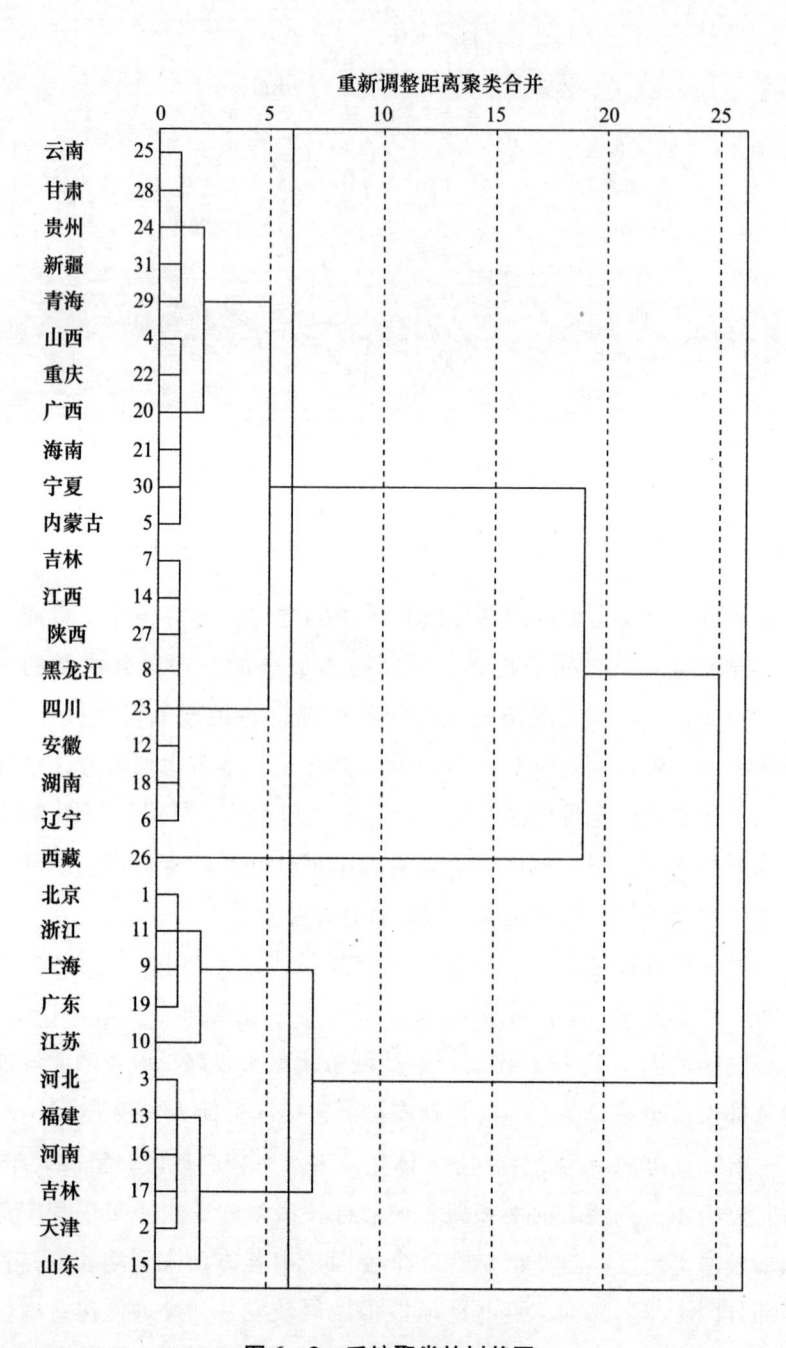

省份	编号
云南	25
甘肃	28
贵州	24
新疆	31
青海	29
山西	4
重庆	22
广西	20
海南	21
宁夏	30
内蒙古	5
吉林	7
江西	14
陕西	27
黑龙江	8
四川	23
安徽	12
湖南	18
辽宁	6
西藏	26
北京	1
浙江	11
上海	9
广东	19
江苏	10
河北	3
福建	13
河南	16
吉林	17
天津	2
山东	15

图 6-3 系统聚类的树状图

第三类可归结为城乡产业一体化发展水平一般地区,包括山西、内蒙古、辽宁、吉林、黑龙江、安徽、江西、湖南、广西、海南、重庆、四川、贵州、云南、陕西、甘肃、青海、宁夏和新疆共19个省(市、区)份,包括中部和部分西部地区。这些地区在7个公因子中各方面均表现一般,当然了并不排除某些地区在某些指标上具有一定的优势,如安徽和四川在农业现代化发展因子中得分较高;广西、贵州、云南在城乡网络体系发展因子中得分较高;辽宁、吉林和海南在城乡经济劳动生产率差异因子的得分较高;陕西基础设施发展水平因子得分较高。

第四类为西藏自治区,属于西部地区,从各因子排名上看,均排名靠后,表明其城乡产业一体化发展水平相对较差,原因在于西藏自治区区位和基础设施相对较差,城市化水平较低,农村工业化发展较慢,城市集聚和向农村扩散作用较弱,这些均不利于城乡产业一体化发展的展开,但西藏在资源环境承载力因子中得分较高。

四 中国东部、中部、西部集聚与扩散发展阶段差异性

目前,从中国城乡产业发展来看,就城乡劳动生产率而言,如图6-4所示,20世纪90年代至今,城乡劳动生产率发展整体上呈现先扩大后缩小的发展趋势;从城乡人均收入来看,如图6-5所示,近些年来农村居民人均纯收入的增长率高于城镇居民,但城乡居民的收入水平之比为3.03∶1,城乡收入差距仍然很大,不过,总体来看,近些年来城乡区域差距有逐渐缩小的趋势。

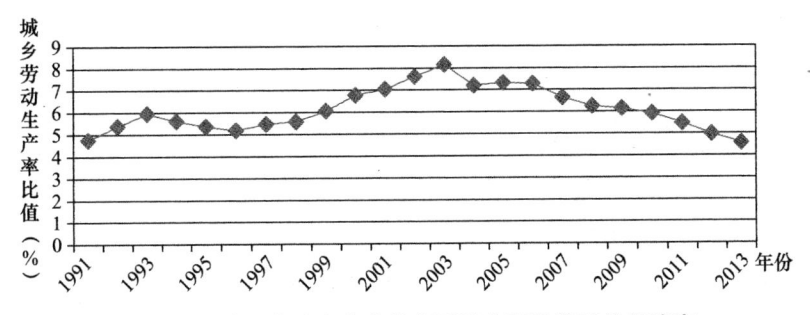

图6-4 基于劳动生产率的中国城乡区域发展差距演变

资料来源:根据《中国统计年鉴》和《新中国60年统计资料汇编》整理计算而得。

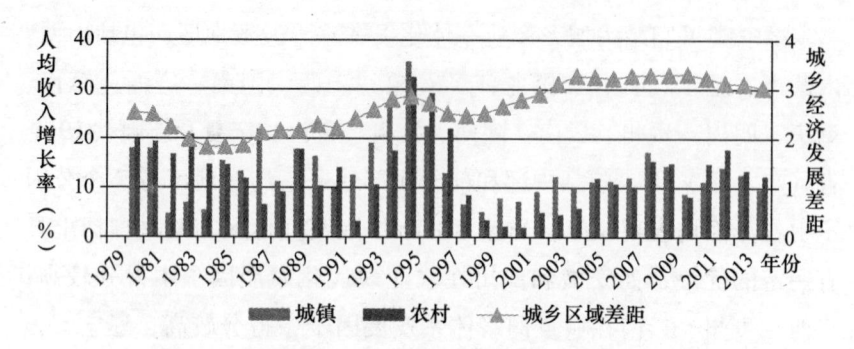

图 6-5 基于人均收入的中国城乡区域发展差距演变

资料来源：根据《中国统计年鉴》（2014）整理计算而得。

无论是从城乡劳动生产率发展来看，还是从城乡居民收入差距而言，中国城乡区域发展差距总体上在 20 世纪 80 年代处于下降趋势，90 年代城乡区域差距总体呈现扩大趋势，2004 年之后，中国城乡区域发展总体差距又出现下降的态势，经历了"下降—扩大—再下降"的发展态势。产业在城市集聚发展时，城乡区域发展差距持续扩大，随着产业向农村的扩散发展，分散化布局成为可能，城乡区域发展差距呈缩小趋势。

接着，进一步分析东部地区、中部地区、西部地区城乡区域发展差距问题。从空间维度看，横向而言，东部地区、中部地区、西部地区发展中，东部地区城乡区域发展差距最小，中部地区其次，西部地区城乡区域发展差距较大；纵向而言，东部地区、中部地区、西部地区发展中，城乡区域发展差距总体上呈现先扩大后缩小的趋势，2004 年之前东部地区、中部地区、西部地区城乡区域发展差距持续扩大，2004 年之后与前些年相比，东部地区城乡区域差距整体呈缩小趋势，而中西部地区城乡差距虽然较 2004 年之前大大降低，但近些年城乡区域发展差距有轻微扩大的趋势（见图 6-6）。这说明，东部地区的城市产业活动开始向农村地区扩散，"大分散，小集中"的分散化布局可能成为主导，带动了农村地区的发展；而中西部地区城乡区域发展差距有轻微的扩大趋势，产业活动可能仍属于产业或生产要素向核心城市集聚的过程，集聚经济作用

第六章　实证分析：中国城乡产业一体化发展水平综合评价 | 203

可能为其主导。结合中国城乡产业演变的路径，可得到如下结论：从空间维度看，东部地区城乡区域经济发展差距逐年缩小，而中西部地区近些年城乡区域发展差距有轻微的扩大趋势，东部地区、中部地区、西部地区出现了集聚与扩散并存的局面。

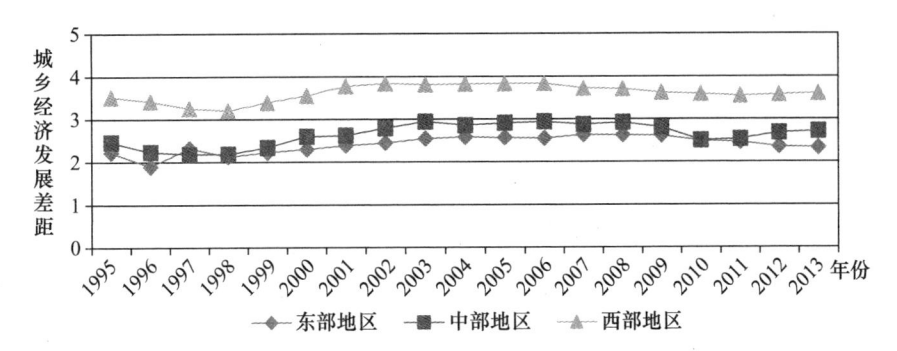

图 6-6　中国东部地区、中部地区、西部地区城乡区域发展差距差异

资料来源：根据历年《中国统计年鉴》和《新中国 60 年统计资料汇编》计算而得。

综合以上分析，我们可以得出，我国城乡产业一体化发展水平的空间分布状况：一体化发展水平较高的地区仍集中在东部地区，以北京、上海为显著代表；而中部和部分西部地区的城乡产业一体化发展水平紧随其后；城乡产业一体化发展水平表现最差为部分西部地区的西藏自治区。由此可见，城乡产业一体化发展水平由高到低的区域分布态势基本与区域经济发展态势、市场化发展程度具有一致性。从空间维度看，东部地区城乡区域发展差距逐年缩小，可能处于企业区位活动向农村地区扩散阶段，东部分散化布局可能成为主导，而中西部地区近些年城乡区域发展差距有轻微的扩大趋势，企业经济活动可能仍属于产业或生产要素向核心城市集聚的过程，集聚经济作用可能为其主导，东部地区、中部地区、西部地区出现了集聚与扩散并存的局面，其并存的局面共同推动着城乡产业一体化的实现。

五　地区经济发展水平与城乡产业一体化发展的相关性

本书以各地区人均国内生产总值作为衡量地区经济发展水平的指标，将其与城乡产业一体化发展水平进行相关分析。通过相关系数的计算可得，二者间的相关系数达到 0.73，如图 6-7 所示，横轴代表经济发展水平，纵轴代表城乡产业一体化发展水平，表明二者之间具有较强的相关性。地区经济发展水平较高的区域，农村工业化发展水平相对较高，城市经济的发展为农村地区的基础设施建设不断完善提供了重要的支撑，推动着城市科技信息化技术向农村的扩散与延伸。为了避免城市集聚不经济的出现，企业区位选址活动发生空间的变化，在推动农村工业化规模扩大的同时，也为城市经济发展腾出了充足的空间，从而有利于城市产业空间结构优化和城乡一体化发展水平的良性发展。可见，经济发展水平高低是影响城乡产业一体化发展水平的重要因子。当然，经济发展水平并不能完全代表城乡产业一体化的发展水平，经济发展水平只是城乡产业一体化发展的一个影响方面，并不是全部。

表 6-11　　　各地区城乡产业一体化发展水平与经济发展水平排序对比

城乡产业一体化发展水平与经济发展水平基本吻合的地区			城乡产业一体化发展水平高于经济发展水平的地区			城乡产业一体化发展水平低于经济发展水平的地区		
地区	城乡产业一体化排名	经济发展水平排名	地区	城乡产业一体化排名	经济发展水平排名	地区	城乡产业一体化排名	经济发展水平排名
北京	4	2	江苏	1	4	天津	9	1
上海	2	3	广东	3	8	内蒙古	22	6
浙江	5	5	山东	6	10	辽宁	12	7
福建	11	9	湖北	7	14	吉林	17	11
黑龙江	15	17	河北	10	16	重庆	20	12
山西	21	22	湖南	14	19	陕西	19	13
云南	30	29	河南	8	23	宁夏	23	15
甘肃	29	30	四川	16	24	新疆	28	18
			江西	18	25	青海	26	20
			安徽	13	26	海南	25	21
			广西	24	27	西藏	31	28
			贵州	27	31			

注：排名差距以两名为标准。

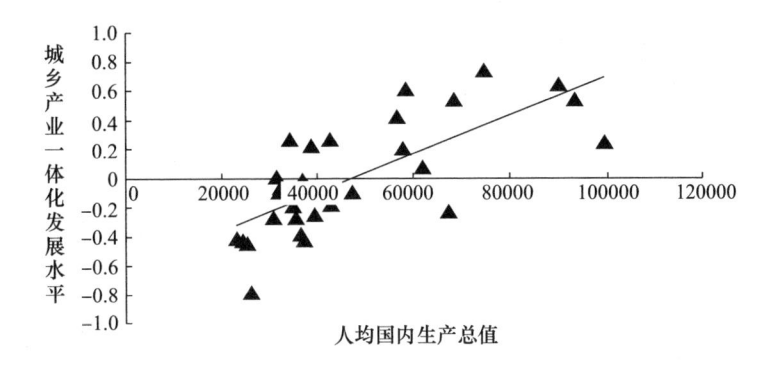

图 6-7 经济发展水平与城乡产业一体化发展水平散点图

六 城镇化发展水平与城乡产业一体化发展的相关性

同理将城镇化水平与城乡产业一体化发展水平进行相关分析，可得二者的相关系数为 0.75，表明城镇化水平与城乡产业一体化发展水平具有较高的相关性。也就是说，城镇化水平较高的地区，相应的城乡产业一体化发展水平也越高（见图 6-8）。因为城镇化的推进实现了农村富余劳动力向非农产业的转移。城镇的发展，为农村剩余劳动力提供了就业岗位，为农产品的销售提供了广阔的市场，也让农民分享到城市的文明成果。城镇化的发展打破了城乡分割的二元经济结构，有助于推动城乡产业一体化发展。

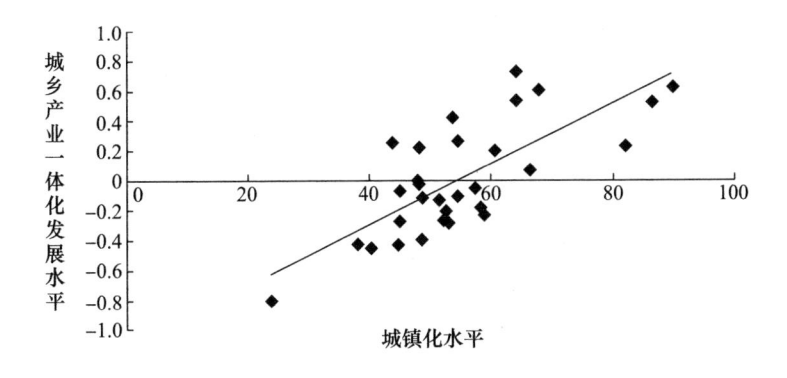

图 6-8 城镇化水平与城乡产业一体化发展水平散点图

当然,城镇化发展水平并不能完全代表城乡产业一体化发展水平,也只是其中的一个影响方面。从表6-12中可以看出,城镇化发展水平和城乡产业一体化发展水平两者的关系呈现出三种类型:第一类是城乡产业一体化发展水平与城镇化发展水平基本吻合的地区,包括上海、北京、广东、浙江、陕西、江西、广西、新疆、云南、甘肃、西藏;第二类是城乡产业一体化发展水平高于城镇化发展水平的地区,包括江苏、湖北、山东、河北、湖南、安徽、四川、河南和贵州;第三类是城乡产业一体化发展水平低于城镇化发展水平的地区,包括天津、辽宁、福建、内蒙古、重庆、黑龙江、吉林、海南、山西、宁夏和青海。因此,在城乡产业一体化发展中要充分考虑城镇化水平影响因子,在加快城镇化发展进程中,更要注重推动城乡产业一体化发展。

表6-12 各地区城乡产业一体化发展水平与城镇化水平排序对比

城乡产业一体化发展水平与城镇化发展水平基本吻合的地区			城乡产业一体化发展水平高于城镇化发展水平的地区			城乡产业一体化发展水平低于城镇化水平的地区		
地区	城乡产业一体化排名	城镇化水平排名	地区	城乡产业一体化排名	城镇化水平排名	地区	城乡产业一体化排名	城镇化水平排名
上海	2	1	江苏	1	6	天津	9	3
北京	4	2	湖北	7	12	辽宁	12	5
广东	3	4	山东	6	14	福建	11	8
浙江	5	7	河北	10	21	内蒙古	22	9
陕西	19	18	湖南	14	22	重庆	20	10
江西	18	19	安徽	13	23	黑龙江	15	11
广西	24	25	四川	16	24	吉林	17	13
新疆	28	26	河南	8	27	海南	25	15
云南	30	28	贵州	27	30	山西	21	16
甘肃	29	29				宁夏	23	17
西藏	31	31				青海	26	20

注:排名差距以两名为标准。

第七章 推动城乡产业一体化发展的对策建议

本章依据理论分析和实证检验的结果,对如何推动城乡产业一体化发展提出相应的对策建议。当然,城乡产业一体化的推进需要一个较长的过程,不仅需要市场化的产业力量不断推进,也需要政府的规划引导,只有政府与市场实现耦合、集聚与扩散实现并举、引导与支撑并用、加快信息网络与城市化融合等,才能促进城乡产业一体化和产业空间互融。只有不断破除体制障碍,才能激活市场力量共同形成发展的合力,才能从多方面为城乡产业一体化的实现夯实基础。

第一节 政府与市场耦合,实现城乡产业联动发展

城乡双向流动的市场体系建设是实现城乡产业一体化的关键,目的在于打破束缚城乡生产要素流动制度,疏通城乡间各类生产要素的自由流动。城乡要素市场体系与城乡商品市场体系比较而言,城乡要素市场体系发展仍比较滞后,因此,提高要素市场的市场化程度显得尤为必要。

一 规范要素流动的市场秩序

市场秩序的完善是城乡要素流动实现高效配置的重要原因。市场秩序良好会吸引大量生产要素在该地集聚,实现集聚的规模效

应，进而推动地区经济增长。反过来，经济的快速增长又会强化市场秩序的良性发展。要素均衡流动，不是传统意义上的要素平均分布，而是以市场配置机制为基础，做到经济社会发展与要素利用效率相结合的流动状态。

（一）规范完善乡村市场秩序，为要素均衡流动创造运行平台

市场秩序是市场经济发展的内在要求，我国目前乡村地区市场化程度较低，市场秩序不完善。改革开放以来，市场经济对乡村地区的冲击并未表现出积极的效应，而是被不良的市场秩序所侵蚀，以次充好、缺斤短两、假冒伪劣等行为泛滥，公平公正的市场机制未被尊重，孕育乡村地区市场秩序的文化土壤遭受到严重的破坏，造成了乡村地区市场秩序长期较为混乱，不利于乡村地区的发展。而且不规范的市场秩序，导致了大量生产要素的外流和农村经济发展后劲不足，可见，规范城乡要素流动的市场秩序，有利于促进城乡产业一体化发展。

第一，推动乡村地区市场规模不断扩展，由于长期重视城市的发展，乡村地区长期市场规模较小，不利于生产要素的集聚，导致城乡要素分布严重不均。由此可见，乡村地区市场规模的扩大对于生产要素在城乡间的均衡流动有重大的影响，乡村地区市场规模的扩展，既有利于消费需求的扩大，也有利于刺激投资者在乡村投资和乡村资本的积累，导致乡村生产要素边际收益提高，引致城市生产要素向乡村地区的回流，夯实乡村市场规模扩展的经济基础，从而实现城乡产业一体化。

第二，树立城乡大市场的观念，杜绝城乡间流动的障碍，城乡间可通过统一的大市场获得有效联结，从而在合理分工与协作的基础上实现产业一体化发展。

（二）积极培育乡村地区市场体系，为要素均衡流动创造良好环境

城乡生产要素均衡流动是实现城乡产业一体化发展的基础，只有生产要素实现了自由流动，城乡产业的空间集聚布局与分散布局

才能成为可能。众所周知，目前我国乡村地区整体市场发育水平较低，当然这也是乡村历史文化因素和经济发展水平的综合体现，随着乡村地区市场发育程度的不断提高，能够带来乡村生产要素收益的增加，能够扫除城乡一体化发展过程中的诸多障碍，促进了城乡产业一体化发展。由此可见，乡村市场发育程度的提高对于城乡要素的自由流动起着重要的作用。政府和市场作为调节经济的手段，由于乡村要素市场本身具有的弱势使其难以建立起完善的市场机制，因此，必须通过政府的扶持才能实现与城市要素市场的对接，即城乡生产要素的畅通流动，需要积极培育乡村地区的市场体系，政府的作用不可或缺，政府要加大对乡村的投入力度，积极建立系统的财政支农政策，当然，这与国家推进乡村地区市场体系建设并不冲突，两者是可以相互促进的，政府支农政策是为了缩小之前由于历史等原因形成的城乡差距而提出的，政府的"输血"对于目前加快乡村地区经济发展具有重要作用。从长远来看，乡村的发展不能一味地依靠政府"输血"，而需要农村自身孕育出内生发展动力，政府积极培育乡村地区的市场体系，这就是由"输血"到"造血"行为的转变。积极培育乡村地区市场体系具体措施为：第一，坚持城乡生产要素市场配置的基础性作用，政府作为市场的有益补充，不能干预资源的配置过程，应积极疏通市场机制发挥作用的通道，为乡村地区市场力量的充分发挥进行政策松绑。第二，坚持建立城乡统一市场体系，破除要素流动的政策障碍和区域壁垒，为城乡要素自由流动创造良好的环境。

二 破除要素流动体制障碍

行政和政策级别的划分制约了城乡要素在城乡间、工农间的自由流动。由此可见，城乡二元制度格局是阻碍城乡生产要素自由循环的根本原因。而城乡双向流动市场体系的建设就是要消除城乡二元制度，消除人为制度阻碍，充分发挥生产要素市场化配置的作用。

(一)废除城乡户籍制度差异,建立城乡人力资源双向流动机制

城乡户籍制度是导致城乡分割发展状态存在的重要原因。户籍制度是一种制度性歧视的体现,城市代表了更高的福利水平,乡村则相反。这种制度性歧视会产生两方面问题:其一是导致劳动力呈现"候鸟式"特征,也就是说乡村劳动力"离乡不离土",无法将自身发展与城市发展进行捆绑,无法在城市扎根落户导致归属感缺乏,农民边缘化问题加剧。其二是制度性歧视引致了农民对城市高工资的青睐,导致了城市要素的过度集聚,乡村要素集聚不足,无法实现城乡产业一体化发展。因此,废除城乡户籍制度差异,建立城乡人力资源双向流动机制是建立城乡双向流动机制的首要任务,要充分发挥市场对城乡劳动力资源和人力资源配置的作用,构建城乡公平的劳动力和人力资源流动平台,以平等的就业制度和健全的社会保障为前提,让农村劳动力平等地参与就业竞争,真正实现农民市民化,进而与城市居民享受同等的权利。另外,为了缓解城市集聚不经济问题,也应积极鼓励城市居民到乡村或进城务工人员返乡创业,具体表现为:一方面应制定优惠政策和较高的待遇,积极鼓励城市的投资者、城市的高科技人员、城市的大中专毕业生到农村创业和工作;另一方面要引导外出务工人员返乡自主创业,农民要利用在城市的积累向农村传播现代文明,把先进的技术和信息手段带到农村,带动农村劳动力素质的整体提高,更好地实现城乡劳动力与人力资源的双向流动。

(二)加大乡村要素市场扶持力度,建立系统的财政支农政策

资本要素是经济增长的发动机,但农村地区资本要素极度缺乏也是不争的事实。长期以来,随着工业化和城市化进程的加快,规模经济效应下资本回报率明显高于农村,资本要素在向城市流动带动城市发展的同时,也带来了农村资本的匮乏,新技术无法更新滞后了农业现代化发展。由此可见,我国目前农村资本要素市场体系发育程度较弱,政府必须关注农村要素市场的建设,通过释放农村

地区发展潜力，实现城乡要素市场体系的对接，推动城乡要素的自由流动。

第一，建立健全"资本下乡"体制，在推进"以工促农，以城带乡"的大形势下，政府要鼓励城市企业向乡村投资，同时也要实行倾斜农村和支持农村的经济政策，资金支农要依托具体的农业开发项目，在农产品开发与精加工方面发挥科技强农作用，使"资本下乡"是进行真正成为"工业反哺农业""城市反哺农村"的治本之方，大力支持农村资金投入的证券化，进一步扩大支农资金的来源，推动农村地区的发展。

第二，要建立系统性的财政支农政策和以城带乡，城乡联动的发展机制，在税收、金融、交通基础设施和信息化等方面形成全方位的支农局面，比如政府对农村税收可实行优惠政策，从而确保农业科技投入等额度，大力推进农村现代化和产业化发展；政府可在学校教育、职业培训等方面加大对农村人力资本的投入等。与此同时，建立支农远景规划，加快城市产业链条向农村的延伸，保证支农政策持续性和稳定性发展，实现城乡产业更好的对接。

第三，设立农村现代化发展专项基金，并将此项基金交与农村发展银行代为管理，根据各地的发展情况进行不同的配置。同时要逐步健全农村贷款抵押担保制度，为确保农村贷款规模的扩大，允许农民用土地使用权进行抵押贷款获取农业现代化发展基金。

（三）创造良好的社会环境，平滑要素流动的障碍

城乡要素的流动受经济收益、不同地区社会公共服务水平和经济交往等社会环境的影响。社会环境好坏也是除考虑收入之外影响劳动力选择迁移的重要变量。伴随着城镇化与工业化向纵深发展，如果城乡劳动生产率差异比较小，工资水平趋于均衡，城市高技能的劳动者就会向社会环境和生态环境更好的乡村进行迁移，因为好的社会环境能够降低人们生活和工作成本，当然，对于普通劳动者

社会环境的重要性也同样适用。由此可见，推进城乡要素的自由流动创造良好的社会环境显得非常重要。

（四）增加城乡公共服务供给，优化要素流动的环境

要想实现城乡产业一体化发展，城乡公共服务建设尤为重要，原因在于城乡公共服务的水平差异会影响城乡要素流动的效率。一方面应不断完善社会保障制度，劳动力由乡村向城市的转移定居，不仅涉及户籍身份的变化，更需要物质基础做保障，应大力进行城镇保障房建设，乡村劳动者就不会由于房价上涨而挤出了劳动者其他方面的需求，人力资本的投入会逐渐增加，自身素质不断得以提升，这就会降低城乡间要素流动的成本，实现要素自由流动。另一方面，在乡村地区大力兴办职业教育，鼓励在城市务工人员返乡创业，向乡村传播先进的文明和技术，同时通过职业教育提升农村的素质，将劳动力实现就地转化，通过创造良好的社会环境，平滑城乡要素流动的障碍。

（五）深化开展城乡产业联动，化解要素均衡流动的障碍

城乡间经济交往的扩大有利于城乡要素的均衡流动，也就是在尊重市场机制的基础上，在公平和效率兼顾下，根据城乡产业不同需求而进行的要素流动，才能在城乡实现资源的最优化配置，才能实现效率的最大化。城乡经济社会交往本质是城乡产品和生产要素的流动，产品贸易往来扩大了城乡经济联系，人口流动带来了城乡信息的互换。一方面，经济社会往来可将城市的新技术、新知识和新思想引入乡村，促进乡村现代化和产业化发展；面对农村丰富的劳动力资源和广阔的市场需求潜力，也会吸引城市企业来乡村投资建厂，从而推动乡村地区经济发展。另一方面，信息和技术在城乡间的传播与扩散，可将农村拉进信息网络化社会，缩小了城乡空间距离，更好地实现了要素流动和产业的联动发展。

第二节 集聚与分散并举，推动城乡产业一体化发展

城市企业的空间集聚有其合理的效率边界，产业和人口在城市的空间集聚最初是符合城市空间演变规律的，但是，随着城市拥挤成本高、生态环境的恶化等问题的出现，传统的产业布局方式已经不适应城市的发展要求。要想缓解城市集聚不经济，城市产业向外围的扩散与辐射是重要的途径之一。当然，向外围的扩散并不是所有的产业都要外迁，在发挥城市集聚效应的同时，一些劳动密集型产业或发展较成熟的产业应向城市外围的郊区或乡村扩散。对城乡产业一体化发展中需要哪些产业继续发挥集聚效应，哪些产业需要分散要有清晰的认识，当然，产业的扩散不可能同时同速，需要有一个逐步扩散的过程，实现集聚与分散并举的空间布局模式，企业的分散布局有利于降低城市中心区的集聚不经济。不同类型的产业和不同类型的企业空间布局的模式也不同，将不同的产业或企业布局到最适宜的地域空间上，产业由城到乡的扩散与辐射，除了遵循市场运行的规律外，政府要适时引导，在城乡产业一体化推进中，城乡要实现集聚与扩散的并举。

城市产业向农村的扩散，有利于为城市产业结构优化升级腾出发展空间，城市生产性服务业的高端化发展，有利于实现城乡"以产促城，以城兴产，产城融合"发展，传统粗放的城市化发展中是以"造城"为其显著特征的，是忽略了产业与城市功能的融合、空间整合，直接导致了中心城市拥挤效应和产业空心化的出现。双向迁移的总部经济模式是按照企业总部和生产制造基地相分离的一种空间配置的模式，不是求大、求全将所有的产业布局在中心城市，也不是一味地将所有的产业统统赶出城市，而是实现了城乡产业合理分工与布局。随着城市的快速发展，城市产业逐渐向先进的制造

服务业发展,只有实现了产城的融合,城市才具有发展的可持续性。总部经济模式在产业和城市之间形成了一种新的平衡状态,既不同于传统的纯集聚经济,又能有效地防范城市产业空心化。

第三节 引导与支撑并用,加快城乡通道建设

毫无疑问,政府是推动城乡产业一体化发展的重要外部推动力和重要保障,美国、日本、韩国等这些发达国家虽然在市场体系方面比较完善,但是,在城乡发展中,仍然非常重视政府的推动作用。当前中国要想实现以工促农、以城带乡长效机制,要想实现城乡产业一体化,政府的主要职能在于制订城乡产业统一的发展规划,构建互动的公平秩序和发展环境,建立公平合理的城乡要素双向流动机制,对于农村弱势产业给予政策支持,围绕构建城乡产业链的延伸与扩展逐步推进,在城乡产业一体化发展中要杜绝政府"越位"和"缺位"等问题的出现。

一 加快基础设施建设

(一)制定城乡产业一体化发展规划,引导城乡产业合理分工与布局

城乡产业一体化发展涉及城市和乡村两大主体,需要两者的共同努力来实现,而且城乡产业一体化涉及了产品市场、要素市场和空间范畴,其范围之广,难度之大,需要建立城乡产业一体化发展规划。

第一,鼓励城市中失去优势的低附加值产业向乡村有计划转移,并向乡村工业园区集中,实现城市集聚和乡村分散相结合的布局格局。

第二,产业生态化发展,实现经济和生态"双赢"。从城市转移出来的产业大部分是高耗能、污染大的产业,应加大对乡村承接产业的筛选,提高进入门槛,保护好城乡的生态环境。

第三，不同类型企业分工与空间布局表现为企业总部布局在城市，负责产品的研发、销售等环节，生产基地向城镇或乡村扩散，政府应明确这种未来的发展趋势，按照城乡不同的布局指向，引导城乡产业合理分工与布局。

另外，城乡产业联动的长效机制也需要法律法规予以保障，最终实现一体化可持续发展。

(二) 制定配套政策措施，创造有利的产业一体化发展条件

要实现城乡产业一体化需要完善的体制和政策来保证，就需要政府在社会保障制度、居民就业政策、土地产权制度和财政金融政策等方面进行创新与改革。目前，我国存在着农民对公共服务需求快速增长和农村公共服务供给不匹配的矛盾，成为制约城乡产业一体化发展的因素，因此，政府要积极促进城乡公共服务均等化，创造有利的产业联动条件，使城乡居民共同享用经济分配成果，增强农民的幸福感。具体表现为：要不断完善土地流转和建设用地政策，允许农村土地自由转让、出租、抵押和入股等，实现土地的高效利用，实现城乡土地双向流动；建立城乡一体化教育体系，强化政府对农村义务教育的支出责任，使师资力量，教师待遇都有明显的提高，同时，也要保障农民工子女享受义务教育的权利和政策待遇；制定城乡统一的医疗保障制度，不断完善农村医疗保障制度，为城乡劳动力自由流动创造条件和保障，从而推动城乡产业一体化发展。总之，制定政策中要综合考虑城乡各方面的内容，并要根据实际情况，动态地调整政策，逐步形成推进城乡产业一体化的政策体系。

(三) 加强农村基础设施建设，改善农村承接产业转移的环境

乡村基础设施建设既是城乡产业一体化发展的一个重要切入点，也是保证城乡产业一体化顺利进行的前提与基础。长期以来，农村基础设施建设滞后于城市是城乡差别的直接表现。近些年来，农村基础设施建设虽有所改善，但由于历史欠账多，农村公共服务供给和基础设施仍然比较落后。

第一，提供公共物品，加强联动的基础设施建设。随着以工促农阶段的到来，政府财政支出投向应更多地关注农村的发展，推进城乡交通、供电、供水、通信等基础设施建设，在空间布局上呈网络状分布，从而提高服务的便捷性和可达性，不断改善提升乡村地区投资环境，吸引农民工返乡创业和城市劳动密集型等产业向乡村的转移，基础设施网络的不断完善将为城乡产业一体化发展夯实基础。

第二，重点改善交通运输条件，改善农村承接地转移环境。随着以互联网为主的信息网络化发展，传统的交通运输条件虽被弱化，但不能否认在城乡产业一体化发展中仍具有重要的作用，通过城乡交通条件的改善，使农村在产业联动中获得更大的发展机会，在城乡间要大力建设交通网络和城郊轨道，城市产业向乡村转移后以保障工作和生活的便捷，更方便地实现城乡物质、资金、人才和信息的自由化流动。

二 加快城乡通道建设

城乡通道建设在促进城乡产业一体化发展中起着关键和保障的作用，作为城乡要素、城乡产业与功能空间运动的载体，对城乡间要素流动的速度和可能性有重要作用，既影响着城乡资金、人才、信息等要素的空间流动，也影响着企业和产业的区位选址和集聚与扩散作用的发挥。由于城乡产业联动发展的范围广、难度大，要想实现城乡产业一体化发展必须要建立现代化立体交通运输和信息通信为核心的城乡基础设施网络，通道具有线路、枢纽及相关配套设施构成的综合快速的运输方式和信息传递系统，以快速化、通达性和网络化为其特点。城乡通道建设可促使城乡通达性不断提高，城乡间的交往和经济联系得以强化。

（一）加强以交通、通信为主的城乡通道设施建设

完善的交通、通信基础设施建设是城乡产业转移和区位选择的重要因素，既是城乡间劳动力、资本、人才和信息等要素自由流动的基本条件，也是加强城乡经济联系的重要保障。我国目前农村的

基础设施仍然不完善，这将直接影响城乡之间的联系，影响城乡间产品和要素的自由流动。因此，城乡通道建设重在从交通和通信设施入手，便捷的交通能加速城乡要素的流动速度，先进的通信设备能加速技术和信息等要素流动的效率。由此可见，政府加大以交通、通信为主的城乡通道建设就显得尤为必要了，就是要修建与完善城乡间便捷的公路和铁路，提高城乡之间车辆的通达率。引导城市信息技术向乡村的扩散与延伸，切实加强城乡间的通达性和便捷性，这不仅优化了城乡产业空间结构，也能从源头上通过交通通信网络建设促进城乡间要素流动。总之，城乡通道基础设施建设能为城乡产业联动创造良好的硬件条件，通过城乡基础设施建设吸引农村龙头企业的引入，进而带动相关企业甚至一个产业链的重新选址，实现"筑巢引凤"和"引凤筑巢"战略，从根本上促进城乡产业一体化发展。

（二）提升城乡交通网络一体化能力

城乡间快速交通网络一体化是城乡产业一体化的重要驱动因素，不仅拓展了城市要素配置空间，又有利于城市要素向乡村的扩散，从而带动乡村经济发展，最终实现城乡共同发展。城乡交通网络一体化是指在城乡形成一体化运行的交通网络，主要包括基础设施网络和运输网络的一体化，其发展有利于提高城乡生产要素在城乡间流动的效率，促进城乡产业一体化发展。因此，要将城乡作为整体进行统筹规划，有计划地布局城乡交通网络，城乡产业一体化发展需要城乡有较发达的交通网络作支撑，使城乡短途交通运输能力得以提高，对交通设施节点进行重点布局与建设。

第一，加快城乡交通网络一体化建设，提升城乡交通运输能力。城乡产业一体化发展需要提升城乡通道的交通设施建设。城市对外交通已经形成了航空、国道、高速公路和铁路等多种运输方式，尤其是近些年来高铁的建设大大提高了区域远距离运输能力，但乡村的交通设施建设还相对比较薄弱，省道、县道和乡道需要提升建设水平，郊区可增加轨道交通，通勤铁路等交通运输方式，城乡公共交通设施建设也应作为城乡交通发展的重点，可提高城乡交通运营区域覆盖率。

第二，加快客运换乘体系建设，实现多种运输方式的紧密衔接。整合多种交通方式，通过换乘中心实现多种交通方式的有效转换，多种公共交通方式顺畅衔接会提高城乡交通运输整体效益。同时，城乡通道建设要与土地利用、经济发展紧密结合，土地使用规划直接影响交通需求和交通方式的选择，因此在尊重土地合理规划的基础上，使道路和轨道等交通设施发挥更大的效益和作用。

第三，加快信息高速公路和信息港建设，扩大城市信息化技术向乡村的延伸。信息网络化是新业态下企业区位选址的非常重要的影响因素，信息网络化的发展能够缩小城乡距离，降低城乡贸易成本。目前，我国城市网络覆盖面较普遍，而农村地区相对而言还较薄弱，甚至一些山区电话覆盖率还很低。可见，信息鸿沟是制约城乡产业良性互动的关键因素。因此，在城乡通道建设中政府应加快信息要素的注入，加快城乡产业互动的信息网络建设，积极建设农村信息服务平台，推动乡镇和村子的宽带连接，积极提高农村信息网络覆盖率。而且，信息高速公路和信息港建设既是知识经济时代的建设部分，也是城乡通道网络化建设的重要组成部分，重点是增加城乡光纤线路的密度和提高信息传输能力，通过信息港的建设，开辟城乡网络专线和城乡多媒体通信网，建立电子政务、电子商务和远程教育等网络服务设施。

第四节　创新驱动，推进信息网络化覆盖乡村

城乡资源禀赋的差异使信息化发展存在差距在所难免。当然，市场配置的低效率和"城市偏向"的政策对城乡信息化差距的扩大也有很大的影响。进入20世纪90年代以来，以计算机、互联网为代表的信息网络迅速流行，信息化能使城乡产业发展实现高效率、

高附加值和低污染，在发达国家，农业市场化程度较高，农协、农场通过联合实现对信息产品和技术的购买，市场会自行解决通信设施和终端服务等问题，信息资源建设是一项长期浩大的基础建设工程。

一　突破乡村信息网络发展"瓶颈"

我国农村市场化程度较低，生产组织结构松散，农民整体素质低，科技信息人才缺乏。基于此，农村无法对信息技术和产品形成强有力的购买，如果一味地按照市场规律进行配置，农村信息网络发展可能被边缘化。因此，为突破农村信息网络发展困境，需要政府从投资、引导与监管等方面进行驱动，实施事业性和商业性运行相结合的信息化建设模式。

（一）消除城乡信息资源的非对称性

城乡信息鸿沟是造成城乡差距的重要原因，信息化体现了社会主义新农村"新"的时代特征，对农村而言，建造高楼、修建道路和美化村容都是表面层次的变化，只有消除城乡间的信息鸿沟，才能推进城乡产业一体化发展。建立和发展农村信息服务体系，可避免农民误购假冒劣质生产要素，有利于推广农业科技成果，有利于农民做出正确的生产决策，有利于降低贸易成本和谈判成本。建设农业信息网，完善信息收集和整理，完善信息网络建设，加强县级信息平台和乡镇信息服务站建设，使信息网络向龙头企业和合作组织延伸，促进信息化进村入户。同时，借助信息网络开展远程教育和专业技术培训，在提高农民素质的同时，加快农民身份的转换能力。

（二）突破城乡信息"价格歧视"

对于农村收入较低的弱势群体而言，信息产品的消费价格相反比城市更高。基于此，政府应致力于取消城乡间不合理、不公正的信息产品的价格歧视，以财政补贴的形式，加大对农村信息基础设施投入，降低信息企业的投资成本，积极鼓励信息企业在农村投资，不断借鉴国外的成功经验，对电信运营商收入按5%—10%的比例进行征收作为服务基金，专款专用于城乡的信息化建设，逐步实现城乡信息产品同网、同质和同价；建议将电脑列入家电下乡补贴范畴，并对农民装宽带给予适当补贴，让农民用得起，用上好的网络服务；将农村信息系统建设与基层农技站、农技服务站结合起来，充分利用固有农技站的人力资源，节约信息化建设的成本，尽快让农村信息化进村入户，焕发新的活力。而且政府要提高政策信息的透明度，减少企业和农民获取信息的成本。

（三）消除城乡网络建设中"面子工程"

政府在原有的农村信息化设施基础上应加大投入力度，不能片面追求高标准、高新技术而一定要根据农民的实际需求，建设"低成本、低功耗、广覆盖、易维护"信息网络技术设备，不能流于"面子工程"，让农民以能消费得起、能接受的信息供给方式推动农村信息网络化发展；以电视、通信和网络为载体，加快信息化由城市向乡村的延伸，尽快建成相对完整的市、县、乡、村四级信息网络体系，建立上联省、市，下联乡村和内接管理的纵横贯通和密切连接的信息网络服务平台，消除"最后一公里"的障碍，让农民真真切切用到这些信息基础设施，从而推动农村信息化普及率的提高。依据实际情况，可在行政村先建立信息咨询服务中心和免费上网中心，引导农民积极利用信息提供的服务，形成"接收信息—指导生产—助推销售"一条龙服务，通过信息网络作用实现城乡产供销环节的分离，促使信息流向资金流转化；采取现代信息网络与传统媒介相结合的信息供给方式，城郊、中郊和远郊可采取计算机网络化方式，拓宽服务的范围，偏远农村可采取传统电信媒介为主，由乡镇网络中心将信息以口头、小报和广播的形式传递给农户。

二　加强乡村通信网络建设

城市是信息要素的集聚地，在城乡产业一体化发展中要以计算机、通信和互联网等信息传播为依托，加大农村信息网络基础设施建设，建成相对完整的省、市、县和乡村相通的信息网络体系，不断将城市发达的信息技术和信息网络向乡村扩散与延伸，实现城乡信息互动交融发展。

（一）实施"电话、电视通村工程"，加快农村电信网建设

逐步完成乡村电话网络覆盖，提高农村居民通信服务能力，为农民提供优质低价的通信服务；支持电信运营商在乡村建立信息服务站，运用移动手机、固定电话和互联网信息传播媒介，通过短信等方式逐步实现信息进村进户。同时，加快有线电视网向农村的延伸，推进电视网络的数字化改造，依托电视网络向农村开展农业课堂与信息点播的增值服务，让农村居民及时、快速地接收新的知识和信息。

（二）提升信息网络覆盖面，推进"三网"融合和互联

积极鼓励网络运营商参与乡村网络建设，实现市、县和乡之间的光纤传输，并使光纤网向农工贸产业链中的龙头带动企业、农村合作经济组织和农村集中居住点等延伸；为解决农村信息闭塞和流通不畅的现状，要推进广播电视网、电信网和计算机通信三网的融合和渗透，逐步实现三网间的互补和互联，降低网络传输成本并实现资源共享，不断满足农村地区的多样化信息需求。建立并完善各具特色的涉农数据库，通过信息传播载体传递到农户手中，实现国家、省、县和村信息互联互动、共建共享。

（三）加快信息网络化在总部经济模式中的运用

利用以互联网为主的信息网络实现城乡企业总部与生产基地有效对接，加快城市信息网络技术向农村生产基地的扩散与延伸，在总部与生产基地间可构建专门的信息服务网络，建立对上连接市场、对下连接生产者，内部连接企业管理的信息互动平台，总部要帮助生产基地企业部门做大市场，做长产业链，通过信息要素注入促使产业链各环节得以优化，依托信息网络服务指导龙头企业组织生产经营，实现企业利润最大化和农民效用最大化。

（四）实现城市化与信息化有机结合

城市化的出路不仅在于城市内涵和外延的发展，目前更重要的是通过"以工促农，以城带乡"实现农村自身的发展，城市要素和文明向乡村的扩散和传递是城市化的内涵之一，城市化过程出现在

工业化进程中,是在特定区位追求集聚效应和规模经济的结果。可见,工业化是城市化发展的动力源泉,随着信息网络化的发展,信息要素将成为城市化新一轮动力机制,城市化与信息化的有机结合,将会实现"双赢"目标。信息网络化发展促进了城市产业结构由生产型向多功能型转变,由传统制造业为主向现代服务业为主转变。如图7-1所示,以信息网络为纽带,构建城乡产业链拓展了城市空间的同时,也为农村剩余劳动力的"自我消化"提供了空间;城市信息网络向乡村的扩散与渗透,数字化、智能化和网络化平台的建立,城市将有效地向农村地区传播先进的生产生活方式,这将有利于缩小城乡区域发展差距;在城乡信息完全化和自由流动的前提下,农民可根据提供的有效信息对生产和就业做出理性的选择,避免了城乡人口盲目性流动,农村可利用技术提高农业资源的利用效率,降低农民生产的风险,信息化注入使得农村地域景观改变的"显性"城市化和农村生活方式改变的"隐形"城市化交相辉映;信息网络化实现了乡村技术和管理上的跨越,提高了城乡产业的依存度和关联度,实现了城乡产业的空间融合,为城乡产业一体化实现创造了条件。当然,城乡信息网络互动发展需要政府进行驱动,依靠农村的各项服务机制和流通机制配合完成。

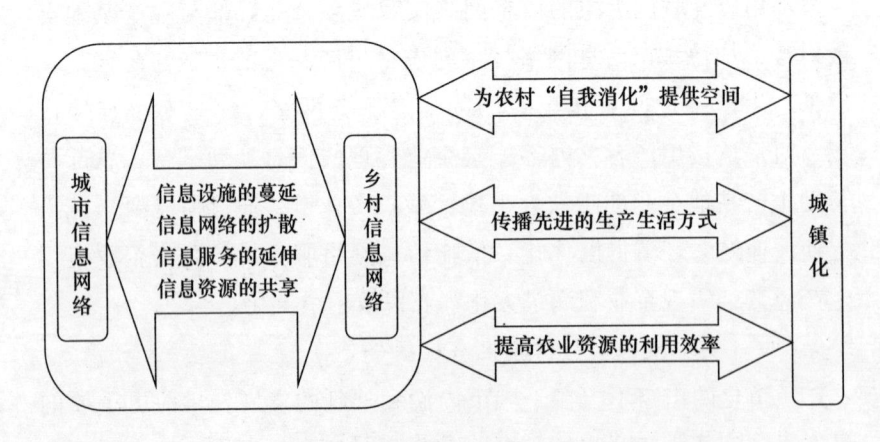

图7-1 城乡互动信息化模式及信息化与城镇化关系

三 构建城乡信息交流机制

加快建立有利于城乡产业一体化推进的信息化平台，及时、准确地向农村发布就业和科技等方面的信息，农村利用信息网络平台，加强与外界的沟通，打开农民的思路，缩短乡村与外界的距离。城乡信息交流机制为城乡产业链发展提供一流的信息服务，通过城乡信息的互动交流，实现城乡要素的双向自由流动，实现城市资金、技术和人才与农村土地、剩余劳动力的优势互动，更好地推进城乡产业一体化发展。

（一）加快建立有利于城乡产业一体化的信息平台

政府要加强信息化基础设施建设，为信息资源开发利用和信息技术的推广应用搭建共享平台。信息化平台就是要以计算机、通信和互联网为依托，涵盖村务公开，农村商业、劳务、科技，农业企业展品为一体等方面的实时网络公开，大大加强城乡之间交流和合作，企业要狠抓培训，提高农技推广人员和农村信息员技术服务水平，可通过先进的信息化手段更迅速地捕捉市场需求信息，让农民了解市场动态；农民通过信息化平台，拓展了参与渠道、反映渠道和知情渠道等，特别是农村信息化服务平台的农业商业方面，农民可通过平台了解外面的市场供求信息，实时发布产品信息，做到城乡产业信息化；政府对涉农企业在信息引入和运用方面给予政策和信贷支持，在信息化平台建设中要促进城乡、城郊与乡村间实现多头对接，信息共享，政府通过信息基础设施建设使信息网络的作用传播给广大农民，农民可通过畅通的城乡信息网络扩大产品销售渠道，实现与城市的对接，使布局在城乡的企业生产、加工与销售各环节都得到益处。但在农村地区差异和可支配收入差异的情况下，渐进式开展农村信息化服务的推广是一项长久的过程。

（二）建立城乡信息共建共享机制

由于农村信息资源涉及面广、数量庞大，且各部门呈分散状态，加之缺乏信息共享平台，使农村信息资源常处于封闭状态，难以发挥应有的效应。要想真正发挥信息要素对城乡产业一体化促进作用，城乡信息资源的整合和城乡信息资源共建共享机制的建立尤为必要。要开发城乡信息采集软件，推行统一的数据标准，实现"一站式"发布，全系统共享；制定城乡信息服务标准体系来规范和引导信息的采集、加工、发布和服务，促进城乡信息共享，同时要确保信息的准确性和可靠性；要加强农村信息服务站点建设，以此来拓宽信息传播空间和范围，为农村居民提供信息服务，可便捷了解就业、社保、医疗以及村务公开等信息，通过信息网络化平台建设，推进城乡产业一体化发展进程。

除此之外，在城乡产业一体化发展要加强生态环境监管，实现产业生态化发展。企业整体或部分由城市向农村的迁移是城乡产业一体化发展的重要内容之一，以往在城乡产业一体化发展中，农村较低的环境门槛，甚至是"零环境"规制的情况下许多污染密集型企业对环境重视不够，企业的责任意识淡薄，造成了农村自然资源的滥用和环境的退化，造成了城乡之间的对立和冲突，在今后的城乡产业一体化发展中如果继续走"先污染，后治理"老路显然是不可取的，要充分利用信息网络化的发展，使产业生态化的思想观点以快速的方式传递到人们面前，不断刺激人们产业生态意识的觉醒，不断增强企业社会责任，促使企业加强污染防治和环境监管，构建城乡一体化的多层次生态空间体系势在必行。

第八章 结语

企业作为产业的微观载体,本书尝试以城乡产业一体化发展为研究对象,以企业区位选址行为作为切入点,运用新经济地理学分析方法,将城市集聚不经济和信息网络化发展引入新经济地理模型中,构建了包括城市集聚不经济和信息网络化变量的 CICP 新经济地理模型,进一步探讨了城乡产业一体化发展的微观机理和空间分工布局模式。

第一节 主要研究结论和创新点

一 研究结论

第一,企业区位选址是城乡产业一体化发展的微观基础,以互联网为主的信息网络化成为新形势下企业区位选址的重要影响因素,信息网络化使企业选址摆脱了传统区位理论的束缚,城乡企业空间布局具备了较大的多样性和区位自由度。本书以企业区位选址作为切入点,研究了城乡产业一体化发展其实是企业在多种因素影响下进行城乡区位选址的决策。本书在传统企业区位理论的基础上,分析了不同时期企业区位选址的影响因素,构建了包括"传统时期影响因素—新形势下影响因素—政府制度影响因素"的企业区位影响因素的分析框架,指出信息网络化成为现阶段企业区位选址的重要影响因素,在弱化传统区位影响因素的同时又催生一些新的因素,信息网络化发展节约了时间成本和经济成本,使企业在乡村分散化布局成为可能。

第二，在城乡产业一体化推进过程中，城市集聚不经济凸显与信息网络化发展会导致企业选址行为及结果趋于分散化。本书运用新经济地理学分析方法，构建了包括城市集聚不经济和信息网络化变量的 CICP 新经济地理模型，通过数值模拟，得出企业在城乡的区位选址活动呈现出"分散—集聚—再分散"的发展趋势，再分散不是分散的简单重复与回归，而是初始分散的优化与升级。城市集聚不经济与信息网络化成为企业区位选址和空间布局的分散力量，具体表现为：一是城市拥挤成本作为城市集聚不经济的量化指标，当城市拥挤成本越大时，企业区位选址的扩散效应越明显，两者呈正向关系。二是信息网络凸显了"以时间换空间"和"虚拟空间和地理空间"的融合，造就了城乡"时空压缩"，降低了城乡贸易成本。从时间维度看，当城乡贸易成本非常高或非常低时，企业区位选址趋于分散化布局。当城乡贸易成本处于中等发展水平时，进一步降低贸易成本将促使企业区位选址活动由集中转向分散。企业在乡村的分散化布局有利于避免城市集聚不经济的出现；从空间维度上看，距离仍然是影响城乡贸易成本的重要因素，信息网络化减少产品在流通过程中所耗费的时间成本和经济成本，企业集聚与扩散在城乡空间上出现并存局面。

第三，城乡产业一体化发展过程中，城乡区域差距呈先扩大后缩小的发展趋势，城乡区域差距扩大是一体化发展的"分娩期"，企业在城乡空间选址的公平最优和效率最优将趋于分散化布局。信息网络化影响下的城乡贸易成本成为影响企业区位空间分布的重要因素，随着城乡产业一体化的推进，城乡区域发展差距呈现出先扩大后缩小的发展态势。随着城乡贸易成本的下降，城乡区域差距扩大是城乡产业一体化发展的必经阶段，是一体化发展的"分娩期"。就城乡产业一体化效率与公平而言，城乡产业一体化推进中效用水平总体上呈上升趋势。当城乡贸易自由度降低时，政府在效率和区域差距扩大间要做出权衡；当城乡贸易自由度较高时，政府在效率优先和兼顾公平（差距缩小）两方面均可以实现。

第四，城乡产业合理分工与空间布局是对产业集聚力和分散力作用权衡的结果，不同类型的产业和企业决定了分工和空间布局模式在城乡间的差异。就不同类型的产业而言，城乡产业通过要素市场、产品市场和空间市场的联动发展推动了城乡产业横向一体化发展。其中，知识创新型产业、高关联度产业和高端生产性服务业是城市布局指向型产业，土地密集型产业、劳动密集型产业等产业是乡村布局指向型产业。就不同类型的企业而言，通过产业链的构建实现不同企业在城乡空间上的分离推动了城乡产业纵向一体化发展。双向迁移的总部经济模式和城乡农工贸产业链构建，实现了企业管理、研发和生产等环节在城乡空间再配置，总部与生产基地等空间的分离产生了"1＋1＞2"的倍增效应，使城乡产业结构得以优化。

第五，从中国实际出发，一方面分析了中国企业在城乡间区位选址的影响因素，得出的结论与第二章中构建的"传统时期影响因素—新形势下影响因素—政府制度影响因素"企业区位影响因素的理论分析框架基本是吻合的。另一方面，构建城乡产业一体化发展水平综合评价指标体系，通过实证检验，中国城乡产业一体化发展水平的区域分布态势与区域市场化程度具有一致性，东部居高，中部紧随其后，西部相对较低。从空间维度看，东中西地区出现了集聚与扩散并存的局面，东部区域企业以扩散为主导，中西部区域企业以集聚为主导，共同推动着城乡产业一体化的实现，这与第三章中得出的在空间上集聚与扩散同时并存的结论是吻合的。最后通过分析得出各地区经济发展水平和城镇化发展水平与城乡产业一体化发展水平具有相关性。

二 主要创新点

（一）研究视角的创新：选取企业区位选址微观视角分析城乡产业一体化的实现问题

本书突破了以往就产业论产业的研究模式，以企业在城乡区位选址作为切入点，尝试对城乡产业一体化的微观机理进行探讨。本书以传统企业区位理论为基础，在大城市集聚不经济凸显和信息网络化发展的背景下，分析了不同时期企业区位选址的影响因素，构建了包括"传统时期影响因素—新形势下影响因素—政府制度影响因素"的企业区位影响因素分析框架，揭示了以互联网为主的信息网络化成为新形势下企业区位选址的重要影响因素，在弱化传统区位影响因素的同时又催生一些新的因素，信息网络化使企业区位选址具备了较大的多样性和区位自由度。

（二）研究方法的创新：运用了新经济地理学研究思路和方法，尝试对城乡产业一体化空间经济问题进行分析

本书构建了包括城市集聚不经济和信息网络化变量的 CICP 新经济地理模型，通过数值模拟，揭示了企业在城乡的区位选址行为呈现出"分散—集聚—再分散"的发展趋势，再分散不是分散的简单重复与回归，而是分散的优化与升级。城市集聚不经济与信息网络化成为企业区位选址和空间布局的分散力量。城乡产业一体化发展中，城乡区域发展差距呈现出先扩大后缩小的发展态势，城乡区域差距扩大是城乡产业一体化发展的必经阶段，是一体化发展的"分娩期"。

（三）研究内容的创新：结合中国的实际，从不同类型产业和不同类型企业两个角度探讨了分工与城乡产业一体化的实现

就不同类型的产业而言，城乡产业通过要素市场、产品市场和空间市场的联动发展推动了城乡产业横向一体化发展；就不同类型的企业而言，通过产业链的构建实现不同企业在城乡空间上的分离推动了城乡产业纵向一体化发展。两个角度不同的分工与布局模式为中国未来城乡产业一体化的推进勾勒出了发展方向。

第二节　研究不足和展望

城乡产业一体化研究是一个探索性很强的课题，其内涵涉及较

广泛，属于经济学、地理学、管理学和生态学诸学科交叉的领域，目前仍处于探讨研究阶段。囿于篇幅、笔者水平和认识能力的限制，加之参考借鉴的文献较少，在分析和论证的过程中尚存一些需要完善、拓展和深化之处，以上几点既是本书的不足之处，也是笔者未来的研究方向。

第一，企业在城乡间区位选址的影响因素较多，不同的企业在具体选址时也会有所侧重，由于受笔者阅历和研究水平的限制，书中提到的都是根据经验考虑较多的、影响较大的因子，可能阐述得还不够详细。

第二，在构建的新经济地理模型中，没有加入工业品之间的差异性，未考虑到企业的异质性，而且城乡区域发展差距与城乡产业一体化存在密切关系，由于信息网络化影响下产生的城乡贸易成本的测度非常困难，其关系在本书中并未能得到很好的证明，这些都是未来一个非常有意义的研究方向。

第三，总部经济模型构建中，忽略了城乡劳动生产效率等因素的区域差异的影响，不过该模型的构建为后续研究提供了很好的起点与契机。而且总部经济模式作为城乡产业一体化实现的重要表现，总部与生产基地相分离难以量化表达，又有空间数据获取难度较大，因此，在城乡产业一体化发展水平综合评价指标体系构建中未将有些指标纳入，指标体系构建的进一步完善与改进，也是下一步需要努力和探索的方向。

第四，理论研究需要进一步深化。城乡产业一体化是一项重要的研究课题，但是，目前在概念、机理等方面尚未取得一致的认识。可见，此理论方面的研究还比较薄弱，需要今后进一步深入的研究，只有学者们今后不断地努力，才能进一步夯实城乡产业一体化发展的理论基础。

参考文献

1. 安虎森：《新经济地理学原理》，经济科学出版社2009年版。
2. 白井文：《要素流动规律与西部地区的要素集聚》，《南方经济》2001年第1期。
3. 白永秀、吴丰华：《中国城乡发展一体化：历史考察、理论演进与战略推进》，人民出版社2005年版。
4. 蔡继明、王栋、程世勇：《政府主导型与农民自主型城市化模式比较》，《经济学动态》2012年第5期。
5. 陈白杨：《城乡产业转移的效应研究》，《经济视角》2013年第8期。
6. 陈保林：《城乡产业互动问题研究——试论产业从城市向乡村的转移》，《老区建设》2013年第24期。
7. 陈德敏：《构建统筹城乡协调可持续发展产业体系》，《中国发展》2008年第4期。
8. 陈良文、杨开忠：《集聚与分散：新经济地理学模型与城市内部空间结构、外部规模经济效应的整合研究》，《经济学》2007年第10期。
9. 陈明生：《我国城乡产业结构优化研究》，《经济论坛》2007年第12期。
10. 陈明生、康琪雪、赵磊：《我国城乡产业转移的动因研究》，《经济问题探索》2008年第12期。
11. 陈明生、康琪雪：《城乡产业结构研究理论框架的构建》，《宁夏社会科学》2009年第6期。

12. 陈敏、周正生、陈磊：《合肥市推进城乡产业互动互融发展的对策研究》，《经济观察》2011 年第 4 期。
13. 陈晓红：《长春市城乡产业整体发展的机制与对策研究》，博士学位论文，东北师范大学，2005 年。
14. 成德宁：《我国城乡间产业的迁移与分工协调发展》，《经济学家》2011 年第 8 期。
15. 成巍：《江苏省农村信息化及其对农村经济增长影响的实证研究》，硕士学位论文，安徽农业大学，2012 年。
16. 代迪尔：《产业转移、环境规制与碳排放》，博士学位论文，湖南大学，2013 年。
17. 丁建勋：《信息化与农民增收：理论与实证分析》，《生产力研究》2006 年第 12 期。
18. 丁疆辉、宋周莺、刘卫东：《企业信息技术应用与产业链空间变化——以中国纺织企业为例》，《地理研究》2009 年第 4 期。
19. 范剑勇：《市场一体化、地区专业化与产业集聚趋势：兼谈对地区差距的影响》，《中国社会科学》2004 年第 6 期。
20. 方辉振：《论形成城乡经济社会发展一体化新格局的必然性》，《中共南京市委党校学报》2008 年第 1 期。
21. 方维慰：《论信息化与区域发展互动关系》，《情报资料工作》2002 年第 1 期。
22. 方维慰：《区域信息化的空间差异与发展模式研究》，博士学位论文，西北大学，2007 年。
23. 高红冰：《"互联网＋"从 IT 到 DT》，机械工业出版社 2015 年版。
24. 龚勤林：《区域产业链研究》，博士学位论文，四川大学，2004 年。
25. 郭继：《互动：重新审视中国的城乡劳动力流动问题》，《西北人口》2002 年第 2 期。
26. 郭克莎：《我国技术密集型产业发展的趋势、作用和战略》，

《产业经济研究》2005 年第 5 期。

27. 黄元斌：《论城乡产业一体化》，《科学管理》2007 年第 11 期。
28. 洪银兴：《工业和城市反哺农业、农村的路径研究》，《经济研究》2007 年第 8 期。
29. 胡春晓：《农业信息化在新农村建设中的作用及其对策研究》，《商业研究》2007 年第 11 期。
30. 江曼琦：《知识经济与信息革命影响下的城市空间结构》，《南开学报》2001 年第 1 期。
31. 景普秋、解阁阁：《城乡互动的国际经验及其对中国的启示》，《高等财经教育研究》2015 年第 18 期。
32. 卡斯特：《网络社会的崛起》，社会科学文献出版社 2006 年版。
33. 李程骅：《城乡一体化战略下的产业空间互融机制研究》，《学海》2011 年第 6 期。
34. 李存贵：《中国城乡一体化进程中的产业合作问题研究》，经济科学出版社 2013 年版。
35. 李程骅：《城乡一体化战略下的产业空间互融机制研究》，《学海》2011 年第 6 期。
36. 李道亮：《我国农村信息化发展趋势与发展政策》，《中国信息界》2008 年第 1 期。
37. 李泉：《城乡一体化进程中的新型城乡形态研究》，中国社会科学出版社 2015 年版。
38. 李杰义：《农业产业链视角下的区域农业发展研究》，博士学位论文，同济大学，2008 年。
39. 李雪：《黑龙江省农村信息化发展模式研究》，博士学位论文，中国农业科学院，2008 年。
40. 梁星：《城乡统筹视角下城乡双向流动的市场体系的建设研究》，硕士学位论文，西北大学，2011 年。
41. 刘北卿：《城乡统筹中的产业互动效应及其对策研究——以重庆市沙坪坝区农业园区建设为例》，硕士学位论文，重庆大学，

2010 年。

42. 刘家强、唐代盛、蒋华：《城乡一体化战略模式实证研究》，《经济学家》2003 年第 5 期。

43. 刘红梅、张忠杰、王克强：《中国城乡一体化影响因素——基于省级面板数据的引力模型》，《中国农村经济》2012 年第 8 期。

44. 刘强：《信息化对黑龙江省农村劳动力转移就业的影响分析》，《经济研究导刊》2010 年第 11 期。

45. 刘世洪：《论我国农村信息化可持续发展的战略任务》，《农业图书情报学刊》2005 年第 2 期。

46. 刘玉：《信息时代城乡互动与区域空间结构演进研究》，《现代城市研究》2003 年第 1 期。

47. 刘卫东、杨伟聪：《信息技术对企业空间组织的影响——以诺基亚北京星网工业园为例》，《地理研究》2004 年第 6 期。

48. 刘生龙、胡鞍钢：《基础设施的外部性在中国的检验：1998—2007》，《经济研究》2010 年第 3 期。

49. 刘世洪：《中国农村信息化测评理论与方法研究》，博士学位论文，中国农业科学院，2008 年。

50. 刘小瑜：《中国产业结构的投入产出分析》，博士学位论文，江西财经大学，2002 年。

51. 刘雄豪：《城市间产业互动研究——基于要素的视角》，硕士学位论文，西南财经大学，2014 年。

52. 刘伟：《城乡一体化交通网络配置研究》，博士学位论文，西南交通大学，2012 年。

53. 柳莎莎：《我国城镇居民消费结构实证分析》，硕士学位论文，辽宁师范大学，2014 年。

54. 柳思维、徐志耀、尹元元：《论总部经济与新型城镇化耦合发展的机制与模式》，《武陵学刊》2014 年第 2 期。

55. 卢阳春：《城乡产业互动的国际经验与可持续发展机制》，《现代经济探讨》2009 年第 7 期。

56. 卢阳春：《建立中国特色的城乡产业互动发展机制研究》，《经济论坛》2009 年第 11 期。
57. 卢阳春：《"十二五"时期西部地区承接产业转移的产业结构政策调整实证研究》，《经济问题探索》2011 年第 10 期。
58. 马春燕：《农村信息化促进农村资源配置的影响研究》，博士学位论文，杭州电子科技大学，2010 年。
59. 彭文英、戴静：《生态文明建设中的城乡生态关系探析》，《生态经济》2015 年第 8 期。
60. 皮亚彬：《集聚与扩散并存——我国区域差距演变的新特征》，《经济与管理评论》2015 年第 1 期。
61. 祁新华、朱宇：《企业区位特征、影响因素及其城镇化效应——基于中国东南沿海地区的实证研究》，《地理科学》2010 年第 2 期。
62. 曲玥、蔡昉、张晓波：《"飞雁模式"发生了吗？——对 1998—2008 年中国制造业的分析》，《经济学》2013 年第 3 期。
63. 任迎伟、胡国平：《城乡统筹中产业互动研究》，《中国工业经济》2008 年第 8 期。
64. 善策：《产业结构演进与城镇化互动发展研究》，博士学位论文，武汉大学，2011 年。
65. 宋周莺、丁疆辉、刘卫东：《信息技术对中国服装企业空间组织的影响》，《地理学报》2009 年第 4 期。
66. 宋周莺、刘卫东：《信息时代的企业区位研究》，《地理学报》2012 年第 4 期。
67. 孙成军：《中共三代领导集体关于城乡统筹发展的探索及经验启示》，《东北师范大学学报》2006 年第 3 期。
68. 孙中伟、王杨：《中国信息与通信地理学研究进展与展望》，《地理科学进展》2011 年第 2 期。
69. 苏东水：《产业经济学》，高等教育出版社 2010 年版。
70. 田敏：《总部经济与中心城市产业升级研究》，博士学位论文，西南财经大学，2008年。

71. 王改性：《我国城乡统筹发展中产业互动问题研究》，《求索》2010年第6期。
72. 王兴明、黄策、孙国玉：《城乡产业发展统筹内涵初探》，《经济研究》2009年第12期。
73. 王映玥、张小南、何东：《论生态文明视角下我国城乡产业结构的优化——以成都市为例》，《西部经济管理论坛》2013年第4期。
74. 汪明峰、李健：《互联网、产业集群与全球生产网络——新的信息和通信技术对产业空间组织的影响》，《人文地理》2009年第2期。
75. 魏后凯：《大都市区新型产业分工与冲突管理——基于产业链分工的视角》，《中国工业经济》2007年第2期。
76. 魏后凯：《现代区域经济学》，经济管理出版社2011年版。
77. 文玫：《中国工业在区域上的重新定位和集聚》，《经济研究》2004年第2期。
78. 徐宏：《统筹城乡产业发展是城乡协调发展的基础》，《农业经济》2004年第6期。
79. 徐现祥：《市场一体化与区域协调发展》，《经济研究》2005年第12期。
80. 许政、陈钊、陆铭：《中国城市体系的"中心—外围"模式》，《世界经济》2010年第7期。
81. 熊春林：《农村农业信息化服务能力建设研究》，博士学位论文，湖南农业大学，2013年。
82. 杨凤华：《加快城乡产业融合是城乡统筹发展的关键》，《农业经济》2004年第9期。
83. 杨非、杨生照：《浅议农村经济的一些问题及对策》，《中国商界》2009年第7期。
84. 杨小凯：《杨小凯谈经济学》，中国社会科学出版社2004年版。

85. 杨胜花：《成都现代服务业的发展与空间布局研究》，硕士学位论文，西南交通大学，2011年。
86. 杨翼：《中国统筹城乡发展的理论与实践研究》，博士学位论文，西南财经大学，2013年。
87. 伊利·莫尔豪斯：《土地经济学原理》，商务印书馆1982年版。
88. 于培伟：《日本的城乡统筹共同发展》，《宏观经济管理》2007年第9期。
89. 约翰·冯·杜能：《孤立国同农业和国民经济的关系》，商务印书馆1986年版。
90. 张爱民、易醇：《统筹城乡发展背景下三次产业互动发展路径研究》，《软科学》2011年第2期。
91. 张慈、苑健彬：《城乡产业一体化发展研究》，《商业经济研究》2011年第4期。
92. 张婧：《转型期我国中心城市城乡关系演变研究》，博士学位论文，东北师范大学，2013年。
93. 张强：《中国城乡一体化发展的研究与探索》，《中国农村经济》2013年第1期。
94. 张强、吴志冲：《发达国家和地区的城乡协调发展》，《世界农业》2006年第1期。
95. 张望：《城乡经济互动机制及其政策研究》，西南财经大学出版社2010年版。
96. 张鸿、张权：《农村信息化对农业经济增长的影响》，《统计与决策》2008年第12期。
97. 赵玲玲、陈兴挺：《广东省产业转移对地区产业结构升级的推动力体系研究》，《华南农业大学学报》2012年第2期。
98. 赵伟、张萃：《市场一体化与中国制造业区域集聚变化趋势研究》，《数量经济技术经济研究》2009年第2期。
99. 赵筱菊：《论信息化推进城乡一体化》，硕士学位论文，四川大学，2006年。

100. 赵泽洪、刘北卿:《城乡统筹中产业互动效应的系统分析》,《商业经济》2008 年第 12 期。

101. 赵弘:《企业以总部经济模式提升资源配置效率的机制研究》,《科学研究》2010 年第 6 期。

102. 甄峰、朱传耿、赵勇:《信息时代空间结构影响要素分析》,《地理与地理信息科学》2004 年第 5 期。

103. 郑燕伟:《产业转移理论初探》,《中共浙江省委党校学报》2000 年第 3 期。

104. 周黎安:《晋升博弈中政府官员的激励与合作》,《经济研究》2004 年第 6 期。

105. 周华伟、朱大明:《信息时代城市空间结构演变研究——以昆明为例》,《江西科学》2010 年第 12 期。

106. 周江燕、白永秀:《中国城乡发展一体化水平的时序变化与地区差异分析》,《中国工业经济》2014 年第 2 期。

107. 周晓益:《城乡一体化的"成都模式"研究》,硕士学位论文,西南交通大学,2008 年。

108. 邹继业、武文能、陈雪霞、刘紫桓:《柳州市城乡产业联动发展战略研究》,《学术论坛》2012 年第 8 期。

109. A. Anas, Vanishing Cities: What does the New Economic Geography Imply about the Efficiency of Urbanization? *Journal of Economic Geography*, Vol. 4, No. 2, 2004.

110. A. Dhingra and D. C. Misra, Information Needs Assessmentmodel for Identifying Information Needs of Rural Communicaties, *Informaton Technologies and International Development*, Vol. 2, No. 2, 2004.

111. A. Gillespie, J. Goddard, M. Hepworth and H. Williams, Information and Communications Technology and Regional Development: An Information Economy Perspective, *Science Technology & Industry Review*, Vol. 15, No. 3, 1989.

112. A. Goyal, Information, Direct Access to Farmers, and Rural Mar-

ket Performance in Central India, *American Economic Journal Applied Economics*, Vol. 2, No. 3, 2010.

113. A. J. Scott, *From Silicon Valley to Hollywood: Growth and Development of the Multimedia Industry in California*, Los Angeles, CA: University of California, Los Angeles, The Lewis Center for Regional Policy Studies, 1995.

114. A. J. Venables, Shifts in Economic Geograph and Their Causes, Lse Research Online Documents on Economics, Vol. 91, No. 12, 2006.

115. A. J. Venables, Equilibrium Location of Vertically Linked Industries, *International Economic Review*, Vol. 37, No. 2, 1993.

116. A. J. Scott, Globalization and the Rise of City - Regions, *European Studies*, Vol. 9, No. 7, 2001.

117. A. L. Jensen and I. Thysen, "Agricultural Information and Decision Support by SMS", EFITA Conference, MEMO, No. 5, 2003, p. 289.

118. A. Weber, *Theory of the Location of Industries*, The Unviersity of Chicago Press, 1929, pp. 135 - 136.

119. B. A. Marshall, *Principles of Economics & UOT*, 8th edition, London: Macmillan, 1925.

120. B. S. Brakman, H. Garretsen and C. V. Marrewijk, *An Introduction to Geographical Economics: Trade, Location and Growth*, IEEE International Conference on Systems, Vol. 2, No. 2, 2001.

121. B. Warf, Telecommunications and the Changing Geographies of Knowledge Transmission in the Late 20th Century, *Urban Studies*, Vol. 32, No. 2, 1995.

122. C. Tacoli, The Links Between Urban and Rural Development, Environment & Urbanization, Vol. 15, No. 1, 2003.

123. D M. Smith, *Industrial Location: An Economic Gergraphical Analy-*

sis, New York: John Wiley and Sons, 1971.

124. D. Puga, The Rise and Fall of Regional Inequalities, *European Economic Review*, Vol. 43, No. 2, 1999.

125. D. W. Jorgenson, Surplus Agricultural Labour and the Development of a Dual Economy, *Oxford Economic Papers*, Vol. 19, No. 3, 1967.

126. E. Helpman, The Size of Regions, *Topics in Public Economics*, No. 3, 1998, p. 45.

127. E. L. Glaeser, J. A. Scheinkman and A. Shleifer, Economic Growth in a Cross Section of Cities, *Journal of Monetary Economics*, Vol. 36, No. 1, 1995.

128. E. M. Hoover, *The Location of Economic Activity*, New York: McGraw - Hill, 1948.

129. E. S. Dunn, *The Location Agricultural Production*, Unviversity of Florida Press, 2005, pp. 132 - 134.

130. F. Perroux, *Note on the Concept of Growth Pples* (trans. L. Gates and AM McDermott) in D. McKee, R. Dean and W. Leahy (eds.) *Regional Economics*, New York: The Free Press, 1970, pp. 93 - 103.

131. G. Hanson, Market Potential, Increasing Returns and Geographic Concentration, *Journal of International Economics*, Vol. 67, No. 1, 2005.

132. G. K. Lngram, Patterns of Metropolitan Development: What Have Leaned? *Urban Studies*, Vol. 35, No. 7, 1998.

133. G. Mion, Spatial Externalities and Empirical Analysis: The Case of Italy, Ssm Electronic, *Journal* Vol. 56, No. 1, 2004.

134. G. Stephen, Global Grids of Glass: On Globa Cities, Telecommucications and Planetary Urban Networks, *Urban Studies*, Vol. 36, No. 5 - 6, 1999.

135. H. Adler, *The Strategy of Economic Development*, New Haven, Conn: Yale University Press, 1959, pp. 1331 - 1424.

136. H. Ebenezer, *Garden Cities of Tomorrow*, The MIT Press, 1965. pp. 107 – 109.

137. H. Hotelling, Stability in Competition, *Economic Journal*, Vol. 153, No. 39, 1929.

138. I. K. Wernick and J. H. Ausbel, National Material Metrics for Industrial Ecology, Resources Policy Volume, Vol. 21, No. 3, 1995.

139. I. Talmud and G. S. Mesch, Market Embededness and Corporate Instability: The Ecology of Inter – Industrial Networks, *Social Science Research*, No. 26, 1993, p. 436.

140. J. Bilbao – Ubillos, Spatial Implications of New Dynamics in Production Organization: The Case of the Automotive Industry in the Basque Country, *Urban Studies*, Vol. 47, No. 5, 2010.

141. J. Cornford and A. Gillespie, The Coming of the Wirde city? The Recent Development of Cable in Britain, *Town Planning Review*, Vol. 63, No. 3, 1992.

142. J. Friedman, *Regional Policy: A case study of Venezuela*, Urban Studies, Vol. 4, No. 3, 1966.

143. J. Gottmann, *Megapolis and Antipolis: The Telephone and the Structure of the City*, Cambridge, MA: MIT Press, 1977, pp. 303 – 317.

144. J. H. Adler, *The Strategy of Economic Development*, New Haven, Conn: Yale University Press, 1959, pp. 1331 – 1424.

145. J. R. Ehrenfeld, Industrial Ecology: Paradigm Shift or Normal Science? *The American Behavioral Scientist*, Vol. 44, No. 2, 2000.

146. M. Amiti and L. Cameron, Economic Geography and Wages, *The Review of Economics and Statistics*, MEMO, Vol. 89, No. 1, 2007.

147. M. Fafchamps and B. Minten, Impact of SMS – Based Agricultural Information on India Farmers, *The World Bank Economic Review*, Vol. 6, No. 3, 2012.

148. M. H. Echenique, A. J. Hargreaves, G. Mitchell and A. Namder, Growing Cities Sustainably, *Journal of the American Planning Association*, Vol. 78, No. 2, 2012.

149. M. L. Moss and A. M. Townsend, The Internet Backbone and the American Metropolis, *The Information Society*, Vol. 16, No. 1, 2000.

150. M. Lipton, *Why Poor People Stay Poor: Urban Bias in World Development*, Cambridge: Harvard University Press, 1978, pp. 167 – 173.

151. M. Pfluger and J. Sudekum, Integration, Agglomeration and Welfare, *Joural of Urban Economics*, Vol. 63, No. 2, 2008.

152. M. P. Todaro, Model of Labor Migration and Urban Unemployment in Less Developed Countries, *The American Economic Review*, Vol. 59, No. 1, 1969.

153. M. Ruth and P. Dell'Anno, An Industrial Ecology of the US Glass Industry, Resources Policy, Vol. 23, No. 3, 1997.

154. M. Snyman, Getting Information to Disadvantaged Rural Communities: the Centre Approach, *South African Journal of Library & Information Science*, Vol. 69, No. 2, 2003.

155. M. V. Geenhuizen and P. Nijkamp, Place – Bound Versus Footloose Firms: Wiring Metropolitan Areas in a Policy Context, *The Annals of Regional Science*, Vol. 43, No. 4, 2009.

156. O. Alonso – Villar, A Model of Economic Geography with Demand – Pull and Congestion Costs, *Papers in Regional Science*, Vol. 87, No. 2, 2008.

157. O. A. Sullivan, *Urban Economics*, 4th edition, *CITIC Publishing House*, McGraw – Hill Companies Inc., 2002.

158. O. E. Williamson, *The Economic Institute of Capitalism*, New York: Free Press, 1985, pp. 176 – 178.

159. P. Dicken and P. E. Lloyd, Location in Space Theoretical Perspec-

tives in Economic Geography, *IEEE Lasers & Electro – Optics Society Meeting*, Vol. 34, No. 1, 1990.

160. P. Krugman, Increasing Returns and Economic Geography, *Journal of Political Economy*, Vol. 99, No. 3, 1991.

161. P. P. Combes and M. Lafourcade, Competiotion, Market Acess and Economic Geography: Structural ESTimation and Predictions for France, *Regional Science and Urban Economics*, Vol. 48, No. 6, 2011.

162. P. Pellenbarg, Behaviour and Location, Foundations for a Geographic and Dynamic, Location Theory, *Regional Insights*, 2003.

163. P. R. Krugman, *Development, Geography and Economic Theory*, Cambridge, MA: The MIT Press, 1995, pp. 123 – 125.

164. P. Veneri and V. Ruiz, Urban – to – Rural Population Growth Linkages, *OECD Regional Development Working Papers*, MEMO, No. 3, 2013.

165. R. Baldwin and P. Krugman, Agglomeration, Integration and Tax Harmonization, *European Economic Review*, Vol. 48, No. 1, 2004.

166. R. Baldwin, R. Forslid, P. Martin and G. Ottaviano, Robert – Nicoud F, *Economic Geography and Public Policy*, Princeton, NJ: Princeton University Press, 2003.

167. R. Baldwin, R. Forslid, P. Martin, G. Ottaviano and F. Robert – Nicoud, *Economic Geography and Public Policy*, NJ: Princeton University Press, 2008, pp. 178 – 180.

168. R. W. Jones and H. Kierzkowski, The Role of Services in Production and International Trade: An Theoretical Framework, *Ajr American Journal of Roentgenology*, Vol. 165, No. 6, 1988.

169. S. H. Hymer, *The International Operations of National Firm, A Study of Direct Investment*, Cambridge Mass MIT Press, 1977, pp. 153 – 155.

170. S. Graham and S. Marvin, *Telecommunication and the City: Electronic Spaces*, Urban Places London: Routledge, 1996, pp. 125 – 128.

171. S. Graham and S. Marvin, Splintering Urbanism: Networked Infrastructures, Technological Mobilities and the Urban Condition, *Annals of the Association of American Geographers Volume*, Vol. 93, No. 1, 2003.

172. S. Poelhekke, Urban Growth and Uninsured Rural Risk: Booming Towns in Bust Times, *Journal of Development Economics*, Vol. 96, No. 2, 2011.

173. Seuring, Stefan, Industrial Ecology, Life Cycles, Supply Chains: Differences and Interrelations, Business Strategy and the Environment, Vol. 13, No. 5, 2004.

174. S. S. Rosenthal and W. C Strange, Geography, Industrial Organization and Agglomeration, *The Review of Economics and Statistics*, Vol. 85, No. 2, 2003.

175. T. Balaguru, Management Information System for Agricultural Research, *Acta Physiologica Scandinavica*, Vol. 136, No. 3, 1979.

176. T. C. Koopmans and M. Beckmann, Assignment Problems and the Location of Economic Activities, *Cowles Foundation Discussion Paper*, Vol. 25, No. 1, 1955.

177. T. Palander, Beitruge zur Standortstheoris Uppsala: Almqvist and Wiksells, Stock holmer dissertation, *MEMO*, 1935, p. 248.

178. T. G. McGee and *The Emergence of Desakota Regions in Asia: Expanding a Hypothesis*, Environment Development & Sustainability, 1991.

179. T. S. Epstein and D. Jezeph, Development – There is Another Way: A Rural – Urban Partnership Development Paradigm, *World Development*, Vol. 29, No. 8, 2001.

180. T. Tabuchi, Urban Agglomeration and Dispersion: A Synthesis of

Alonso and Krugman, *Journal of Urban Economic*, Vol. 44, No. 3, 1998.

181. T. W. Schlutz, Transforming Traditional Agriculture, *Science*, Vol. 144, No. 144, 1964.

182. V. Henderson, T. Lee and Y. J. Lee, Scale Externalities in Korea, *Journal of Urban Economics*, Vol. 49, No. 3, 2001, p. 489.

183. W. A. Lewis, Economic Development with Unlimited Supply of Labor, *The Manchester School*, Vol. 22, No. 2, 1954.

184. W. Alonso, *Location and Land Use*, Cambridge, MA: Harvard University Press, 1964, pp. 166 – 168.

185. W. Christaller, *Central Places in Southern Germany*: Englewood Cliffs, NJ: Prentice Hall, 1966.

186. W. Isard, *Location and Space Economy*, Cambridge: MIT Press, 1956, pp. 132 – 135.

187. Weidong Liu, Peter Dicken and Henry W. C. Yeung, New Information and Communication Technologies and Local Clustering of Firms: A Case Study of the Xingwang Industrial Park in Beijing, *Urban Geography*, Vol. 25, No. 4, 2004.

188. W. W. Powell, Neither Market nor Hierarchy: Network Forms of Organization, *Research in Organization Behavior*, Vol. 12, No. 1, 1990.

189. X. Liu, Analysis of the Integration of Urban and Rural Industry from the Overall Perspective – Based on the Investigation of Xiangtan's Urban and Rural Industry, Journal of Hebei Radio & Tv University, No. 2, 2013, p. 139.

190. X. P. Zheng, "Economies of Network, Urban Agglomeration, and Region Development: A Theoretical Model and Empirical Evidence", *Regional Studies*, Vol. 41, No. 2, 2007.

191. Y. Murat and J. F. Thisse, A Simple Model of Economic Geography a

Helpman – Tabuchi, *Journal of Urban Economics*, Vol. 58, No. 1, 2005.

192. Y. Murata, Rural – Urban Interdependence and Industuialization, *Joural of Development Economics*, Vol. 68, No. 2, 2002.

193. Y. Zhu, In Situ Urbanization in Rural China: Case Studies from Fujian Province, *Development and Change*, Vol. 31, No. 2, 2000.

后 记

本书是在我的博士论文基础上修改完成的。论文答辩后，根据答辩委员会的意见，对部分内容作了补充和修订。经过不断的努力和不懈的坚持，书稿终于得以完成，搁笔之际回想，视线停留在字里行间，思绪却徜徉于悄然流逝的光阴，不禁感叹：岁月如风，光阴易逝。书稿的完成过程让我从内心深处感悟颇多，感恩之情油然而生。

2012—2016年，我在山西财经大学攻读经济学博士学位期间有幸参与了导师景普秋教授主持的国家社会科学基金项目"城乡互动的国际经验与中国城乡一体化道路研究"（14BJL060）。在经过和导师多次讨论后，本书的选题和研究方向逐渐清晰明朗，并最终确定以城乡产业一体化发展为研究对象，以企业区位选址行为作为切入点，运用新经济地理学分析方法，构建了包括城市集聚不经济和信息网络化变量的CICP新经济地理模型，进一步探讨了城乡产业一体化发展的微观机理和空间分工布局模式，通过此研究将为城乡一体化发展的实现提供些许的启示。

在四年的博士学习期间，我有幸师从景普秋教授，景教授是山西省著名的经济学者，长期从事城乡统筹发展研究。在我的博士论文的选题、构思、资料收集、撰写和修改中，倾注了导师大量的心血，每一步和每一个圈点都凝聚着她的智慧和辛劳，都饱含着她的良苦用心。攻博期间，导师在我的工作、学习和生活上都给予了全方位的关心、关怀，在我感到迷惘和困惑时，总能得到导师醍醐灌顶般的教诲和启迪。导师严谨务实的治学态度，敏锐的学术洞察力、渊博的学识底蕴、忘我的工作热情和正直谦和的人格魅力深深感染着我，是我终身学习的楷模。诚然，对恩师的感激之情，任何语言都难尽其意，唯有通过今后自身的不断努力和进取以不负恩师希望。

感谢中国社会科学院工业经济研究所李海舰老师，南开大学城市与区域经济研究所江曼琦老师，山西省人民政府张复明老师，太原理工大学牛冲槐老师，太原师范学院城市与区域经济研究所郭文炯老师，中国社会科学院梁华老师，山西财经大学杨俊青、张富春、李玲娥等老师们在我论文开题和答辩中给予的诸多指导，提出的精辟意见对我及时找准研究方向和攻克难题具有非常重要的价值；感谢在我博士求学阶段各位代课老师，他们在代课过程中给予了我经济学理论方面的点拨和指引；感谢班主任张建文老师给予的教导和帮助；感谢李丽、赵康杰、杜彦其、李莉、边云涛、范昊、贾鹏、赵永超、郝嘉欣、马婧、薄凡、邵丽敏等同门，感谢刘军辉、冯晓棠、孙晓芳、柳亚琴、李淑云、师晓华、刘园园、付金存等同事给予我的无私帮助，一路求学相伴结下的友情是我今生巨大的宝贵财富。感谢书稿修改过程中山西财经大学资源型经济转型发展研究院郭淑芬院长给予的指导，对本书编辑和校对的老师们付出的辛苦和提出的宝贵意见，在此一并给予最衷心的感谢！

最后，感谢我最亲爱的家人们。感谢父母的鼓励和支持，他们是我学习进步的坚实后盾，我的每一次进步都寄托着他们对我的希望；感谢我的公婆，他们的无私奉献，替我担负家庭的重担，全心全力地帮我照顾宝宝，减少我求学过程中的后顾之忧，使我得以全身心地投入毕业论文的写作；感谢我的爱人，总是尽心尽力为我提供支持与帮助，在写作过程中给予我最大的鼓励和支持，一路走来的相携相伴是我前进的最大动力；要感谢我的女儿，她特有的乖巧、懂事和理解让我产生无穷的力量。回首往昔，发现一路走来，我得到了太多的帮助和关爱，篇幅所限，难以一一列举，一句话：师恩、亲情、友情，我将铭记于心，永不忘却。

囿于学力所限，本书还有诸多不足，希望同行专家和学界同人对本书的不足之处甚至错误给予批评指正。博士学习生涯虽已成为过去，唯有今后更加努力，才能不辜负曾经培育和帮助过我的人。

张子珍
2017 年 1 月 16 日